西方文学史简明教程

(古希腊—19世纪)　　（第2版）

耿波　任龙 ◎ 著

中国传媒大学出版社
·北京·

目 录 Contents

第一章　西方文化与文学概论 / 1
第一节　欧洲文学史中的"两希"文学传统 / 1
第二节　欧洲文学发展中的"两希变奏" / 5
第三节　西方文学史的学习方法与基本书目 / 9

第二章　古希腊文学 / 17
第一节　古希腊社会与文化背景 / 17
第二节　古希腊文学概述 / 21
第三节　古希腊作家作品 / 27
第四节　古希腊文学中的跨文体实践 / 36

第三章　古罗马文学 / 41
第一节　古罗马的社会与文化背景 / 41
第二节　古罗马文学概述 / 45
第三节　古罗马文学作家与作品 / 51
第四节　古罗马文学中的跨文体实践 / 54

第四章　中世纪文学　/ 60

第一节　中世纪社会与文化背景　/ 60

第二节　中世纪文学概述　/ 65

第三节　中世纪作家作品　/ 69

第四节　中世纪文学中的跨文体实践　/ 77

第五章　文艺复兴文学　/ 83

第一节　文艺复兴时期社会与文化背景　/ 83

第二节　文艺复兴文学概况　/ 88

第三节　文艺复兴时期作家与作品（一）：薄伽丘《十日谈》、拉伯雷《巨人传》与塞万提斯《堂吉诃德》　/ 91

第四节　文艺复兴时期作家与作品（二）：莎士比亚与四大悲剧　/ 103

第五节　文艺复兴文学中的跨文体实践　/ 116

第六章　17世纪古典主义文学　/ 124

第一节　17世纪社会与文化背景　/ 124

第二节　17世纪古典主义文学概况　/ 128

第三节　17世纪古典主义文学作家与作品：莫里哀《伪君子》　/ 136

第四节　17世纪古典主义文学中的跨文体实践　/ 142

第七章　18世纪启蒙主义文学　/ 148

第一节　18世纪社会与文化背景　/ 148

第二节　18世纪启蒙主义文学概况　/ 152

第三节　18世纪启蒙主义文学作家与作品（一）：卢梭与《新爱洛伊丝》《爱弥儿》《忏悔录》　/ 158

第四节　18世纪启蒙主义文学作家与作品（二）：歌德与《少年维特之烦恼》《浮士德》　/ 165

第五节　18世纪启蒙主义文学中的跨文体实践　/ 174

第八章　**19世纪浪漫主义文学**　/ 184
第一节　19世纪浪漫主义文学产生的社会与文化背景　/ 184
第二节　19世纪浪漫主义文学概况　/ 188
第三节　19世纪浪漫主义作家与作品（一）：拜伦的《唐璜》　/ 196
第四节　19世纪浪漫主义作家与作品（二）：
　　　　麦尔维尔的《白鲸》　/ 200
第五节　19世纪浪漫主义文学中的跨文体实践　/ 204

第九章　**19世纪现实主义文学**　/ 209
第一节　19世纪现实主义文学产生的社会与文化背景　/ 209
第二节　19世纪现实主义文学概况　/ 214
第三节　19世纪现实主义文学作家与作品（一）：
　　　　司汤达的《红与黑》　/ 224
第四节　19世纪现实主义文学作家与作品（二）：
　　　　福楼拜的《包法利夫人》　/ 229
第五节　19世纪现实主义文学作家与作品（三）：
　　　　狄更斯的《双城记》　/ 235
第六节　19世纪现实主义文学作家与作品（四）：
　　　　陀思妥耶夫斯基的《罪与罚》　/ 239
第七节　19世纪现实主义文学文学中的跨文体实践　/ 242

附录　西方文明史发展历程　/ 248

第一章　西方文化与文学概论

学习提要：

本章主要是从文化发展的大传统来分析欧洲古典文学发展的总体传统,即"两希"文学传统。

要　　求：

掌握欧洲"两希"文学传统的定义、"两希变奏"文学史的发展脉络,并在后续学习中,以此为指导纲要,掌握知识的总体性特征;领会西方文学史的学习方法,阅读全部指定书目。

第一节　欧洲文学史中的"两希"文学传统

文学史并非历史上所有文学的杂陈,而是按照一定评价标准贯穿起来的文学景观。欧洲文学历史悠久,作家作品众多,经典文学更是灿若繁星,要求全部掌握肯定不现实。我们考察欧洲文学史,同样有一个特定标准,即欧洲文学史中的"两希"文学传统。

欧洲文学史的"两希"文学传统是"古希伯来—基督教文学传统"与"古希腊文学传统"的统称。在欧洲历史上,古希伯来文化与古希腊文化是欧洲文明的两大源头,两者相互融合促成了欧洲文明。

古希伯来族是一个多灾多难的民族。约在公元前2 000年,古希伯来人的祖先从幼发拉底河来到了迦南地区（今巴勒斯坦地区）。巴勒斯坦正好位于尼罗河畔的各大都市与底格里斯河、幼发拉底河畔的各大都市之间。这一地区地理位置优越、商业发达，自古就是兵家必争之地，因此，战祸不断。古希伯来人周旋于各大帝国之间，时而向这方输诚，时而向那方纳贡；时而被这方征服，时而被那方占领。她变成了美索不达米亚的磨心。① 尤其是进入罗马统治时期后，由于罗马总督对罗马人荼毒犹太人的行为不加约束，在罗马统治的前十年中，犹太人的圣地耶路撒冷就被屠掠了两次。犹太人进行了两次大规模的反抗，一次是在公元66年，另一次是在公元132年，但两次反抗均遭到了残酷的镇压，犹太人死伤惨重。苦难造就了古希伯来文化的基本特质，艰难多变的生活环境造就了这个民族务实、克制的理性文化特征。在第一次反抗失败后，起义的犹太人决定自杀，在自杀前，首领说："我们是最先起来反抗罗马，也是最后失去这个抗争的人。感谢上帝给了我们这个机会，当我们从容就义时，我们是自由人，……我们之死并不是缺粮，而是自始至终，我们宁可为自由而死，也不为奴隶而生。"②

公元2世纪左右，在罗马人对犹太人的压迫中，犹太人对"弥撒亚"的信仰日笃，而这种信仰又分为两派：一派认为"弥赛亚"必将降临，这些人是正统的犹太信徒；另一部分人则认为，"弥撒亚"已经降临，但它复兴的不是现实中强大的王国，而是"不属于这个世界"的国家，这一部分人就是后来的基督徒，他们的领袖是拿撒勒人耶稣。

耶稣在历史上是否存在过，历史学家有不同的论争。据说，他是女子玛利亚未婚而孕生下的孩子。耶稣创立了基督教，他一方面并不否定犹太教的诸般教义，另一方面，他大力宣传以"爱"为核心的学说，认为人要"爱神"和"爱他人"。耶稣在世33年，在他死后，他的十二门徒，包括彼得、保罗、马太等③，将他

---

① 杜兰.世界文明史·希腊的生活：上[M].台湾幼狮文化公司，译.北京：东方出版社，1999：356-357.
② 徐新.探索古希伯来文明[M].太原：太白文艺出版社，2012：37-38.
③ 基督教《圣经》福音书记载，耶稣从诸门徒中特选了十二个门徒，即彼得、西庇太的儿子雅各和约翰、安得烈、腓力、巴多罗买、多马、马太、亚勒腓的儿子雅各、达太（又作雅各的儿子犹大）、奋瑞党的西门以及加略人犹大。另据《圣经·使徒行传》称，犹大出卖耶稣后死去，门徒补选了马提亚，仍为十二人。

的学说以耶路撒冷为中心宣扬开去,并渐渐在地中海沿岸撒播开来。后来,基督徒在自己的实践中产生了《新约》,与犹太教徒的《旧约》相对应。从文化的连续性上来看,基督教文化其实是古希伯来文化,是与犹太文化血脉相连的,因此,我们称之为"古希伯来—基督教文化"。

古希伯来—基督教文化的代表作是《圣经》(Bible)。《圣经》是古希伯来文化的集大成者,典型地体现了该文化的理性特征。《圣经》分为《旧约》《新约》,前者是古希伯来人与上帝的契约,后者则是基督徒与上帝的契约。《圣经·旧约》共三十九卷,就其内容而言,可分为律法、历史、先知和文集四部分。[1] 从文学角度来看,《圣经》塑造了充满威严感的上帝("神圣")形象,比如《旧约·创世纪》中的开篇:

1.起初神创造天地。

2.地是空虚混沌。渊面黑暗。神的灵运行在水面上。

3.神说,要有光,就有了光。

4.神看光是好的,就把光暗分开了。

5.神称光为昼,称暗为夜。有晚上,有早晨,这是头一日。

6.神说,诸水之间要有空气,将水分为上下。

7.神就造出空气,将空气以下的水、空气以上的水分开了。事就这样成了。

8.神称空气为天。有晚上,有早晨,是第二日。

9.神说,天下的水要聚在一处,使旱地露出来。事就这样成了。

10.神称旱地为地,称水的聚处为海。

"神"是一切的主宰。《圣经》中到处都是让人俯首听命的"神说",这里的"神说"不是简单的"说出了什么东西",而是以"说"立"法",这些"神说"为蛮荒时代的人们指明了方向,也通过信仰将"法"内化,使人们自律自尊,变成理性的

---

[1] 朱维之.希伯来文化[M].杭州:浙江人民出版社,1988:19.

个人。

　　古希腊人优越的生活环境塑造了他们的感性文化传统。从公元前12世纪开始,地中海地区就出现了古希腊人的文明活动。到公元前5世纪,古希腊文化逐渐发展到高峰。与古希伯来人相比,古希腊人所在的地中海地区气候优越、生活便利,人们虽然不甚富裕,但却在安居方面有得天独厚的条件。该地区二十年也难得结一次冰,气候十分舒适,"居民从五月中旬到九月底都睡在街上,妇女睡在阳台上"。古希腊戏剧家欧里庇得斯说:"我们的天气温和宜人,冬天并不严寒,非巴斯的火箭也不伤害我们。"① 古希腊群岛上土壤贫瘠,大部分为暴露的岩石,农牧业不甚发达,古希腊人主要依靠海上经商与沿海劫掠生活。在古希腊时代,人们对大海的控制还是相当落后的,依靠大海为生的生活环境造成了古希腊人冲动、冒险的人格特征,并进而形成了古希腊文化的感性传统。

　　《荷马史诗》(*Homeric Hymns*)是古希腊文化的经典,具有鲜明的古希腊文化的感性特征,比如《荷马史诗·伊利亚特》(*Iliad*)的开篇:

> 女神啊,请歌唱佩琉斯之子阿基琉斯的致命的愤怒,那一怒给阿开奥斯人带来无数的苦难,把许多战士的健壮英魂送往冥府,使他们的尸体成为野狗和各种飞禽的肉食,从阿特柔斯之子、人民的国王同神样的阿基琉斯最初在争吵中分离时开始吧,就这样实现了宙斯的意愿。②

　　这是全书的引入部分,这段引文强调了"阿基琉斯的愤怒"在全书情节发展中的核心意义。《荷马史诗·伊利亚特》正是围绕阿基琉斯与阿伽门农的争斗展开的,故事主人公的"愤怒"成为贯穿全书的主要线索,顺着这一线索,全书塑造了一系列性格鲜明、忠于自我需求的神、人形象。与《圣经》中人们屈从于神的权威之下相比,《荷马史诗》的感性特征非常明显。

---

① 丹纳.艺术哲学[M].傅雷,译.桂林:广西师范大学出版社,2002:266.
② 荷马.荷马史诗·伊利亚特[M].罗念生,王焕生,译.北京:人民文学出版社,1994:1.

因此,古希伯来—基督教理性文化强调对自我欲望的克制、自律,注重个体的现实救赎与群体合作;古希腊文化强调人应忠实于自己内心的欲望,注重现实参与和个体独立。文学是文化的影子,"两希"文化传统催生了具有相应文化内涵的"两希"文学传统,即古希伯来—基督教文学传统和古希腊文学传统,古希伯来—基督教文学传统展示人的理性内涵,古希腊文学传统则展示人的感性内涵。

来自东方的古希伯来文化与发源自西方的古希腊文化,开始时各有独立的发生与发展道路,发展到晚期,却因历史机缘频繁接触,互相斗争又互相吸引,终于相互结合产生了至今仍在影响欧洲的基督教文化。公元前336年,马其顿帝国的皇帝亚历山大大帝在统一希腊全境后,进军中亚,荡平波斯帝国,将大军开到印度河流域,占据世界四大文明古国中的三个,同时也促成了不同文明传统之间的交流,"两希"文化传统的融合从此开始。在此后的三百年间,东西方文化交流蔚然成风,古希腊语成了中东和地中海沿岸的通用语,古希伯来学者把自己的经典著作翻译成希腊文,也有人用希腊文写书。基督徒刚从中亚进入欧洲时,经常遭到古罗马帝国的迫害。公元4世纪,君士坦丁大帝承认基督教,解除禁令,基督教逐渐成为国教,古希伯来—基督教文化在欧洲取得了最后的胜利。

从此之后,古希腊文化传统与古希伯来—基督教文化传统在欧洲交替成为主流,塑造了欧洲文明发展的"两希"文化传统。

第二节 欧洲文学发展中的"两希变奏"

文学是文化的影子,"两希"文化的交替推进,让"两希"文学传统的交替推进成为欧洲文学发展的主流,即文学发展的"两希变奏"。"两希变奏"的实质是感性文学传统与理性传统的交织。

一、"两希变奏"的欧洲文学传统

"两希"文化传统相遇在古希腊晚期,"两希"文学变奏即以此为起点。

古希腊文学传统是典型的感性文学传统,古罗马文学传统则是典型的理性文学传统,这形成了"两希变奏"的第一个层次。

古罗马文学的代表作家包括戏剧家普劳图斯(Plautus,约公元前254?—公元前184年)、泰伦斯(Terentius,公元前190年—公元前159年),散文家西塞罗(Cicero,公元前104—公元前43年),诗人卢克莱修(Lucretius,约公元前99—约公元前55年)、维吉尔(Virgil,公元前70—公元前19年)、贺拉斯(Horatius,公元前65—公元前8年)等。古罗马文学在很多方面模仿了古希腊文学,但古罗马文化自身的现实理性倾向,使其文学创作自觉偏离了古希腊文学中丰沛的生命冲动,更多是继承了古希腊文学的外在形式与题材,呈现出理性特征。以西塞罗和维吉尔的创作为例:西塞罗的演讲最为有名,他的演讲讲究铺排,如大江大河,充满气势,但却逻辑严谨、条理清晰;维吉尔的诗歌创作最为著名,其代表作《埃涅阿斯纪》(*Aeneid*)讲述了特洛伊英雄埃涅阿斯在城邦陷落后,率领族人来到意大利,在台伯河口重建家园(即古罗马的起源)的故事,整部作品篇幅宏大,洋溢着崇高的家国情感和个人献身精神,体现了典型的古罗马文化的个体自律精神。

古罗马文学之后是中世纪文学。中世纪文学延续了古罗马文学的理性传统,这是"两希变奏"的第二个层次。公元5—17世纪,西罗马帝国灭亡后,整个欧洲进入封建社会,史称"中世纪",中世纪文学指5—15世纪的欧洲文学(15—17世纪的欧洲文学被称为"文艺复兴文学")。中世纪时,基督教势力庞大,其价值观成为社会主流,"原罪"观念深入人心。在此文化背景下,中世纪文学的主流是克制、自律。中世纪文学的主要形式是教会文学,这类文学作品数量众多,要求人们禁欲与摒弃世俗享乐是这类文学的主调,世俗教诲意味非常浓厚。但中世纪文学并非铁板一块,除教会文学之外,骑士文学、城市市民文学也是这一时期重要的文学类型。这些文学作品想象力丰富、人物性格较为多元,这些又体现了感性文学传统。因此,中世纪其实是理性文学传统(基督教文学)与感性文学传统(骑士文学、城市市民文学)共存的文学时代,但以理性文学传统为主。

1307年,但丁(Dante,1265—1321年)创作了《神曲》(*Divine Comedy*),开

启了欧洲文艺复兴时代,感性文学传统高度发展,这是"两希变奏"的第三个层次。文艺复兴时代是欧洲文学发展的皇冠。文艺复兴文学的代表作家、作品包括意大利作家薄伽丘(Boccaccio,1313—1375年)的《十日谈》(il Decameron)、法国作家拉伯雷(Rabelais,约1483—1553年)的《巨人传》(Gargantua et Pantagruel)、西班牙作家塞万提斯(Cervantes,1547—1616年)的《堂吉诃德》(Don Quixote),以及代表最高成就的英国作家莎士比亚(Shakespeare,1564—1616年)的诸多作品等。这些经典作品塑造了一系列个性鲜明、性格复杂的人物形象,作品主题都体现为反对禁欲、肯定个人欲望,作品形式也丰富多样。文艺复兴文学的突出特征,在于肯定人的现实欲望,强调对人内心复杂性的呈现,因此,属于典型的感性文学传统。

文艺复兴文学之后,欧洲文学进入古典主义文学时代。高度专制的社会背景使文学成了"赞颂国王"的载体,强调文学对维护世俗价值和现存秩序的意义,因此,古典主义文学属于理性文学传统,这是"两希变奏"的第四个层次。17世纪,欧洲古典主义文学出现,代表作家和作品包括高乃依(Corneille,1606—1684年)的《熙德》(POEMA DE MIO CID)、拉辛(Racine,1639—1699年)的《安德洛马克》(Andromaque)和莫里哀(Moliere,1622—1673年)的《伪君子》(Le Tartuffe)。这些作品的主题高度一致,都强调了放纵欲望必将带来灾难,而自我克制、以家国集体为重,则将获得国王青睐、获得美好结局,这是对文艺复兴文学传统的颠覆。

古典主义文学之后,欧洲文学进入启蒙主义文学时代。启蒙主义文学是对文艺复兴文学传统的复兴,"自由"成为文学作品的核心主题,感性文学传统再次回归,这是"两希变奏"的第五个层次。18世纪,启蒙主义文学产生,代表作家和作品包括卢梭(Rousseau,1712—1778年)的《新爱洛伊丝》(La nouvelle Héloïse)、《爱弥儿》(Émile: ou De l'éducation)、《忏悔录》(Les Confessions),歌德(Goethe,1749—1832年)的《少年维特之烦恼》(The Sorrows of Young Werther)、《浮士德》(Faust)等。这些作品塑造了一系列"新人"形象,他们热爱自由、渴望独立,但在现实中却往往无能为力,最终只能成为社会习俗的殉葬品。这些作品表现了人类对自我尊严与自由价值的不懈追求,因此,启蒙主义文学属于典型的感性文学传统。

启蒙主义文学之后,欧洲文学进入19世纪文学时代。19世纪,欧洲文学发展的主流大略可以分为现实主义文学与浪漫主义文学。从"两希变奏"的角度看,现实主义文学注重文学对现实的模仿与客观反映,作品主题主要是反思资本主义金钱制度对人的异化,具有浓厚的科学主义精神,属于理性文学传统;浪漫主义文学强调文学在现实中的逃避性作用,注重作者内在心灵与情感世界的自由表达,想象力丰富,境界恢宏,属于感性文学传统。19世纪,现实主义文学与浪漫主义文学的交织,形成了"两希变奏"的同时代交织,这是欧洲文学发展中"两希变奏"的第六个层次。20世纪,欧洲文学纷繁复杂,现代主义、后现代主义等多种文学流派纷至沓来,文学发展呈现多元发展趋势,而且文学作品本身的人文主义特征逐渐弱化,文学对象逐渐从"文学是人学"的传统命题转向了文学的反人文主义,"两希变奏"在20世纪欧洲文学发展中逐渐失效。因此,"两希变奏"特指从古希腊到19世纪的欧洲文学的发展,即欧洲古典文学的发展。

二、"两希变奏"来自"文学即人学"

欧洲古典文学的发展会出现"两希变奏"与文学本质有关,"文学即人学",文学是对人的本质属性的文学摹写,而人的本质属性,可粗略地分为"感性"与"理性"两个层次。

西方哲学家尼采(Nietzsche,1844—1900年)在《悲剧的诞生》(*Die Geburt der Tragodie*)中,通过对古希腊文化的研究,指出"酒神精神"与"日神精神"是人类文化的两种基本类型,文化中的"酒神精神"其实是人的"感性"属性外化所形成的文化形态,而"日神精神"则是人的"理性"精神外化的结果。

狄俄尼索斯是希腊神话中的酒神,是酿酒和种植葡萄的庇护神。他是宙斯与人间女子塞墨勒所生之子。传说塞墨勒和宙斯相爱后怀孕,宙斯在妻子赫拉的劝诱下,现出原形与塞墨勒相见,结果宙斯的雷电击杀了塞墨勒。宙斯从塞墨勒腹中取出胎儿,缝进自己的大腿,因而变成瘸腿。婴儿足月后出生,取名狄俄尼索斯,意即"宙斯瘸腿"。在古希腊神话中,狄俄尼索斯象征的是人的原始生命力,尼采说狄俄尼索斯精神在呼唤着我们:"像我吧——原始的母亲——不停地创造,从那纷纭扰攘的表象之变迁与流动之中,我获得了满足!"①

阿波罗则是古希腊神话中的日神,在诸神中的地位仅次于宙斯。他驾驭太阳车每天在天际巡逻,给宇宙带来光明。但他最重要的象征是公正执法与严明惩处。从荷马时代起,他就被认为是神圣的远方之神,可以从远处送来东西或进行威胁;他使人们认识到自己的罪恶,并且能把它们洗刷干净;他主管宗教法规和城邦法规;他肩负着给人类世界和不幸的命运送去光明的使命。太阳神在众神之中的地位之所以仅次于宙斯,是因为他能在千里之外明辨是非善恶并公正严厉地给予惩处,他的预言也是对是非善恶的一种预见式辨别。阿波罗在狂放不羁的神话世界中,无疑是理性与法则的代表。

尼采认为,"酒神精神"与"日神精神"的共存与斗争是人类文化的普遍情形,其实也是人类本质属性的真实写照。人,就是感性与理性的结合体。人的感性与理性既相互矛盾又相互补充。当人处在混乱、无序、痛苦的现实中时,人的内在理性被激发,使人能够在逆境崛起,成为一个理性的个体去应对、解决困难。但在人们通过自己的努力扭转困境,建立起了现实秩序后,秩序不断被强化,秩序中的现实个体感到压抑,便会释放内在感性属性。现实总是在顺境与逆境之间变动,因此,人的感性属性与理性属性,也就是"酒神精神"与"日神精神"也不断变动,或显或隐,维持平衡,形成变奏。"文学即人学",人的本质属性在不同环境中的变奏,自然而然催生了文学中的变奏。

第三节 西方文学史的学习方法与基本书目

西方文学史是一门体系严密的学科,学习西方文学史需要科学的方法。学习西方文学史的基础是阅读与熟悉文学作品,阅读作品、分析作品是学习文学

---

① 尼采.悲剧的诞生[M].刘崎,译.北京:作家出版社,1986:129.

史的基础。

一、培养良好的作品阅读方法

进行有效的作品阅读,可从以下几个方面入手。

第一,把握作品的时代与文化背景,将作品置于特定背景中,把握其主题内涵。

文学作品不是单一的存在物,任何作品都是其所处时代的产物,阅读作品必须要先把握作品产生的时代与文化背景,据此进入作品中的世界。

艺术史家丹纳(Taine,1828—1893年)对艺术品与环境的关系所做的比喻非常贴切,他说:"假定你们从南方向北方出发,可以发觉前进到某一地带就有某种特殊的种植,特殊的植物。先是芦荟和橘树,往后是橄榄树和葡萄藤,往后是橡树和燕麦,再过去是松树,最后是苔藓。每个地域有它特殊的作物和草木,两者跟着地域一同开始,一同告终;植物与地域相连。地域是某些作物与草木存在的条件,地域的存在与否,决定某些植物的出现与否。而所谓地域不过是某种温度、湿度,某些主要形势,相当于我们在另一方面所说的时代精神与风俗概况。自然界有它的气候,气候的变化决定这种或那种植物的出现;精神方面也有它的气候,它的变化决定这种或那种艺术的出现。"[1]任何作品都有自己特定的环境,没有超出自身时代与文化环境的作品。

以古希腊悲剧为例,古希腊悲剧的表演形态和作品主题与现代戏剧差异极大。在表演形态上,古希腊悲剧在演出过程中往往有歌队,这些歌队虽然不是作品中的角色却全程参与演出,而且在全剧开始前都有歌队向众神祈祷的环节。在作品主题上,古希腊悲剧宣扬"命运",认为人在与命运的抗争中最终不免以悲剧收场。这样的演出形态与作品主题,如果按照当代戏剧演出标注,是不能被理解的。这就需要将古希腊悲剧放入其产生的环境中去。古希腊悲剧的产生,并非是为了人们的娱乐,而是为了实现城邦政治。古希腊是联邦共和国,没有具有绝对权威的君主或皇帝,相互协商是实现城邦治理

---

[1] 丹纳.艺术哲学[M].傅雷,译.桂林:广西师范大学出版社,2002:41-42.

的关键,古希腊悲剧的基本功能就是为公民创造参与协商、相互认同的平台,这决定了古希腊悲剧在表演形态上的开放性、仪式性。同时,古希腊城邦还是人、神共在的城市,传说中的奥林匹亚诸神以传说等多种形式出现在人们的生活中,确立人在神人关系中的恰当位置也是古希腊城邦要解决的重要问题,这决定了古希腊悲剧中的"命运"主题。可见,文学作品必然是与特定背景相联系的。

第二,细心体会作品,不能以自己的偏好误读作品。

任何作品都有自己的世界,虽然说"一千个读者有一千个哈姆雷特",但莎士比亚笔下的哈姆雷特的有些特征却是不能变的,不管怎样解读,改变了这些特征就是对《哈姆雷特》(The Tragedy of Hamlet, Prince of Denmark)的误读。阅读外国文学史中的作品,应建立在对作品细心体会的基础上,不能以自己的偏好误读作品。

以莎士比亚的《哈姆雷特》为例,《哈姆雷特》讲述了一个"王子复仇"的故事。在中西文学史上,"复仇"主题的文学作品比比皆是,如有名的大仲马(Alexandre Dumas,1802—1870年)的《基督山伯爵》(The Count of Monte Cristo)。与《哈姆雷特》相比,很多人喜欢读《基督山伯爵》,认为后者比前者的情节更加跌宕起伏、扣人心弦,作品主题更加明晰、更加激动人心,因此,不少人抱着这种先入之见去读《哈姆雷特》,发现这部作品"令人失望",因为它的"复仇"线索并不明晰,充满了大段大段的独白,使人气闷,而且结局也不能令人满意:哈姆雷特虽然刺死了杀父仇人,但最后自己也死了。这就是带着"先入之见"对作品的误读。

《哈姆雷特》的伟大之处在于它超越了一般的复仇故事而写出了复仇中的复杂人性。在创作上,《哈姆雷特》这部作品有意创造了模糊的氛围和断续的情节线索,使主人公哈姆雷特在追寻仇人的过程中发现了自己内心中的"另一个自我",展现了人本身的复杂性。这种人物形象本身的复杂性,是哈姆雷特的固有特征,不管如何解读,这都是首要前提。

第三,站在时代纵深的立场上,把握文学作品的当代意义。

人们常说"任何历史都是当代史",学习西方文学史时也应有当代意识,要善于结合自己当下的现实生活,从自己的人生体验出发,以文学为师、以文学为友,来提高自己。西方文学史所涉及的作品都是经典,内涵丰富,境界宏远,本身具有强大的当代辐射力。以塞万提斯的《堂吉诃德》为例,《堂吉诃德》讲了一个"疯狂骑士"的故事:乡绅堂吉诃德梦想成为一名游历四方的骑士,于是他带着自己的随从周游世界,做了许多荒唐事,最后幡然醒悟,回到家乡。这部作品表面上讲了堂吉诃德的"荒唐",但实际上写的是堂吉诃德的"理想"。在旁观者看来,他疯疯癫癫,但他本人却异常认真严肃地去完成自己的心愿,这种纯粹的理想主义不被人们理解,却恰恰反映出理想本身的纯粹性。这对今天的我们尤其具有警醒意义:在理想匮乏的当代,每个人都应该有值得自己坚持下去的理想与方向。所以直到今天,《堂吉诃德》这部"满纸荒唐言"的作品依旧生命力十足。

二、阅读与扩展书目

(1)荷马:《荷马史诗》

推荐译本:荷马:《荷马史诗·伊利亚特》,罗念生译,北京:人民文学出版社,2003年;荷马:《荷马史诗·奥德赛》,王焕生译,北京:人民文学出版社,1997年。

扩展阅读:程志敏:《荷马史诗导读》,上海:华东师范大学出版社,2007年。

(2)古希腊神话

推荐译本:斯威布:《古希腊神话与传说》,魏怡译,北京:燕山出版社,2005年。

(3)《古希腊悲剧》

推荐译本:《古希腊悲剧喜剧全集》,张竹明、王焕生译,南京:译林出版社,2007年。

扩展阅读:尼采:《悲剧的诞生》,周国平译,北京:生活·读书·新知三联书店,1986年。

(4)《变形记》

推荐译本：奥维德：《变形记》，杨周翰译，北京：人民文学出版社，1984年。

扩展阅读：爱德华·吉本：《罗马帝国衰亡史》，席代岳译，长春：吉林出版集团有限责任公司，2011年。

(5)《神曲》

推荐译本：但丁：《神曲》，田德望译，北京：人民文学出版社，2004年。

扩展阅读：薄伽丘、布鲁尼：《但丁传》，周施廷译，桂林：广西师范大学出版社，2008年。

(6)《十日谈》

推荐译本：薄伽丘：《十日谈》，王永年译，北京：人民文学出版社，2003年。

(7)《巨人传》

推荐译本：拉伯雷：《巨人传》，鲍文蔚译，北京：人民文学出版社，1983年。

扩展阅读：巴赫金：《拉伯雷研究》，李兆林、夏忠宪等译，石家庄：河北教育出版社，1998年。

(8)《堂吉诃德》

推荐译本：塞万提斯：《堂吉诃德》，杨绛译，北京：人民文学出版社，2003年。

扩展阅读：纳博科夫：《〈堂吉诃德〉讲稿》，金绍禹译，上海：三联书店，2007年。

(9)莎士比亚戏剧

推荐译本：莎士比亚：《莎士比亚全集》，朱生豪译，北京：人民文学出版社，2010年；莎士比亚：《莎士比亚悲剧四种》，卞之琳译，上海：上海译文出版社，1988年。

扩展阅读：歌德等：《读莎士比亚》，王元化、张可译，上海：上海书店出版社，2008年。

(10)《伪君子》

推荐译本：莫里哀：《伪君子》，赵少侯译，北京：人民文学出版社，2003年；莫里哀：《莫里哀喜剧六种》，李健吾译，上海：上海译文出版社，2008年。

扩展阅读：米·布尔加科夫：《莫里哀传》，孔严庚、臧传真、谭思同译，天津：南开大学出版社，1985年。

(11)《熙德》

推荐译本：高乃依：《高乃依戏剧选》，张秋红、马振骋译，上海：上海译文出版社，1990年。

(12)《新爱洛伊丝》

推荐译本：卢梭：《新爱洛伊丝》，李平沤、何三雅译，南京：译林出版社，1993年。

扩展阅读：卢梭：《忏悔录》，黎星、范希衡译，北京：人民文学出版社，1982年；卢梭：《爱弥儿》，李平沤译，北京：商务印书馆，1978年。

(13)《少年维特之烦恼》

推荐译本：歌德：《少年维特之烦恼》，杨武能译，北京：人民文学出版社，1999年。

扩展阅读：歌德：《诗与真》，梁宗岱译，北京：中央编译出版社，2006年。

(14)《浮士德》

推荐译本：歌德：《浮士德》，钱春绮译，上海：上海译文出版社，2007年。

扩展阅读：阿尼克斯特：《歌德与〈浮士德〉：从构思到完成》，晨曦译，北京：生活·读书·新知三联书店，1986年。

(15)《唐璜》

推荐译本：拜伦：《唐璜》，查良铮译，北京：人民文学出版社，2007年。

扩展阅读：拜伦：《拜伦诗选》，查良铮译，上海：上海译文出版社，1982年。

(16)《白鲸》

推荐译本：麦尔维尔：《白鲸》，曹庸译，上海：上海译文出版社，2007年。

扩展阅读：麦尔维尔：《水手比利·巴德》，许志强译，北京：人民文学出版社，2010年。

(17)《巴黎圣母院》

推荐译本：雨果：《巴黎圣母院》，陈敬容译，北京：人民文学出版社，1982年。

扩展阅读：安德烈·莫洛亚：《雨果传》，程曾厚、程干泽译，北京：人民文学出版社，1989年。

(18)《高老头》

推荐译本：巴尔扎克：《高老头》，傅雷译，北京：人民文学出版社，1989年。

扩展阅读：斯蒂芬·茨威格：《巴尔扎克传》，攸然译，北京：团结出版社，2004年。

(19)《红与黑》

推荐译本：司汤达：《红与黑》，郝运译，上海：上海译文出版社，2006年。

扩展阅读：马修·约瑟夫森：《司汤达传》，包承吉译，南昌：江西人民出版社，1989年。

(20)《包法利夫人》

推荐译本：福楼拜：《包法利夫人》，周克希译，上海：上海译文出版社，2007年。

扩展阅读：福楼拜：《情感教育》，李健吾译，上海：上海译文出版社，2008年。

(21)《德伯家的苔丝》

推荐译本：哈代：《德伯家的苔丝》，张若谷译，北京：人民文学出版社，2003年。

(22)《叶甫盖尼·奥涅金》

推荐译本：普希金：《叶甫盖尼·奥涅金》，冯春译，上海：上海译文出版社，1982年。

扩展阅读：普希金：《普希金诗选》，查良铮译，上海：上海译文出版社，2000年。

(23)《罪与罚》

推荐译本：陀思妥耶夫斯基：《罪与罚》，岳麟译，上海：上海译文出版社，2006年。

扩展阅读：别尔嘉耶夫：《陀思妥耶夫斯基的世界观》，耿海英译，桂林：广西师范大学出版社，2008年。

(24)《双城记》

推荐译本:狄更斯:《双城记》,石永礼译,北京:人民文学出版社,1993年。

扩展阅读:安德烈·莫洛亚:《狄更斯评传》,朱延生译,太原:山西人民出版社,1984年。

课后题:

1.什么是"两希"文学传统?

2.请结合欧洲文学史的发展,谈一下什么是"两希变奏"。

第二章 古希腊文学

学习提要：

本章主要分析古希腊的社会与文化特征，提出古希腊文学的突出特征是"生命、人本与自由"；梳理古希腊文学的发展历程，重点讲解《荷马史诗》与古希腊三大悲剧家，并以电影《特洛伊》为个案展示古希腊文学的跨文体实践。

要　　求：

掌握古希腊文学的精神特征，《荷马史诗》的定义、故事情节与人文主义特征，古希腊三大悲剧家的代表作、情节及其悲剧内涵。

第一节　古希腊社会与文化背景

古希腊文学是欧洲文学的源头。古希腊文学对后世文学的影响巨大无比，这体现在许多古希腊文学的题材成为后世文学的母题，古希腊文学中所提出的关于"人"的思考成为后世作家把握文学中人性的前提；古希腊文学还为后世文学提供了无比丰富的叙事手段、作品意象等。马克思说，古希腊神话是欧洲文学的武库，这同样适用于整个古希腊文学对后世的影响。

古希腊文学在根本上是古希腊社会与文化的产物，我们先对古希腊的社会与文化进行巡礼。

一、古希腊的社会环境:贫穷与动荡

古希腊是欧洲文明的源头,但物质贫穷是古希腊社会的突出特点。历史学家希罗多德曾经把富饶的西西里和南部的意大利跟贫瘠的希腊作对比,说希腊"一生下来就是由贫穷哺育的"。

古希腊的贫穷主要是由其地理环境造成的。古希腊处于丘陵地带,主干品都斯山脉向南延伸为奥德利斯山、埃塔山、帕尔纳索斯山、埃利孔山、西塞隆山,之后又分出许多支脉,连绵不断,岗峦起伏,越过科林斯地峡,在伯罗奔尼撒半岛上互相交错;再往前去,许多小岛其实是浮出水面的山脊和山顶。这个崎岖的地方几乎没有平原,地上到处是露出的岩石,五分之三的土地不宜耕种。土壤稀薄,出产的农作物只有橄榄、葡萄、大麦和小麦。① 在主要靠天吃饭的古希腊时代,因为自然资源的缺乏,古希腊人常常面临饥荒的威胁。在古希腊,食物短缺现象经常发生,甚至更为致命的饥荒也不少见。

贫穷仅仅是威胁古希腊人生存的现实因素之一,除了贫穷之外,变幻不定的大海也是古希腊人的噩梦。古希腊人从陆地上找不到足够的生活资源,于是大海就成了他们维持生计的另一块田园。古希腊不仅是丘陵地带,也是滨海地区,爱琴海凭借漫长曲折的海岸线突入内地,为古希腊人创造了丰富的生存空间。更妙的是,在爱琴海上每天早上都会有一阵北风将小船从雅典送向远方,晚上则有一阵南风将之送回。因此,古希腊人普遍热衷于航海贸易。他们纵横穿梭于周围海域经商同时进行抢掠,他们是商人、旅客、海盗、捐客、冒险家,是多种身份的集合体。

但是,在航海技术相对落后的古代,大海并不能永远地让人称心如意,在动荡不安的大海中生死难料,这才是古希腊人与大海关系的主题。在古希腊神话中,大海的主宰者被称为海神波塞冬。波塞冬脾气暴躁、桀骜不驯,手握三叉戟,驾着马车飞驰在海面上,当他心情愉快时,大海无波、风平浪静,但是当他发怒时,则翻江倒海、吞噬舟船。神话是人们内心世界的投射,海神波塞冬的狂暴形象,反映出古希腊人对大海的深深恐惧。

---

① 丹纳.艺术哲学[M].傅雷,译.桂林:广西师范大学出版社,2002:267-268.

二、古希腊的城邦生活与人格特征

在古希腊人的生活中,贫乏的自然资源与动荡的社会环境所造成的现实困境只是生活的一方面;虽然大自然没有给古希腊人优越的生存条件,但他们在自己创造的城邦社会中找回了做人的尊严,这是古希腊人生活的另一方面。

古希腊是典型的城邦制社会,全民共治、群体参与是古希腊城邦的突出特点。在古希腊城邦中,公共生活是人们生活的主体形式。古希腊人的私人住处不讲究奢华,即使是富裕人家的住处,因为古希腊人并不热衷于以家庭为中心的社会交往。他们真正热爱的地方是街道、剧场、竞技场、市集以及所有能实现公共参与的地方。他们在这些场合高谈阔论,对城邦事务发表自己的见解,并对他人的见解提出质询、驳难。他们长时间地停留在城市公共空间中,甚至夜晚降临时也有许多人不回家,而在街道或广场上露宿。古希腊土地贫乏,但气候宜人,全年平均气温在二十摄氏度左右,尤其适合户外活动。

古希腊城邦中的公共生活不仅包括人与人的共处,还包括人与神的共在。古希腊的祀神活动异常多,且规模庞大,往往是全城参与。比如著名的泛雅典娜节,其献祭过程就在多个团体的引导下进行,这些不同的团体由佩戴着不同庆典标志的少女组成。但贵族家庭的女孩队伍往往在那些来自普通公民阶层的女孩队伍之前,年长的男人与那些正处于服役年龄的男人分开游行,宗教公职人员与男女祭司组成他们自己的队伍。在这些宗教节日中,各种大大小小的公共活动频繁进行,所有人都乐在其中。

在这样浓厚的公共氛围中,古希腊人虽然并不富裕,但绝不贪吝,他们养成了从个体自由中获取更多现实乐趣的习惯。获得财富对古希腊人来说并非生活的目标,而主要是一种享受闲暇的手段。古希腊上流社会的典型夜生活是传统的酒宴,即宴饮。在宴饮场合,他们斜靠着长榻,从一个公用调酒碗里倒掺水的酒喝,伴随着音乐,谈天说地。有钱人则常常在自己的私宅中装潢明亮的"男人屋"里用昂贵的鱼、酒款待朋友,有时还会有一群人醉醺醺地穿街过巷,跑去参加别人家的宴会。

所以,古希腊城邦浓厚的公共气氛,使古希腊人从浅陋的物质享受中脱身出来,并以之为手段追寻个体的自由快乐。古希腊人身上有种特别珍贵的欢乐和活泼的本性,即自由的本性。古希腊喜剧家阿里斯托芬在诗中风趣地展现了这一点:"多快活啊,多快活啊!终于能脱下头盔,不吃乳酪和玉葱了。我不喜欢打仗,我喜欢同朋友伙伴一块儿喝酒,看夏天收割的枯枝在炉火中毕毕剥剥地烧,在炭上煨一些豆子和小毛榉,在我女人洗澡的时候抱着小赛拉太亲热一番。最愉快的莫如下了种,等天神去浇水,我趁此同邻居谈谈天,比如说:喂,科玛基丹斯,咱们干什么好呢?在宙斯替我们的土地加肥的时候,我倒愿意喝一杯呢。喂,老婆,炒三升蚕豆,加些小麦,挑一些好的无花果来;今天没法下葡萄田摘芽,也没法锄地,泥土太湿了。把画眉和两只黄雀拿来。家里还有些人奶和四块兔子肉。孩子,给我们拿三块来,送一块给祖父;去问埃基那丹斯要些番石榴和水果;再叫人到大路上去招呼卡利那丹斯。"[①]这些文字展示了古希腊人的自由性格。

三、古希腊的文化与文学精神

古希腊人的世界是个二分的世界:一方面,是贫瘠的土地、动荡的海洋及其他种种不可预料因素所带来的对现实人生的恐惧,这种恐惧使他们看到了自己的弱小、无力,使他们产生了深深的"命运"观——一切委于天命,悲观绝望;另一方面,则是他们辉煌的城邦生活使他们获得了释放自己的场合,饮酒、辩论、竞赛,自由自在地生活,自由使他们获得了人的尊严和价值。在古希腊社会中,"命运"观与"自由"观的冲突形成了古希腊文化的精神特征。

古希腊有句俗语"宙斯的归宙斯,雅典的归雅典",清晰地传达出古希腊人处理"命运"与"自由"的思路。在古希腊人看来,"命运"造成了现实人生的巨大痛苦,这些"命运"悲剧的始作俑者是那些高踞奥林匹亚山的诸神,人是无能为力的。同时,古希腊人在城邦生活中的自由快乐又提醒着他们,奥林匹亚诸神对人生命运的辖制并非绝对的,"人"在"神"面前并非全无尊严,在诸神没有夺

---

① 丹纳.艺术哲学[M].傅雷,译.桂林:广西师范大学出版社,2002:287.

取人的生命之前,人有自由的权利。因此,在古希腊社会中,"命运"与"自由"的相互争夺构成了古希腊文化的突出特征,这也成为西方文明发展史上最早的人文主义精神。

在"命运"与"自由"的冲突中形成的人文主义传统,体现了西方人文主义精神的深刻内涵。人们通常认为,自由就是无拘无束、任意为之,其实这是对自由的大误解。在古希腊人那里,自由意味着人在现实生存困境中的个体觉醒,是"人"在"神"主宰的世界中争取自由的产物。对古希腊人而言,现实世界的生存是痛苦的,这种痛苦来自于天上诸神的操控且完全不可解决,"人"痛苦得近乎绝望,这导致了古希腊文学中形形色色的"命运"悲剧;但古希腊人在绝望中产生了珍贵的反省,领悟到了自身自由在人生绝望中的救赎意义。在此情形之下,他们在祀神的同时义无反顾地将自己放到了与"神"平等的位置,甚至在大量神话中按照自己的形象与性情塑造了奥林匹亚诸神的形象。

在绝望中获得个体自由,这构成了古希腊文化精神的核心特征。在古希腊悲剧《俄狄浦斯王》(*Oedipus the King*)中,终身逃避"命运"最终却掉落在"命运"陷阱中的俄狄浦斯,因为羞于自己和母亲生下了一对儿女,刺瞎了自己的双眼。但就在这一人生最低谷的时刻,他坦然说道:"我的命运要走向哪里,就让它到哪里吧。"这是对命运的依从,同时也是无言的反抗。

文学是文化的影子,古希腊的文化精神投射到文学上,形成了古希腊文学的精神。古希腊文学的精神特征可概括为:生命、人本以及自由。

第二节　古希腊文学概述

一、古希腊文学发展的初期

公元前 12 世纪至公元前 8 世纪是古希腊从氏族公社向奴隶制社会过渡的时期,史称"英雄时代",又称"荷马时代",这一时期文学的主要成就是神话和史诗。

古希腊神话的成就非常高,马克思说它"不只是希腊艺术的武库,而且是它的土壤"。古希腊神话的正式定型,以平民诗人赫西俄德(Hesiod,公元前8世纪末—公元前7世纪初)的《神谱》(Theogony)为标志。《神谱》以奥林匹亚诸神体系为基础,将流传在古希腊地区的诸种传说纳入一个统一体系,完成了神话的统一。

古希腊神话的谱系纷繁复杂,大略可分为"旧神谱系"与"新神谱系"。在"旧神谱系"中,最初产生的神是"混沌神"卡俄斯,《神谱》中这样描写:"最先产生的确实是卡俄斯(混沌),其次便产生了该亚——宽胸的大地,所有(以冰雪覆盖的奥林波斯山峰为家的神灵)的永远牢靠的根基,以及在道路宽阔的大地深处的幽暗的塔耳塔罗斯、爱神厄罗斯——在不朽的诸神中数她最美,能使所有的神和所有的人销魂荡魄、呆若木鸡,使他们丧失理智,心里没了主意……大地该亚首先创造了乌兰诺斯——繁星似锦的皇天,他与她大小一样,覆盖着她,与周边衔接。大地成了快乐神灵永远稳固的逗留场所。大地还生了绵延起伏的山脉和身居山谷的自然女神纽墨菲的优雅住处。大地未经甜蜜相爱还生了波涛汹涌、不产果实的深海蓬托斯……"①"旧神谱系"中天神乌兰诺斯为主神,他和地母交合产生了诸神,但最后还是被自己的后代克洛诺斯推翻。克洛诺斯在地母的授意下推翻了自己的父亲,但他自己的地位也不稳固,因为他也会像自己的父亲一样被自己的一个儿子推翻。因此,他把自己的儿女都吞进了自己的肚子,唯有宙斯例外。宙斯降生之后,在自己的母亲和地母的帮助下,成功躲过了克洛诺斯的迫害并使他吐出了吞下的儿女。后来,宙斯和自己的兄弟们联手与自己的父亲和提坦巨神斗争,斗争进行了十年,最后在该亚的帮助下,宙斯从大地底层释放了三个独眼巨神,并获得了雷、电与霹雳三件武器,成为雷电之神,战胜了自己的父亲,成了新的主神,缔造了"新神谱系"。

在"新神谱系"中,宙斯和波塞冬、哈得斯抓阄分管世界,宙斯掌管天空与上界,为天神;波塞冬掌管大海,为海神;哈得斯掌管冥界,为冥王。"新神谱系"形

---

① 赫西俄德.工作与时日·神谱[M].张竹明,蒋平,译.北京:商务印书馆,1991:29-30.

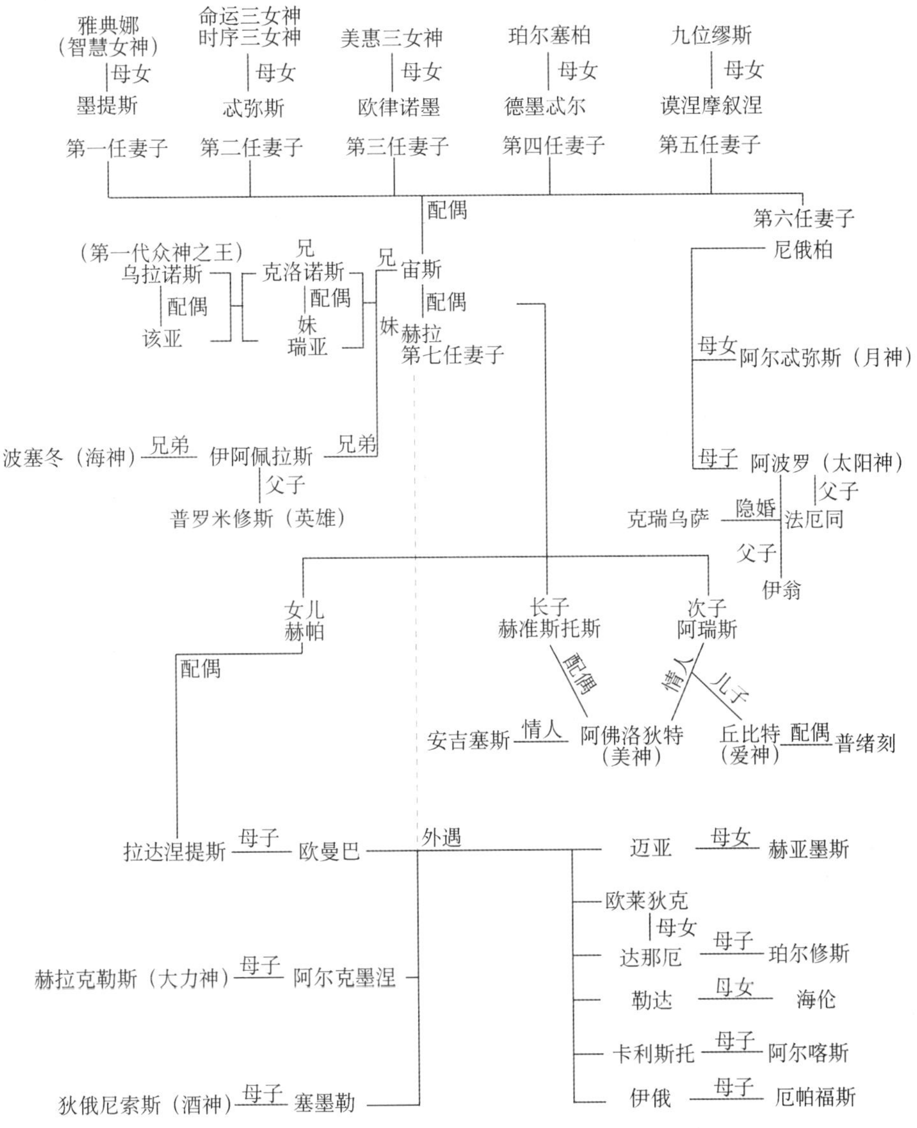

希腊诸神错综复杂的关系图①

成了建立奥林匹亚山秩序的"十二主神",他们分别为雷电神宙斯(罗马又称朱庇特 Jupiter)、天后赫拉(罗马又称朱诺 Juno)、海神波塞冬(罗马又称涅普顿 Neptune)、智慧女神雅典娜(罗马又称密涅瓦 Minerva)、太阳神阿波罗(罗马也

---

① 以上内容参考施瓦布.希腊神话故事[M].兰州:甘肃人民美术出版社,2015.

称阿波罗 Apollo)、月神阿忒弥斯(罗马又称狄安娜 Diana)、美神阿佛洛狄忒(罗马又称维纳斯 Venus)、铁匠之神赫耳墨斯(罗马又称默丘利 Mercury)、战神阿瑞斯(罗马又称玛尔斯 Mars)、丰收女神狄蜜忒(罗马又称席瑞斯 Ceres)、赫菲斯托斯(罗马又称伏尔甘 Vulcan)、赫斯提亚(罗马又称维斯塔 Vesta)。

古希腊神话的特点主要有三个。

第一,"神、人同形同性"。古希腊神话中的神与人形貌接近、性格相似,神都是人格化的神。这与世界其他文明的神话形成了很大差别,比如在中国神话总集《山海经》中,神往往都是人面兽身,性格也不鲜明。古希腊神话具有"神、人同形同性"的特点,从根本上受到了古希腊文化精神的影响。

第二,哲理性强。古希腊神话往往具有深刻的哲理内涵,比如有名的"西绪福斯的故事",讲的是西绪福斯以狡猾机智闻名,他屡次欺骗死神塔纳托斯,激怒了冥王哈得斯,被判罚推大石上山,但每次大石都会自动滚落,于是他只好永无止境地劳作。这个故事的内涵深刻,展示了现实人生最让人痛苦的形式,即永恒的"命运",这是古希腊神话对现实的深刻洞察。

第三,故事性强,想象力丰富,具有很高的艺术价值。古希腊神话虽然产生于公元前8世纪左右,但已呈现出非常成熟的叙事技巧和想象世界。比如在整部神话中,宙斯与正义之神普罗米修斯的斗法形成了一个稳固线索,围绕这个线索产生了许多精彩的故事,著名的"潘多拉盒子"的故事就是由此产生的。

这一时期,更加伟大的作品无疑是《荷马史诗》,我们将在本章第三节详细论述。

二、古希腊文学的发展期

公元前8世纪到公元前6世纪,是古希腊氏族社会进一步解体、奴隶主城邦逐渐形成的时期,被称为"大移民时代"。这一时期文学的主要成就是抒情诗和寓言。

古希腊抒情诗源于民歌,它是伴着音乐歌唱的。抒情诗可分为独唱体和合唱体,独唱体抒情诗的代表诗人是萨福(Sappho,约公元前612—?)和阿那克里翁(Anacreon,公元前570—?),合唱体抒情诗的代表诗人是品达(Pindar,公元前518—公元前442年或438年)。

女诗人萨福是古希腊抒情诗中最著名的诗人,她的诗歌意象明丽、情感细腻,达到了很高的成就。比如《我成仙了吗?》中写道:"纤细的火焰在我皮下流窜,/舌头在爆裂,/嗓子哽咽,耳朵嗡嗡,/眼睛也一片荫翳。/甜蜜的洪流将我淹没,/战栗摇撼着我,/使我苍白,苍白,脸色发青,/我已奄奄一息。/为什么要承受这样的痛苦?/因为我已绝望/萎缩得就要虚空……/成仙了吗?"①这首诗用鲜明的意象、急促的节奏,将一个沉浸在爱河中的人忘我的状态刻画得栩栩如生,而且情感真挚细腻。

古希腊民间还流传着许多以动物生活为主要内容的小寓言,相传作者是一个名叫伊索(Aesor)的奴隶,后来整理出来的这些寓言就被称为《伊索寓言》(Aesor's Fables)。作为取材于下层社会的作品,《伊索寓言》主要表现下层平民和奴隶的思想情感,是他们的生活教训和斗争经验的总结;在艺术上,作品多运用拟人手法,赋予动物人的性格,具有浓郁的民间文学色彩。比较著名的寓言有《狼和小羊》《狐狸与葡萄》《农夫与蛇》《龟兔赛跑》《乌鸦和狐狸》等。《伊索寓言》对后来法国的拉封丹、德国的莱辛、俄国的克雷洛夫等都产生过影响。

三、古希腊文学的成熟期

公元前6世纪末到公元前4世纪初,是希腊奴隶制发展的全盛时期。在希腊历史上的"古典时期",雅典是当时希腊的政治、经济和文化中心,故历史上又称其为"雅典时代"。这时,雅典民主政治的发展和经济的繁荣,带来了古希腊文学的繁荣,而代表这种文学繁荣的是戏剧,出现了以埃斯库罗斯、索福克勒斯、欧里庇得斯为代表的悲剧家和喜剧家阿里斯托芬。

古希腊喜剧的杰出作家是阿里斯托芬(Aristophanis,约公元前450—公元前385年)。阿里斯托芬出生在雅典城内,交游甚广,当时的哲学家苏格拉底与柏拉图都是他的朋友。他一生共写过44个喜剧,获过7次戏剧奖,代表作

---

① 荷马,等.希腊诗选[M].马高明,树才,译.桂林:漓江出版社,2008:14-15.

包括《阿卡奈人》(The Acharnians)、《云》(The Clouds)、《马蜂》(The Wasps)等。阿里斯托芬的喜剧充满民主精神,他通过喜剧形式对城邦内的事务进行了严肃的政治讨论。比如《鸟》(The Birds)中有两个年老的雅典人,他们厌弃城市生活和诉讼习气,升到天空中建立了一个"云中鹁鸪国",切断天与地之间的交通。众神由于挨饿,只好向鹁鸪国求和,把统治权移交给鸟类。鸟国中没有贫富之分,没有剥削,在那里劳动是生存的唯一条件。这部作品对当时雅典城内空谈成风的不良习气进行了辛辣讽刺。《云》中的农民斯瑞西阿得斯因为负债甚苦,叫儿子到苏格拉底的思想所去学习口才。孩子学成之后,能言善辩,回到家里,为饮酒诵诗的事,同父亲发生口角,并用诡辩方式证明儿子打父亲有理。老人在气愤之下,把思想所烧毁了,这同样讽刺了城邦中的务虚风气。

阿里斯托芬的喜剧洋溢着充沛的世俗激情,风格粗犷,但同时又充满了精心结撰的讽刺结构,形成了独特的艺术特色。阿里斯托芬的粗犷豪放,出自希腊人固有的"天真无邪"的本质,这种本质产生于自然、简朴的生活,这其实是属于逐渐远去的"老"希腊的生活;在城邦时代的"新"希腊,阿里斯托芬从捍卫传统价值的立场出发,对城邦生活中的务虚风气进行了辛辣讽刺,其中不乏睿智的洞察,但也对代表时代进步的东西进行了恶意中伤,比如在《云》中,他讽刺了苏格拉底的善辩,而这后来成了苏格拉底被审判处死的依据。

四、古希腊文学发展的晚期

公元前4世纪末至公元2世纪,史称"希腊化"时期,文学上的主要成就是新喜剧和田园诗。

在"希腊化"时期,希腊被马其顿征服。这一时期希腊文学的成就不大,较有影响的是新喜剧和田园诗。新喜剧的代表作家是米南德(Menander,公元前342—公元前292年?),据说他写过百余部喜剧作品,但传世的只有《恨世者》(Minander Haters)和《萨摩斯女子》(The Girl From Samos)及一些残篇。

田园诗的代表作家是忒奥克里托斯(Theocritus,公元前310—公元前245

年),他擅长写乡情乡景,风格自然、质朴、清新。比如他的《偷蜜者》:"行窃的小爱神从蜂巢中偷蜜,/一只坏蜜蜂蜇他,把手指头/全蜇伤。他痛苦得吹着气,/跺着地,跳着脚,把痛处/指给阿佛洛狄忒看,咒骂/小小的蜜蜂造成了这样大的创伤。/他母亲含笑说:'怎么?你比不上蜜蜂?/你这么小不也造成了巨大的创伤?'"①诗歌语言质朴,完全是从日常生活中撷取片段,随手成趣,但却包含让人遐思的有益启示。

第三节　古希腊作家作品

本节重点分析《荷马史诗》与古希腊悲剧。

一、《荷马史诗》的创作背景与故事情节

《荷马史诗》是人类的伟大史诗之一。史诗是文学体裁的一种,是对一个民族起源的历史记载;史诗的作者不唯一,它通常是历经多年,在不同时期由不同的传承者修缮编订而成的,最后的编订者通常被当作史诗的作者。在作品的传承方式上,史诗在前期往往是口耳相传,因此,在后期编订形成的文本中就保留了明显的口传文学的特征。

《荷马史诗》的最后编订者通常被认为是盲诗人荷马(Homer)。相传荷马是四处卖艺的游吟歌手,约生活在公元前9到公元前8世纪。在古希腊,有众多的游吟歌手,他们四处流浪,依靠吟唱助兴过活。《荷马史诗》中的大部分内容,就是这些游吟歌手演唱的素材。

《荷马史诗》在古希腊流传广泛,影响深远,柏拉图认为"荷马教育了古希腊"。在古希腊,城邦将它作为教育的基础内容,让学生们背诵其中的篇章,有不少人甚至能背诵整篇。《荷马史诗》还出现在城邦的盛大节日中,在公元前5世纪,在雅典每四年一次的泛雅典娜节上会有朗诵《荷马史诗》的节目。《荷马史诗》对后世的影响更为深远,古罗马作家西塞罗、卢克来修、维吉尔等对其无

---

① 荷马,等.古希腊抒情诗选[M].水建馥,译.北京:人民文学出版社,1988:269.

比崇拜,维吉尔的《埃涅阿斯纪》就是在《荷马史诗》的影响下创作的,其情节内容则是对《荷马史诗》的续写。

《荷马史诗》分为两个部分——《伊利亚特》(*The Iliad*)与《奥德赛》(*The Odyssey*),两部分各24卷,共48卷;《伊利亚特》15 693行,《奥德赛》12 110行。整部作品篇幅浩大,内容繁多。

《荷马史诗》取材于古希腊流传已久的特洛伊传说。特洛伊城修建于公元前16世纪,相传由太阳神阿波罗与海神波塞冬共同建成,被称为"不能被攻陷的特洛伊"。有一天,一场盛大的婚礼正在举行,新郎是希腊密尔弥多涅斯人的首领佩琉斯,新娘是爱琴海海神涅柔斯的女儿、美丽无比的忒提斯。在这场罕见的神与人联姻的婚礼上,天上诸神与地上国王都受到了邀请,独独争吵女神埃里斯被冷落了,她决心进行报复。她变身之后来到宴席之上,偷偷放下了一个"不和的金苹果",上面写着"送给最美的女神",这引起了三位最有竞争力的女神的争吵,她们分别是天后赫拉、女战神雅典娜、爱与美之神阿佛洛狄忒,三人争夺不休,她们请宙斯裁决,宙斯却让特洛伊的小王子帕里斯决断。

每一位女神都劝他把金苹果判给自己,并许诺给他优厚的回报。赫拉许诺的是财富和权力,雅典娜许诺的是战场上的胜利和荣誉,阿佛洛狄忒保证让他得到世上最美女子的爱情,帕里斯把金苹果判给了阿佛洛狄忒。从此以后,他处处得到这位女神的保佑,情场得意,但却引来了赫拉和雅典娜对他和全体特洛伊人的仇视。后来,帕里斯在阿佛洛狄忒的帮助下,成功勾引到了古希腊斯巴达之王的妻子、古希腊最美的女人——海伦,由此引起了古希腊人与特洛伊人长达十年的战争,史称"特洛伊之战"。

《荷马史诗》的内容以特洛伊战争为背景,但并非流水账般复述事件,而是选取了特洛伊十年战争的最后一年作为故事展开的时间背景,这就是《伊利亚特》故事的开始。

《伊利亚特》里讲,战争进行到第十年,古希腊人在古希腊第一勇士阿基琉斯(Achilles)的带领下打到了特洛伊城下,胜利在望。就在此时,古希腊内部起了内讧,阿基琉斯与古希腊联军统帅阿伽门农因为争夺一个女俘虏发生冲突,阿基琉斯一怒之下退出了战场。没有了阿基琉斯的古希腊军队的战斗力大为削弱,被特洛伊人反攻到了海边,阿基琉斯的好友为挽救败局,偷来阿基琉斯的战袍,冒充阿基琉斯抵抗特洛伊人,却被认出并被杀害。阿基琉斯听闻噩耗,一怒之下,重新投入战争,又将特洛伊人打回了城里,并杀死特洛伊大王子赫克托耳,为自己的好友报了仇。

《奥德赛》里讲,特洛伊战争进行到最后,是古希腊最聪明的人奥德赛巧设木马计,使特洛伊人将躲藏了古希腊人的木马搬回城里,毁灭了自己的城市。特洛伊战争结束后,奥德赛在带领自己的将士回家的途中,遭遇宙斯的报复,几乎全军覆没;之后又遭遇了独目巨人的追杀,奥德赛和他的伙伴藏在羊肚子底下才逃过一劫;后来又遇到了魔女刻尔克、吃人的女妖塞壬等,最后他只身漂流到女神卡吕普索的岛上,这时距特洛伊毁灭已经十年了。在宙斯的授意之下,卡吕普索放走了奥德赛,让其返乡。奥德赛在海上又漂流了18天,并遭到海神波塞冬的打击,他的木筏在海上又漂流了两天,之后他被人搭救。在雅典娜的帮助下,奥德赛终于回到了自己的故乡,夫妻团聚。

二、《荷马史诗》中的人文主义

《荷马史诗》产生于氏族社会时期,却包含着深厚的人文内涵,主要表现在三个方面。

第一,英雄形象的凡人性。

《荷马史诗》中所描写的英雄不是理想化、不近人情的,正相反,他们之所以成为英雄,恰恰是因为他们将各自身上特有的属于人的人格特征发挥到了极致,他们是作为完整的人而成了英雄的。

比如对"阿基琉斯"英雄形象的刻画。阿基琉斯是凡人与神的女儿结合所生的,他一出生他的母亲就拿神火烤他,使他的凡胎俗骨变得刀枪不入。但就是这样一位英雄,作品却着重描写了他与凡人相似的一面:喜争好斗,意气用事,将个人声誉放在国家集体利益之上。但这些性格特点不仅没有抹杀阿基琉斯的伟大,相反却使他变得更加真实。作品对阿伽门农与阿基琉斯有这样的描写:"民众的王者阿伽门农答道:'宙斯钟爱的王者中,你是我最痛恨的一个;争吵、战争和搏杀永远是你心驰神往的事情。……我要亲往你的营棚,带走美貌的布里塞伊丝,你的战礼。这样,你就会知道,和你相比,我的权势该有多么莽烈!此外,倘若另有犯上之人,畏此先例,谅他也就不敢和我抗争,平享我的威严。'如此一番应答,激怒了裴琉斯的儿子。多毛的胸腔里,两个不同的念头争扯着他的心魂:是拔出胯边锋利的铜剑,撩开挡道的人群,杀了阿特柔斯之子,还是咽下这口怨气,压住这股狂烈?"①

在整部作品中,"阿基琉斯的愤怒"构成了故事发展的主要线索,阿基琉斯的第一次发怒使古希腊人被打到了海边,第二次发怒则使古希腊人反败为胜、局面立转,这等于是将庞大的战局完全系于一个人的喜怒哀乐之上,使个体获得了超出集体与国家的重要性,是个体而不是国家成为历史的塑造者,这是非常高调的人文主义叙事方式。

在《荷马史诗》中,还有两个英雄,一个是阿伽门农,另一个则是古希腊最聪明的人——奥德赛。作品在刻画这两个英雄时,同样没有将之抽象化。在《荷马史诗》中,阿伽门农出身高贵,他有着崇高的集体主义精神,但是他心胸狭窄,看到阿基琉斯在军中崇高的威望后,心中产生了不忿的情绪,因此发生了与阿基琉斯争抢女奴的事件。而另一个英雄奥德赛,虽然无比机智,但他对自己的家园、妻子和孩子充满了眷恋之情,会花十年的时间回家。因此,《荷马史诗》的作者在塑造英雄形象时,是按照凡人的形象去塑造的。

第二,神的形象的凡人化。

在《荷马史诗》中,英雄体现出了凡人性的一面,甚至连神的形象都是凡人化的。《荷马史诗》所描写的特洛伊战争,一方面是古希腊人与特洛伊人之间的战争,另一方面,在凡人战争背后是天上诸神之间的争斗,而神们之所以发生争斗,同样是因为个人的恩怨得失与争夺祭享。

在作品中,奥林匹亚山上的诸神为了各种事情相互争吵,完全没有天神的威严;天父宙斯、天后赫拉更像是寻常男女,情欲荡漾,比如:"听罢这番话,汇聚

---

① 荷马.伊利亚特 奥德赛[M].陈中梅,译.上海:上海译文出版社,1998:38.

乌云的宙斯答道:'急什么,赫拉,那地方不妨以后再去。现在,我要你和我睡觉,尽兴做爱。对女神或女人的性爱,从未像现时这样炽烈,冲荡着我的心胸,扬起不可抑止的情波。我曾和阿克西昂的妻子同床,生子裴里苏斯,和神一样多谋善断……听罢这番话,高贵的赫拉答道,心怀狡黠:'可怕的众神之主,克罗诺斯之子,你说了些什么?你现时情火中烧,迫不及待地要和我欢爱,在这伊达的峰岭,是否想让整个世界看见?要是让某个不死的神明看见,见我们睡躺此间,跑去告诉所有的神祇,此事将如何释解?我不能从这边的睡床爬起,尔后再回头溜进你的宫居——这会让我丢尽脸面。'"①而当宙斯对赫拉心有不满时,则态度粗暴、恶语相向:"闭上你的嘴,静静地坐到一边去。按我说的办——否则,当我走过去,对你甩开我的双臂,展示不可抵御的神力时,奥林波斯山上的众神,就是全部出动,也帮不了你的忙。"②

第三,凸显人在悲剧命运中的抗争。

《荷马史诗》展现了人与神地位的绝对不平等,神可以永生,而且可以凭借自身的法力为所欲为,轻易夺取凡人的生命,而凡人则生命脆弱,转眼间便可能命丧黄泉。比如《伊利亚特》一开始就写道:"身背弯弓和带盖的箭壶,他从奥林波斯山巅直奔而下,怒满胸膛,气冲冲地一路疾行,箭支在背上铿锵作响——他来了,像黑夜降临一般,遥对着战船蹲下,放出一支飞箭,银弓发出的声响使人心惊胆战。他先射骡子和迅跑的狗,然后,放出一支撕心裂肺的利箭,对着人群,射倒了他们;焚尸的烈火熊熊燃烧,经久不灭。一连九天,神的箭雨横扫着联军。"③"受之不尽的苦难,将许多豪杰强健的体魄打入了哀地斯,而把他们的躯体,作为美食,扔给了狗和兀鸟,从而实践了宙斯的意志,从初时的一场争执开始。"④

《荷马史诗》写出了人生在世的悲剧,更写出了人在悲剧命运中的抗争,这种抗争展现了人的尊严。在作品中,在阿基琉斯奔赴战场前,他的母亲和他说:

---

① 荷马.伊利亚特 奥德赛[M].陈中梅,译.上海:上海译文出版社,1998:371.
② 荷马.伊利亚特 奥德赛[M].陈中梅,译.上海:上海译文出版社,1998:53.
③ 荷马.伊利亚特 奥德赛[M].陈中梅,译.上海:上海译文出版社,1998:33.
④ 荷马.伊利亚特 奥德赛[M].陈中梅,译.上海:上海译文出版社,1998:31.

如果你不上战场,那么你会子孙满堂、富贵荣华,但将默默无闻地死去;如果你去参加这场战争,那么你注定会死于战场,但将流芳百世。阿基琉斯最后还是选择了参战,体现了对抗命运、为个人存在赢取尊严的人格境界。

三、古希腊悲剧的起源与形式

古希腊悲剧起源于祭祀酒神狄奥尼索斯的羊人剧。羊人剧是古老的原始戏剧,带有浓厚的巫祝成分,风格狂野神秘。后来,羊人剧随着古希腊城市的扩张进入了城市,逐渐脱离原始巫祝功能,成为城邦社会中人们实现政治参与的载体形式。

古希腊悲剧的戏剧形式与当代戏剧形式有较大差别。古希腊悲剧从结构上一般分为开场白、入场歌、场、场次之间的唱段、终场五部分。在演出形式上,古希腊悲剧与当代戏剧最大的差别在于它的开放性。古希腊悲剧中有"歌队",歌队在全剧中有引入、评论、过渡等多种功能,他们不是剧中角色却可以随时插话。歌队的功能之一是作为出现在舞台上的"观众代表",他们的存在使处于表演舞台之外的观众参与到演出中。

古希腊悲剧的政治意味很浓。在古希腊悲剧中,作品的故事情节是大家熟知的,在演出过程中歌队不断破坏着大家的"期待意识"。在这样的情况下,人们在观看古希腊悲剧时,就不是单纯地从故事情节中获取满足感,而是热衷于品评剧情,并就其中的人物发表自己的见解。在某种意义上,古希腊悲剧是古希腊公民发表自己见解的方式,以此体现他们作为"公民"的身份。

四、古希腊三大悲剧家与作品

古希腊三大悲剧家分别是埃斯库罗斯、索福克勒斯与欧里庇得斯。

埃斯库罗斯(Aeschylos,公元前525—公元前456年)生活于公元前5世纪左右,曾参加过多次戏剧竞赛并获奖。他被称为"悲剧之父",古希腊悲剧在他的笔下开始具有了完整的形制。相传他创作的作品达80多部,但流传至今的戏剧共有7部,其代表作品是《俄瑞斯忒斯》三部曲[包括《阿伽门农》(*Agamem-*

non）、《奠酒人》（Choephon）、《报仇神》（Eumenides）]和《被缚的普罗米修斯》（Prometheus Bound）。埃斯库罗斯死于"天上的一击"，据说是因鹰抓起的乌龟从天掉落，被打到头而死的。

《俄瑞斯忒斯》三部曲讲的是古希腊联军统帅阿伽门农归家后的遭遇。阿伽门农在特洛伊大胜之后，凯旋回家，但却遭到了妻子克吕泰墨斯特拉的报复，原因是阿伽门农在特洛伊战争中为了取胜将他们的女儿作为祭品献给了天神。克吕泰墨斯特拉在浴室中杀死了阿伽门农，城邦判决由他们的儿子俄瑞斯忒斯决定是否为父报仇。俄瑞斯忒斯彷徨不决，最后还是杀死了自己的母亲，为父报仇。他也因此犯下了弑母之罪，遭到了复仇女神的报复。他逃到了雅典，众神裁决他的生死，结果票数相等，最后是雅典娜投下了关键一票使他获生。

《俄瑞斯忒斯》展示了古希腊文化精神中最为深刻的"命运"观。在这部作品中，戏剧矛盾集中体现为"正确与正确的对抗"，这表现在两个层次上。第一个层次，阿伽门农杀死自己的女儿以祭献天神是否有错？说其有错，但他是为自己的国家利益考虑；说他无错，毕竟是他的亲生女儿，因此，出现了的"国家"与"亲情"的冲突。第二个层次，俄瑞斯忒斯是否应该为父报仇？杀母报仇，会犯下弑母之罪；不去报仇，则是不孝，因此，出现了"弑母"与"不孝"的冲突。这两层冲突在根本上不可调和，由此显示出悲剧冲突的力度，使戏剧有了震撼人心的效果。

索福克勒斯（Sophocles，公元前496—公元前406年）生于公元前5世纪，晚于埃斯库罗斯出生，他生于一个富裕的工商业主家庭，年轻时就因音乐才能出众和英俊的长相而被选入颂神合唱队担任领唱，曾担任雅典税务委员会主席、祭司等。他一生共获奖24次，流传下来的作品有7部，代表作是《俄狄浦斯王》。

《俄狄浦斯王》讲的是一个人逃避"命运"最后却掉进"命运"陷阱的故事。忒拜城里瘟疫横行，众人来向年轻的国王俄狄浦斯求援，而俄狄浦斯早已安排自己的内兄克瑞翁去神庙请求神示。克瑞翁回来后说，造成瘟疫的原因是杀死老国王的凶手至今仍逍遥法外，俄狄浦斯王决心将之抓获。他根据克瑞翁的建议,请来先知提瑞西阿斯,可这个盲人什么都不肯说。俄狄浦斯大发脾气,被逼急了的先知说"你就是你要寻找的杀人凶手"。俄狄浦斯怀疑是克瑞翁收买了这个诡计多端的术士,在背后捣鬼。克瑞翁也与俄狄浦斯激烈争吵起来,他们的争吵惊动了王后伊俄卡斯。伊俄卡斯安慰丈夫说老国王只可能死于自己的儿子之手,而他们的儿子早已在出生时被抛弃。俄狄浦斯听后大吃一惊,因为他自己就是个弃儿。他经过苦苦追问,最后发现自己就是那个被伊俄卡斯抛弃的孩子,是他在一次冲突中杀死了自己的父亲,之后娶了自己的母亲,并生下了一对儿女,应了神的"命运"诅咒。最后,俄狄浦斯的母亲羞愧自尽,而他也刺瞎自己的双眼,并自我流放。

《俄狄浦斯王》的思想成就极高,是古希腊"命运悲剧"的典型代表。在这部作品中,神对人的诅咒即人的"命运"与俄狄浦斯的"逃避"形成了戏剧冲突。俄狄浦斯千方百计要逃脱命运的诅咒,却一步一步地走向了命运陷阱。在作品的最后,歌队唱道:"凡人的后代啊,我把你们的生命当作一场梦:谁的幸福不是表面现象,一会儿就消失?不幸的俄狄浦斯,你的命运,你的命运告诉我不要说凡人是幸福的。"

在《俄狄浦斯王》这部作品中,最值得玩味的是斯芬克斯的那个谜语——"早上四条腿,中午两条腿,晚上三条腿"。这个谜语的谜底是"人",而猜谜语的是俄狄浦斯,俄狄浦斯也是一个"人",因此,猜谜的人就是谜底,谜语的谜底就是猜谜的人。这样的结构,在整个作品中是普遍的:俄狄浦斯作为"杀人案"的督办者,同时就是杀人犯;俄狄浦斯与自己的母亲结婚,生下的两个儿子一个女儿既是他的子女,同时又是他的弟妹,等等。在此意义上,《俄狄浦斯王》包含一个非常绝望的主题:人在世间的所有功业,其实也是将自己推向死亡与绝境的动力。作为与神相对的人,其命运在根本上是悲剧性的。索福克勒斯的这种反思是异常深刻的。

《俄狄浦斯王》的艺术创造也非常高明,整部作品在结构上实现了"稳"与"乱"的结合。作品一开始,威严赫赫的俄狄浦斯居于王座之上,发誓要找到那个杀人凶手;之后,随着先知说"你就是那个杀人凶手",他开始暴怒;后来,王后向他讲述抛弃孩子的原委,他越听越心惊,逐渐失控;再后来,当牧羊人带来真相时,他彻底失控了,这一过程体现了从"稳"到"乱"的有序推进。在作品最后,他刺瞎自己的双眼,重获人的尊严,又使作品恢复到稳定状态。

欧里庇得斯(Euripides,公元前484？—公元前406年？)生于公元前5世纪,晚于索福克勒斯。欧里庇得斯是雅典最后一位伟大的悲剧作家,他出生于拥有土地的贵族家庭。与埃斯库罗斯、索福克勒斯相比,欧里庇得斯特别注重写实,他对心理矛盾刻画至深,戏剧冲突的展开也非常激烈,因此,他的悲剧扣人心弦,题材和思想都有超前的表现。欧里庇得斯在世时争议很大,人们对他创作最大的指责,是他的作品没有给神足够的位置,过于注重观照现实,其实这正是欧里庇得斯在后世产生巨大影响的原因所在。他共写了90多部悲剧,现存《美狄亚》(Medea)、《特洛伊妇女》(The Trojan Women)等18部作品。

《美狄亚》讲的是人自身的性格缺陷导致悲剧的故事。美狄亚是有法力的巫女,她帮助伊阿宋获取金羊毛而使其复国,伊阿宋答应娶她,但后来在邻国科林索斯国王的诱惑下,娶了国王的女儿。嫉妒的美狄亚决心报复,她将染有白磷的嫁衣送给了新娘,使其被活活烧死,美狄亚也当着伊阿宋杀死了自己和他的一对儿女,将他们挂在龙车上并飞向雅典,只留下伊阿宋独自痛苦。

《美狄亚》在悲剧创作上的最大成就在于指出了悲剧发生的真正原因并不在"命运",而是人本身的性格缺陷。在作品中,伊阿宋的贪欲、美狄亚的复仇欲望,以及科林索斯国王的贪欲共同造成了这出人间悲剧。在作品中,美狄亚一出场就充满怨毒地大喊:"哎呀,我遭受了痛苦,哎呀,我遭受了痛苦,直要我放声大哭！你们两个该死的东西,一个怀恨的母亲生出来的,快和你们的父亲一同死掉,一家人死得干干净净。"① 这种怨毒和复仇欲望最后毁灭了所有人。

---

① 外国文学名著丛书编辑委员会.欧里庇得斯悲剧二种[M].罗念生,译.北京:人民文学出版社,1958:10.

第四节 古希腊文学中的跨文体实践

一、对古希腊文学作品跨文体改编的现状

对古希腊文学作品的跨文体改编,主要集中在从文学向电影的影视改编方面,古希腊神话、戏剧是影视改编的两大文学资源。

在对古希腊神话的影视改编方面,全部或大部分取材于原著的影视作品主要有:《赫拉克勒斯》[美国导演约翰·马斯克(John Musker)根据《古希腊罗马传说》中的故事改编]、《特洛伊》[德国导演沃尔夫冈·彼德森(Wolfgang Petersen)根据古希腊诗人荷马的史诗《伊利亚特》改编]、《奥德赛》(俄国导演康恰洛夫斯基根据古希腊诗人荷马的同名史诗改编)等。在改编过程中只汲取了原著中部分要素的影视作品有:《大力神》、《尤里希斯》、《蛇发魔女》、《新木马屠城》(2003)、《世纪对神榜》、《诸神之战》(2010)、《波西杰克逊神火之盗》(2010)等。

在对古希腊戏剧的影视改编方面,全部或大部分取材于原著的影视作品主要有:《俄狄浦斯王》(意大利导演帕索里尼根据古希腊作家索福克勒斯同名戏剧改编)、《美狄亚》(意大利导演帕索里尼根据古希腊作家欧里庇得斯同名戏剧改编)、《美狄亚》(丹麦导演特里尔根据古希腊作家欧里庇得斯同名戏剧改编)、《希腊血仇》(希腊导演卡柯尼斯根据古希腊作家欧里庇得斯的戏剧《埃莱克特拉》改编)等。

二、电影《特洛伊》分析

在众多对古希腊文学作品的跨文体改编中,电影《特洛伊》(2004年,沃尔夫冈·彼德森导演,布拉德·皮特主演)被认为是较为成功的改编作品。电影《特洛伊》改编自《伊利亚特》,与原著相比,电影的跨文体改编体现在以下几个方面。

第一,在主题内涵上,与文学原著相比,电影凸显了原著中作为副线的英雄主义主题,使之变成了一部张扬个人主义的大片。

原著《伊利亚特》是神人共在、宣扬神超越人的作品,原著一开始就说:"女神啊,请歌唱佩琉斯之子阿基琉斯的致命的愤怒,那一怒给阿开奥斯人带来无数的苦难,把战士的许多健壮英魂送往冥府,使他们的尸体成为野狗和各种飞禽的肉食,从阿特柔斯之子、人民的国王同神样的阿基琉斯最初在争吵中分离时开始吧,就这样实现了宙斯的意愿。"①神在这场战争中的权威是强大无比的,而人在其中只是践行神的意志的工具。与神的煊赫相比,原著中的英雄虽然比普通人引人注目,但也只是作为全书的一条副线而已。电影《特洛伊》则从电影这种文体特有的要求出发,将原著中的副线变成了主线。

首先,在电影中,煊赫的神们统统匿迹,只有阿基琉斯的母亲忒提斯——爱琴海海神的女儿,在儿子奔赴战场前现身警告,其余神迹皆无。

其次,在人物形象上,"英雄主义"成了电影中几乎所有人物的塑造标准。在原著中,阿基琉斯的个人英雄主义是作为重点展示的,电影对此进行了淋漓尽致的发挥,并以此确定了电影叙事的主要节奏:从电影开头的一场阿基琉斯一个人对抗千军万马的打斗开始,阿基琉斯的四场独斗构成了电影的四个独立单元,支撑起全片。其他人物,如特洛伊小王子帕琉斯在原著中是一个惹是生非的家伙,他的兄长曾称他为"好色的拐子",而在电影中,他的形象也具有了英雄主义的特征,他拐走了海伦却能主动承担责任,为爱情拼杀。

最后,在情节安排上,为了凸显英雄主题,电影做了大幅修改。比如原著中阿基琉斯的出场颇费周折,他的母亲为了让他免遭灾难而将他藏了起来,是聪明的奥德赛将他招引到军队中的,但电影却略去了这一部分,而是让阿基琉斯直接出现在战场上,强化了阿基琉斯的正面英雄形象。在原著中,故事讲到双方分别安葬了各自的亲人就结束了,但在电影中,导演却根据传说补上了原著没有的"阿基琉斯被射穿脚踵"的部分,安排特洛伊小王子帕琉斯在阿基琉斯于

---

① 荷马.荷马史诗·伊利亚特[M].罗念生,王焕生,译.北京:人民文学出版社,1994:1.

陷落的特洛伊城中寻找自己的爱人时将其射死,形成了两个"英雄"之间的冲突,强化了电影的英雄主义效果。

第二,在文化倾向上,电影削弱了原著中野蛮残酷的原始主义基调,而代之以现代情爱主义。

原著《伊利亚特》在文化倾向上,体现出浓厚的原始主义色彩。《伊利亚特》的创作年代本身就是人类蒙昧初开时期,人们心灵中的野蛮冲动并未完全化尽,这形成了原著中令人印象深刻的部分。比如原著中刻画阿基琉斯与特洛伊大王子赫克托尔之间的著名的一战时,就有意识地将之描绘为两只凶猛野兽之间赤裸裸的撕咬,作品中出现了这样的描写:"神样的阿基琉斯一枪戳中向他猛扑的赫克托尔的喉部,枪尖笔直穿过柔软的颈脖。沉重的梣木铜枪未能戳断气管,赫克托尔还能言语,和阿基琉斯答话。"①阿基琉斯在杀死赫克托尔后,"他一面这样说,一面构思如何凌辱赫克托尔的尸体。他把赫克托尔的双脚从脚踝到脚跟的筋腱割开穿进皮带,把它们系上战车,让脑袋在后面拖地。他跳上战车,举着那副辉煌的铠甲,扬鞭驱策那两匹战马如飞般捷驰。赫克托尔拖曳在后扬起一片尘烟"②,这里塑造了像野兽一样凶残野蛮的阿基琉斯。

但在影片中,这种原始野蛮色彩得到了净化。比如还是阿基琉斯与赫克托尔争斗这一场,电影在表现时,就完全略去了赤裸裸的肉体损毁景象,而将之处理成了一场精致唯美的打斗;原著中只是三言两语带过的赫克托尔与父亲、妻子等亲人的告别,在电影中却被放大,这消解了赫克托尔的死亡所体现的残酷性,而将之升华到了为情爱而战的高度。

从现代情爱主义出发,人物形象改变最大的还是阿基琉斯。在原著中,阿基琉斯的英雄主义和他的嗜杀、残忍联系在一起,但在电影中,阿基琉斯却被爱情拯救。电影凸显了一位女性——布里塞伊斯,她在原著中的身份仅是阿基琉斯的仆人,在电影中她却是女仆布里塞伊斯、太阳神女祭司克律赛依斯和特洛伊公主波律克塞娜等多个女性形象的综合体,而且在电影中被阿基琉斯深爱

---

① 荷马.荷马史诗·伊利亚特[M].罗念生,王焕生,译.北京:人民文学出版社,1994:511.
② 荷马.荷马史诗·伊利亚特[M].罗念生,王焕生,译.北京:人民文学出版社,1994:514-515.

着。在电影中,布里塞伊斯不仅是阿基琉斯的情人,还成了他的人生导师,告诉他宽恕比杀戮更有力量,这使得电影中的阿基琉斯在爱情的净化下不再那么残酷嗜杀。这种爱情对人性的拯救,完全是电影创作者加上去的。

第三,在艺术形式上,电影以视觉上的精致唯美取代了原著中由语言所创造出的宏大、立体风格。

原著《伊利亚特》在艺术上的显著特征是其由语言所创造出的华丽风格。在原著中,不论是作者对情节的铺叙、场景的描写,还是作者创造的人物对话,其语言运用都体现了极高的技巧,以此创造出了一个神、人共在的宏大华丽世界。比如原著中关于赫克托尔对敌情形的铺叙:"赫克托尔这样说,一面抽出锋利的长剑,那剑又大又重,佩戴在他的腰边。他挥剑猛扑过去,犹如高飞的老鹰。那老鹰穿过乌黑的云气扑向平原,一心想捉住柔顺的羊羔或胆怯的野兔,赫克托尔也这样挥舞利剑冲杀过去。阿基琉斯也冲杀上来,内心充满力量,把他那面装饰精美的盾牌举在胸前,头上晃动着闪亮的四行装饰的头盔,美丽的金丝在盔顶不断摇曳,赫菲斯托斯把它们密密地紧镶盔脊;夜晚的昏暗中金星太白闪烁于群星间,无数星辰繁灿于天空,数它最明亮,阿基琉斯的长枪枪尖也这样闪辉。"①这段描写场景宏阔,比喻生动,充分展示了原著语言的表达能力。

在电影中,精致唯美的视觉语言效果取代了原著语言塑造的宏阔立体。电影《特洛伊》耗资 2 亿美元,打造了堪称华丽的视觉场景,影片中的"抢滩战""攻城战"都是按照原著细节的忠实再造,电影中人物的衣饰、动作等都高度忠于原著。从观赏体验角度而言,电影尽量忠实于原著,然而从观众的体验效果而言,原著本身那种宏阔立体的风格却始终无法完成,这就是"画面"与"语言"作为两种载体的本质差异。语言是抽象的符号,观赏者通过对抽象符号的具象化附会,往往能获得各种各样的深度体验,而画面则一览无余,缺乏深度感形成的契机。

原著中有些语言现象体现了深邃的传统认同,但电影的画面形式无从表达,这就导致了电影的文化意味的丧失。比如在原著中,我们可以读到"捷足的

---

① 荷马.荷马史诗·伊利亚特[M].罗念生,王焕生,译.北京:人民文学出版社,1994:510-511.

阿基琉斯""足智多谋的奥德修斯""头盔闪亮的赫克托尔""胫甲坚固的阿开亚人""驯马的特洛伊人"等反复出现的短语,这种程式化用语还典型地表现在人物出场叙家谱时:双方的将士都不厌其烦地自报家门,于是原著中便反复出现了"阿特柔斯之子阿伽门农""裴琉斯之子阿基琉斯""武拉蒙之子埃阿斯"等称谓。这些看似啰唆的称谓,其实是"史诗"这种体裁通过人物身份的双重或多重界定构建历史感的重要手段,但这种语言文化与电影本身的快餐性在根本上是冲突的,所以电影中只能省略,这就造成了电影的文化虚无特征。

课后题:

1.如何理解古希腊神话的"神人同形同性"?

2.请结合作品,分析《荷马史诗》的人文主义内涵。

3.请结合作品,分析古希腊悲剧《俄狄浦斯王》中的"命运"内涵。

4.结合古希腊三大悲剧家的作品,分析古希腊悲剧内涵从"命运"向"人祸"的转换。

第三章 古罗马文学

学习提要：

本章主要分析古罗马文化与文学的基本特征，梳理古罗马文学发展的三个阶段，对维吉尔的《埃涅阿斯纪》进行重点解析，并以电影《耶稣受难记》为例展示古罗马文学的跨文体实践。

要　　求：

掌握古罗马文学发展的三个阶段、《埃涅阿斯纪》的故事情节及其双重内涵。

第一节　古罗马的社会与文化背景

一、古罗马的起源传说

古罗马人的起源要从古希腊时代发生的特洛伊之战说起。特洛伊城被古希腊人攻陷后，古希腊人在特洛伊城里大开杀戒，国王与大部分人被杀死，只有特洛伊将领埃涅阿斯带着自己的亲眷逃了出来。天神告诉埃涅阿斯，他要在一个名为意大利的地方重建特洛伊人的家园。他们辛苦前往，但遭到了一直与特洛伊人为敌的天后朱诺的阻挠，她设置了种种障碍阻止埃涅阿斯前往意大利，包括唆使风神攻击他们、试图用迦太基女王狄朵的爱情拴住他等。历经艰险之后，埃涅阿斯带领众人来到了西西里岛的拉丁努斯地区。在拉丁努斯地区，在天后朱诺的挑唆下，埃涅阿斯遭遇了拉丁努斯部落将领图努斯等人的攻击，经过与图努斯的残酷战争，埃涅阿斯带领族人在该地区定居下来，并娶了拉丁努斯国王的女儿为妻，他的后代在此地建立了城市阿尔巴·隆加并安居下来，他们就是罗马人的祖先。

关于罗马城的起源，同样有神奇的传说。埃涅阿斯的第15代后人，因为争夺权力，兄弟阋墙，弟弟杀死了兄长，将兄长的一对孪生的遗腹子罗慕路斯和勒莫斯扔到了台伯河中，但这对遗腹子没死，还被一头母狼哺育成人。后来，兄弟两人为自己的父亲报了仇，却不愿在阿尔巴·隆加执掌政权，决心重新建立一座城市。但在新城建立后以谁为主的问题上，罗慕路斯和勒莫斯又起了争执并引爆战争，最后哥哥罗慕路斯杀死了弟弟勒莫斯，建立了今天的罗马城。

古罗马人与罗马城的起源基本是传说，实际上，罗马人是古代拉丁人的一支。这些拉丁人在公元前2000年左右来到意大利，居住在意大利半岛中部海岸的拉丁姆地区。到公元前8世纪初期，部分拉丁人迁移到了台伯河下游的南岸地区，以帕拉丁山为中心建立了一些小的村落，后来的罗马就是由这些原始村落发展而来的。

公元前753年被视为罗马城建立的起点，公元前265年，罗马人统一了意大利，并在公元前200年进入了希腊。古罗马历史上最伟大的统治者是屋大维，他在公元前49年成为罗马独裁官，带领古罗马进入最为辉煌的时期。公元313年，罗马皇帝颁布《米兰赦令》(Edict of Milan)，宣布境内最有影响的基督教合法；392年，基督教升格为罗马国教，欧洲从此开始了基督教一统的时代。395年，罗马皇帝狄奥多西在病榻上将帝国一分为二，分封给自己的两个儿子，两部分分别称为西罗马帝国与东罗马帝国。476年，西罗马帝国灭亡，东罗马帝国则维持到了1453年。

东罗马帝国(又称拜占庭帝国)的首都是君士坦丁堡(今天土耳其的伊斯坦布尔)。伊斯坦布尔在历史上是受古希腊文化影响的地区，但后来罗马皇帝君士坦丁大帝信仰基督教，所以在东罗马帝国发展出了不同于西罗马帝国的基督教,这种基督教就是后来的东正教。从330年到1453年,在西罗马帝国灭亡之后,东罗马帝国创造了辉煌的拜占庭文明。1453年,经过两年的包围,穆罕默德二世攻克君士坦丁堡,拜占庭皇帝君士坦丁十一世战死。1461年,特拉比松也被穆罕默德二世占领。至此,所有拜占庭领地均彻底丧失。

二、古罗马人的生活与性格

古罗马有农耕传统,恪守本分、诚实正直是古罗马人的天性,但现实环境能改变人,古罗马宏大的帝国事业塑造了古罗马人与其天性并不一致的生活与性格。

古罗马从建城之后,就没有停止过扩张的步伐,为了占有更多的资源,历代罗马皇帝总是身先士卒地攻城略地,这一趋势在屋大维时代达到高潮。古罗马在极盛时期几乎占有整个欧洲,拥有广阔的殖民地。古罗马城一度变得极其庞大,人口达百万之巨,但其本身并无生产基础,所以,古罗马城几乎所有的生活资料都要从外地运入,"条条大路通罗马"说的就是这个。

在旺盛的权力占有冲动的驱动下,古罗马城建设得极其辉煌,广阔的广场上摆满了人物雕像,宏伟的万神庙安放了各方神灵,公共浴池、斗兽场等满足民众公共娱乐的场所比比皆是,古罗马城里每天都充满了庆功的欢娱。旺盛的权力欲使得古罗马人在奢侈挥霍、胡作非为方面充满热情,这种恶习从上到下,被几乎所有的古罗马人沾染,古罗马皇帝尼禄就有一到晚上便乔装成平民,溜出宫门酗酒闹事的习惯。在狂欢节时,奴隶不但反仆为主,有时还会穿上主人的衣裳。乔装和面具是狂欢节不可或缺的元素。在军营中,士兵选囚犯当"农神节王",为他乔装后带着他进城,一路上边走边闹。士兵有时候把自己装扮成妇女,浓妆艳抹、珠光宝气,像在军营周围游荡的轻佻女子。纵情享乐和乔装游行不仅是一种狂欢娱乐活动,而且也符合大众的节日需求。

旺盛的权力欲改变了古罗马人朴素的生活传统,也改变了他们忠诚正直的性格,好大喜功、热衷享乐逐渐成为一种集体人格,发展到极端时甚至出现了暴虐人格。奥古斯丁在《忏悔录》(*Confessiones*)中就描写了一个年轻的基督徒在城市声色的刺激下人格分裂的故事:"开始他对此只觉得厌恶。有一次,他的朋友和同学饭前在路上偶然碰到他,不管他的竭力拒绝和反对,用一种友好的暴力,把他拖到圆形剧场,场中这几天正在表演这种残酷惨厉的竞赛。他说:'你们能把我的身体拉到那里、按在那里,可是你们能强迫我思想的眼睛注视这种表现吗?我身在而心不在焉,仍战胜你们和这些表现。'虽则如此说,朋友们依旧拉他去,可能想看看他是否言行一致。

"入座以后,最不人道的娱乐正在蓬勃地展开。他闭上眼睛,严禁思想去注意这种惨剧。可惜没有将耳朵堵塞住,一个角斗的场面引起全场叫喊,让他特别激动,他被好奇心战胜了,自以为不论看到什么,总能有把握地予以轻视,镇定自己;等到他一睁开眼睛,突然在灵魂上受到了比他所见的角斗者身上所受的更重的创伤,角斗者受创跌倒所引起的叫喊,使他比斗败者更可怜地倒下了。叫喊声从他的耳朵进去,震开了他的眼睛,打击他的灵魂,其实他的灵魂是外强中干,本该依仗你,而现在越依靠自己,越显得软弱。他一看见鲜血直流,便畅饮着这残酷的景色,非但不回过头来,反而睁大眼睛去看,他不自觉地吸下了狂热,爱上了罪恶的角斗,陶醉于残忍的快乐。他已不再是初来时的他,已成为观众之一,成为拖他来的朋友们的真正伙伴了。还有什么可说呢,他目不转睛地看着,他大叫大嚷,他带走了催促他再来的热狂,他不仅跟随过去拖他来的人,而且后来居上,去拉别人了。"①

三、古罗马的文化精神

古罗马最伟大的诗人维吉尔在《埃涅阿斯纪》(*Aeneid*)中说"罗马人可要记住:你必须统治世界",这句话是我们打开古罗马帝国文化大门的钥匙。

如果说,古希腊文化的核心是绝望"命运"中的个体觉醒的话,那么,古罗马文化的核心则是强大"事功"中权力欲望的唤醒。

古罗马人的生活环境是典型的农耕环境,这与古希腊人的生活环境恰好相反。古希腊人的生活主要依靠海洋贸易与掠夺,这充满了不确定性,强烈的"命

---

① 奥古斯丁.忏悔录[M].周士良,译.北京:商务印书馆,1996:102.

运"感恰恰释放了古希腊人的自由冲动——"雅典的归雅典,宙斯的归宙斯",催生了古希腊文化的个体自由意识。古罗马人踏实肯干,农耕传统使得他们构建了稳定自信的人生观、世界观;对于人与世界关系,古罗马人充满信心,这种信心伴随古罗马持续的开疆拓土逐渐变成了旺盛的权力欲,并最终改变了古罗马人的集体人格。公元前200年,古罗马人进入了古希腊,在古希腊精神的影响下,产生了西塞罗和塞内加的哲学思想,产生了李维和塔西佗这样的史学天才。但是古罗马人的特性中缺少真正的、有独创性的文明作为其智力和精神的基础,而古希腊人身上就存在这种智力和精神的东西,并且很活跃。

古罗马文化中的权力精神体现在方方面面,古罗马文学则是此种文化精神的反映。

第二节　古罗马文学概述

古罗马文学的分期存在较大争议,我们按照古罗马文化精神的演化,即从"农耕时代的质朴文化"向"权力促生的宏大文化",再向"权力反思产生的忧郁文化"的演化,将古罗马文学分为三个时期:质朴文学时期、宏大文学时期与忧郁文学时期。

一、质朴文学时期

古罗马的质朴文学时期,涵盖古罗马共和国的初、中期文学发展。

在古罗马共和国发展的初、中期,主要的文学家有诗人与戏剧家奈维乌斯(Gnaeus Naevius),悲剧家恩尼乌斯(拉丁语:Quintus Ennius),喜剧家普劳图斯(Titus Maccius Plautus)、泰伦提乌斯(Pbulius Terentius Afer)等。这一时期的文学创作,集中体现出务实、反对奢靡的质朴特征。

奈维乌斯(公元前270—公元前201年),生活在古罗马统一了意大利全岛并向外扩张的时期。他参加了古罗马与北非城市迦太基的布匿战争,并因此写了史诗性作品《布匿战纪》(The Punic Wars)。奈维乌斯经常在他的戏剧作品中抨击金钱、权贵与社会造成的不平等。他对古罗马日益严重的懒散放纵风气充满担忧,他在作品中呼吁"抛弃闲散,回归原先的德性吧,让敬重家庭、先辈、祖国强过崇尚外来的陋习"①。

悲剧家恩尼乌斯(公元前239—公元前169年)的出生地很早就被希腊化了,所以他受古希腊文化影响很深,曾被称为"半个希腊人"。恩尼乌斯的戏剧作品大部分取材于古希腊神话,如《阿基琉斯》(Achilles)、《埃阿斯》(Ajax)、《伊菲革涅娅》(Iphigeneia)、《美狄亚》(古希腊语:Μήδεια)等,他的很多悲剧作品与同时代其他作家的作品一样,都改自古希腊悲剧。但恩尼乌斯的改编,又在古罗马文化传统的基础上做了很多创造性的工作,比如为适应古罗马人的欣赏习惯而改变句式等。

质朴文学时期的代表作家还有喜剧家普劳图斯(约公元前254—公元前184年)。普劳图斯出生于公元前254年,在从事文学创作之前,他演过戏,经过商,但都不是很成功。他一贫如洗地回到罗马,边在磨坊里打工边创作。普劳图斯的喜剧作品很多,流传下来的作品也很多,《一坛金子》是他的代表作。《一坛金子》讲的是:贫穷的老人欧克利奥与女儿相依为命地生活,后来,他偶然发现了他祖父埋在家中灶底的一坛金子,他的内心失去了平静。他总觉得周围的人在打他金子的主意,富有的邻居向他的女儿求婚,他怀疑对方居心不良,想夺走他的金子。他将金子藏来藏去,结果还是被人偷走了,这使他痛不欲生。最后,他重新找到了金子,直到他把金子给女儿作了嫁妆后,才恢复了内心的平静。剧中的欧克利奥是传统罗马人的写照,他谨慎、务实,因为那坛金子完全是在无意中获得的,所以他总觉得不保险,因此,才会有对其他人谋夺他的金子的种种猜疑。《一坛金子》写出了古罗马文化中的国民性,展现了古罗马传统中质朴的一面。在普劳图斯其他的喜剧作品中,谨小慎微的"父亲"形象比比皆是,如《凶宅》中的塞奥普辟德斯、《埃皮狄库斯》中的佩里法努斯、《普修多卢斯》中的西蒙等,他们集中体现了保守、固执,甚至是贪吝的性格特征。这些"父亲"形象,其实就是古罗马人未被纵欲奢靡的生活改变前的集体性格写照。

---

① 王焕生.古罗马文学史[M].北京:人民文学出版社,2006:31.

二、宏大文学时期

古罗马的宏大文学时期,涵盖古罗马共和国文学的后期与奥古斯都时期的文学,约从公元前1世纪到公元1世纪前期。

古罗马共和国后期与奥古斯都统治时期,古罗马从如日中天逐渐走向动荡、混乱,国是日非。在日益动荡的社会中,各个阶层的权力欲望应激而生,出现了多个强权人物。在强权欲望的大前提下,文学创作也反映了这种权力欲望,产生了风格宏大的文学作品。这一时期的代表作家主要有卢克莱修(Titus Lucretius Carus)、西塞罗(Marcus Tullius Cicero)、维吉尔、贺拉斯与奥维德等。

卢克莱修(约公元前98—约公元前55年),以哲理诗闻名古罗马,但因服用爱欲药物致精神疯狂,在44岁时自杀。卢克莱修的哲理诗中最有名的是《物性论》。《物性论》以源自古希腊的原子论哲学为观照世界的焦点,将整个世界解释为由无数原子构成的综合体:原子本身无味、无声、无感觉,生命、感觉源于原子的结合和排列;快乐和痛苦产生于事物内部的运动,原子本身无快乐或痛苦感。由此,诗人认为,宇宙是多样的,自然由自身创造,无任何神意参与。《物性论》勾画了一个境界宏大、颇有气势的图景,同时也是对当时动荡环境中人们日益崇神的一种批评。

西塞罗(公元前104—公元前43年)是宏大文学时期的代表作家之一。西塞罗家境殷实,他自小便被他的父亲带到罗马学习,从而使他能够对风行一时的演说产生兴趣并获得学习机会。古罗马人非常重视演说,在他们看来,战争时期人们用武器服务国家,和平时期则应当用语言服务国家,而演说就是人们重要的参与共和政治和服务国家的方式。西塞罗的演讲不停留于表面形式,而是有着深刻的哲学思考,刚健奔放的演说风格与深刻严谨的哲理思考相结合是他的演说的主要特征。他自己曾说:"我亲爱的马尔库斯,我恳劝你不但要仔细阅读我的演讲稿,而且要仔细阅读我的那些哲学著作,它们现在差不多也已经不少了。因为,虽然这些演讲显示出一种比较奔放刚健的风格,但我的哲学著作中的那种冷静谨慎的风格也是值得培养的。另外,还因为,迄今为止,在希腊人中我还未曾见到一个集这两种风格于一身、既能滔滔不绝地演说又能平心静气地讨论哲学的人。"[①]西塞罗一生身居高位,他对古罗马的共和制度有深厚的感情,他的演说主要是为罗马共和的辩护而发,因此,他的演说达到了情感、哲思与修辞的高度统一,酣畅淋漓、气势不凡,体现出古罗马宏大文学的典型特征。

维吉尔(拉丁文:Publius Vergilius Maro,常据英文 Vergil 或 Virgil 译为维吉尔,公元前 70—公元前 19 年)是古罗马宏大文学的典型代表,同时也是从宏大文学向忧郁文学过渡的伟大作家。

贺拉斯(拉丁语:Quintus Horatius Flaccus,希腊语:Ορἀτιος,公元前 65—公元前 8 年)的父亲是获释奴隶,起初家境贫穷,后来发迹。父亲将他送到罗马学习文法学,后来他来到雅典学习哲学,但当他重新回到罗马时,父亲留给他的财产已毁于战火,他只好以低级录事的身份谋生。贺拉斯的诗歌引起了人们的关注,他被推荐给当时的著名诗人迈克纳斯,并在他的提携下成了奥古斯都的宫廷诗人,在罗马安度了后半生。贺拉斯的主要成就体现在讽刺诗上,其讽刺诗运用细腻的笔调,展示了奥古斯都时期罗马人的"闲适"生活。比如在《讽刺诗》第 1 集中他写道:"我一个人,我想去哪里就去哪里。我不关心蔬菜和小麦的价格是涨还是跌。我白天经常出入竞技场,晚上在罗马广场看杂技,或看郎中瞧病,发现有占卜问卦,我就停下凑热闹。边看边转边往家走。我什么时候到家,什么时候就是吃饭的时间。晚饭一般有蔬菜、韭葱炒豌豆,主食是鸡蛋饼。三个仆人服侍我用餐。大理石白色独脚圆桌上摆着两个高脚酒杯,一个打酒的提子,旁边放着一套廉价的刺猬形酒具、一只细颈小瓶、几个奠酒器皿、一套坎帕尼亚餐具。吃完饭,我就去睡觉,从不确定第二天起床的时间,从不拟定何时去瞻仰玛耳绪阿斯的雕像……我现在的生活比我曾经为官的祖父、父亲和叔父都幸福,这让我感到莫大的欣慰。"[②]

贺拉斯这种专门描写"闲适"生活、不关心政治人物的创作让当权者不高

---

① 西塞罗.西塞罗三论:老年·友谊·责任[M].徐奕春,译.北京:商务印书馆,1998:90.
② 让-诺埃尔·罗伯特.古罗马人的欢娱[M].王长明,田禾,李变香,等译.桂林:广西师范大学出版社,2005:29-30.

兴,奥古斯丁晚年时曾对贺拉斯说:"你要知道,我对你感到不满,因为你在这么多类型的诗歌里没有首先与我交谈。或者你是担心,后代看到你与我们这样接近,会认为这对于你是一种耻辱?"①贺拉斯则回答:"恺撒啊,繁多的国事由你一个人承担,你以军队保卫意大利,以风习美化它,以法律化治它,我若是用絮叨的谈话耽误你的时间,那将会损害公共福祉。"②贺拉斯对罗马的"闲适"的刻画,表面体现了与当权者的疏离,但通过展现古罗马人日常生活的细节,勾画出了一个传统深厚、民安乐居的罗马城,其实还是对古罗马宏大文化的另一种"赞美"。

奥维德(Publius Ovidius Naso,公元前43—公元前18年)出生于一个古老的骑士家庭,他的父亲在他少年时带他到罗马接受教育,他出色的诗歌才华很早便得到了人们的承认。奥维德前期创作的主要作品是《爱的艺术》,在这部作品中,他感受着当时已日益放纵的罗马风气,写诗肯定男女私情,教导人们如何追逐情人、追逐下层社会的外邦女子和伴妓。他后期的创作,境界变得开阔,创作了伟大诗作《变形记》。《变形记》以宏大境界作为引子,讲述了从古希腊以来的各种神话传说中的变形故事。奥维德说创作这部作品的目的是为人们提供闲暇时的谈资,但作品中却贯穿了"灵魂轮回"的观念,为人们勾画了一种现实改变、灵魂不灭的永恒世界观。

三、忧郁文学时期

古罗马的忧郁文学时期,涵盖古罗马帝国文学的前期与后期文学,时间约为1世纪后期至5世纪。

古罗马帝国时期,在强权人物的统治下,整个国家经历了从强大到衰落的转向,人类的权力欲望所创造的世界图景逐渐崩塌,古罗马逐渐沦为废墟,这使文学艺术开始充满对人类权力欲以及宏大罗马必然趋向衰亡命运的反思,由此产生了以忧郁为主调的文学传统。这一时期文学的代表作家,主要包括塞内加、阿普列尤斯、卢卡努斯等。

---

①② 王焕生.古罗马文学史[M].北京:人民文学出版社,2006:224.

塞内加(拉丁语:Lucius Annaeus Seneca,约公元前 4—公元 65 年)中年时因参与宫廷阴谋而被流放。公元 49 年,他从流放地回到罗马并成为尼禄的顾问,后来因受一桩政变的牵连而自杀。塞内加著述众多,其中悲剧影响最大,代表作包括《美狄亚》、《俄狄浦斯》(Oedipus 或 Œdipus)、《提埃斯特斯》、《费德拉》、《疯狂的赫拉克勒斯》、《阿伽门农》(Agamemnon)、《特洛亚妇女》等。塞内加的悲剧也是对古希腊悲剧的改写,但改写所体现出的文学主旨,却反映了古罗马帝国文化。在这些悲剧中,作者着重借用古希腊神话传说表现人生命运的变幻性、幸福的不可靠性、欲望的力量及后果,具有浓厚的忧郁消沉色彩。

塞内加对人的权力欲望的剖析尤其深刻。在他的悲剧作品中,他塑造了一系列的暴君形象,比如《疯狂的赫拉克勒斯》中的吕科斯、《美狄亚》中的克瑞翁等。他借剧中人物之口揭示了权欲的实质:"谁害怕被人憎恨,谁就不要希望拥有王权,权力和憎恶融于一体,这是创世神的安排。受人憎恨才是伟大的国王。臣属之爱会束缚国王,人民害怕国王,国王才会更有作为。谁希冀受敬爱,谁就会懦弱地统治。"[①]塞内加本人长期置身于权力争斗的旋涡,因此,他比别人能更清楚地看到权力欲望的实质。权力欲望表面风光一时,它的代价则是人生因此败坏,这是塞内加悲剧对权力欲望透视后得出的结论,也是他对古罗马帝国命运的预言。

阿普列尤斯(Lucius Apuleius,约 124—约 175 年)出生于北非的乌达乌拉。他出生于官宦之家,从小便接受了良好教育,成年之后,他在迦太基、雅典与罗马游学,积累了丰厚学识。阿普列尤斯的代表作是《变形记》(又称《金驴记》,Metamorphoses)。《变形记》讲了一个人因为遭受魔法而变成驴周游世界的故事。《变形记》通过一头驴的游历反映了古罗马人的日常生活,也触及了帝国强权下的社会不公,但这部作品的重点显然不是对现实的同情关怀。阿普列尤斯在《变形记》的一开始写道:"我将以米利都风格给你编写各种故事,用悦人的喁喁细语娱悦你那善惠的听觉。"《变形记》把幻想、迷信、民间故事、社会现实生活等混合到一起,使现实魔幻化、感官化,从而满足人们的探险欲望与神秘体验。

---

① 王焕生.古罗马文学史 [M].北京:人民文学出版社,2006:319.

《变形记》的感官性、神秘性与魔幻化,其实可以看作对权力现实的逃避性反映。在阿普列尤斯所处的时代,罗马帝国的集权与腐败逐渐达到顶峰,现实已不可为,逃避到文学中去正是一种应对方式。

第三节 古罗马文学作家与作品

维吉尔是古罗马最伟大的作家,他的作品影响深远,促进了后世众多经典创作的产生。维吉尔创作的特殊价值在于赞颂罗马宏大时代的同时,又反映了人类权力欲望的虚无性质。

一、维吉尔的生平与创作

公元前70年,维吉尔生于意大利北部的安德斯村。维吉尔的父亲务农,是个本分务实的老实人。维吉尔少年时期在父亲的庄园里随父亲劳作,后来被父亲送往米兰、罗马学习,修习了哲学、诗学与语言学。维吉尔身材修长,面色黧黑,像个庄稼汉。他体质不佳,时患喉疾、胃病和头痛症,还常吐血。维吉尔个性质朴内向,据说每到罗马,一旦被人们认出来,他就急忙就近躲进别人家里。在罗马,维吉尔通过别人引介结识了屋大维,并成为屋大维幕僚集团中的成员。后来,他因自己家的土地被充公而与屋大维发生矛盾,所以在他写出《埃涅阿斯纪》的一部分后,屋大维两次索阅他都未答应。公元19年,他准备与屋大维同回罗马时,患热病死在了意大利的布伦迪西努。

维吉尔的作品主要有《牧歌》(拉丁语:Eclogae,英译为 The Eclogues 或 The Bucolics)、《农事诗》(拉丁语:Georgica)与《埃涅阿斯纪》。《牧歌》的文学成就很高,维吉尔以近乎写实的笔调,写了罗马当时各个阶层的生活与情趣,体现出温良、宽厚的同时又不失谐趣的健康文风。《牧歌》对大自然的描写尤为后世所称赞,它通过细腻的自然体验,写出了已被人们遗忘的自然之美。维吉尔的《农事诗》则是遵命文学,是在被授意之下为配合屋大维的提振农业政策而写的。虽然是遵命文学,但因维吉尔本人出身农家,对农业与农村感情深厚,所以整部作品踏实质朴同时又情韵悠然,从中可以看出维吉尔浓厚的土地情结。

维吉尔的代表作是史诗体作品《埃涅阿斯纪》。《埃涅阿斯纪》的写作同样是遵命而为,它是为配合屋大维的道德教化政策而创作的。在维吉尔动笔之初,这部作品就引起了人们的广泛期待,许多人认为一部比《伊利亚特》更伟大的史诗将要诞生。《埃涅阿斯纪》的创作历时十九年,一直到临死,维吉尔都认为这部作品还可进一步完善。

《埃涅阿斯纪》共十二卷,按故事发展可以分为三部分:第一部分以特洛伊的陷落和狄多的悲剧为中心;第二部分是过渡,写埃涅阿斯到达意大利,同意大利结盟并准备战争;第三部分写战争。

《埃涅阿斯纪》在主题上包含显隐两个层次。

就表面层次而言,作品表达了对罗马共和国的肯定和赞颂。《埃涅阿斯纪》塑造了埃涅阿斯这个民族英雄,他身上体现了坚韧不拔的精神,他有强烈的责任感,虔敬神明,能够克制自己的个人欲望而为大众利益献身。作品强调了以世俗奋斗为中心的价值观,歌颂通过艰苦努力而获得的和平与幸福,尤其是对体现着普泛仁爱的大自然赞美有加。作品一开始就说:"我要说的是战争和一个人的故事。这个人被命运驱赶,第一个离开特洛伊的海岸,来到了意大利拉维尼乌姆之滨。天神不容,残忍的尤诺(即古希腊神话中的赫拉)不忘前仇,使他一路上(陆路和水路)历尽艰辛。他还必须经受战争的痛苦,才能建立城邦,把故国的神祇安放到拉丁姆,从此才有拉丁族、阿尔巴的君王和罗马巍峨的城墙。"①这是对全书主题的阐释,其实也是对屋大维所提倡的道德人格的解说。

然而,在正面肯定道德人格之后,《埃涅阿斯纪》还包含另外一个较隐晦的层次,那就是对坚定人格与现实功业后面所隐藏的多舛命运的阴郁体验。《埃涅阿斯纪》的故事是对《荷马史诗》的续写,但两者有极大差异。《荷马史诗》展示了人类遭遇命运的威胁并在威胁中不断抗争的精神,但在《埃涅阿斯纪》中却时时可以听到人类在命运逆境中无奈的喟叹,比如在埃涅阿斯初领使命时,有

---

① 维吉尔.埃涅阿斯纪[M].杨周翰,译.南京:译林出版社,2000:1.

这样的描写:"埃涅阿斯又冷又怕,四肢瘫软;他呻吟着,两只手掌伸向星空,呼喊道:'你们这些有幸死在父母脚下、死在特洛亚巍峨的城墙之下的人,真是福分匪浅啊!狄俄墨得斯呀,最勇敢的希腊人,为什么你没能够在特洛亚的战场上亲手把我杀死,断了这口气?而勇猛的赫克托尔却在战场上死于阿奇琉斯的枪下,身躯高大的吕西亚王撒尔佩东也死了,多少勇敢的战士的盾、盔和尸体被西摩伊斯河的波涛吞没卷走了啊!'"①这体现了在命运冲击下的放弃意识,是人的内心中消极体验的表达,但同样也是真实的。

因此,《埃涅阿斯纪》其实包含了对人类能力的赞美与质疑的双重主题,这使维吉尔成为古罗马文明转折时期的代表人物。《埃涅阿斯纪》中包含双重主题这一现象,其实是维吉尔洞察古罗马文明本质后得出的结论。在罗马共和国后期,罗马凭借其强悍的权力意志成为欧洲霸主、世界帝国,但权力意志也带来了内部的溃败。奴隶主的统治机器日趋腐败,他们贪污纳贿、道德堕落,这一阶级的寄生性暴露无遗,在这样的历史条件下,屋大维应运而生。屋大维试图重新恢复古老罗马的质朴传统,但维吉尔敏锐地意识到,屋大维复古主义所提倡的这种质朴道德本身即包含浓厚的权力欲望,而这种权力欲望必然造成质朴的丧失,因此,在古罗马文明中,质朴道德与权力腐败必然是相生的,人在对现实命运的勇敢抗争中必然伴随着欲望的放纵,这是屋大维本身人格中的矛盾,同时也是《埃涅阿斯纪》中"埃涅阿斯"这一英雄人物的内在矛盾。

二、西塞罗的演讲

西塞罗(Marcus Tullius Cicero,公元前 106—公元前 43 年)是古罗马著名的政治家、演说家、雄辩家、法学家和哲学家。西塞罗出生于富裕的家庭,从小聪颖好学。成年后,在他的政治生涯中,演讲发挥了巨大的政治功用。他认为,演讲主要诉诸人的感情而非理性,因此,在西塞罗的演讲中,他常常编造情节来煽动观众,以获取演讲效果。西塞罗曾是著名的政治人物,也与古罗马许多著名政治人物一样,最后惨死在政治斗争之中。

---

① 维吉尔.埃涅阿斯纪[M].杨周翰,译.南京:译林出版社,2000:4.

西塞罗的著作包括哲学著作《论至善和至恶》《论神性》等,而在教育学方面则有《论演说家》。西塞罗在发展演讲术方面成就极高:他的演说按照修辞程式组织材料,词语丰富,句法考究,一句中讲求妥贴排列从属字句,局部之间要求对称,以累积说服力量,而在句尾特别注意音调的抑扬顿挫,这被称为"西塞罗式的句法"。他也善用提问、直接向对方致辞、比喻、讽刺等修辞手段。他认为演说主要是从感情上打动听者,而不是诉诸理性判断,因此,他不惜用诬蔑或歪曲事实的手段。他的演说风格被后代一些作家和演说家模仿。他主要的演讲有:公元前46年《为马尔塞鲁(Marcello)辩护》、公元前44年《反安东尼:首篇腓利比克(Philippic)之辩》、公元前44年《反腓利比克之辩》二至四篇和公元前43年《反腓利比克之辩》五至十四篇等。

第四节 古罗马文学中的跨文体实践

一、古罗马文学跨文体改编现状

古罗马时期的文学主要包括古罗马文学和宗教文学,其跨文体改编的主要方向是文学作品改编成电影,古罗马文学和宗教文学成为电影改编的武库。

在根据古罗马文学改编的电影中,全部或大部分取材于原著的影视作品很少,大多数电影只是借用原著中的部分素材,如:英国雷德利·斯科特(Ridley Scott)导演的《角斗士》(*Gladiator*,2000)讲述了马克西姆斯复仇的战争故事;迪克·劳瑞(Dick Lowry)导演的《匈奴王阿提拉》(*Attila*,2001)讲述了匈奴王阿提拉和罗马帝国的战争;美国扎克·施奈德(Zack Snyder)导演的《斯巴达300勇士》(*The 300 Spartans*,2006)讲述了斯巴达国王率领300卫士在温泉关抗击波斯大军的故事;道格·莱夫勒(Doug Leffler)导演的《最后的兵团》(*The Last Legion*,2007)围绕罗马最后一任皇帝的被抓和囚禁展开;意大利丁度·巴拉斯(Bob Guccione)导演的《罗马帝国艳情史》(*Caligula*,1979)讲述了卡里古拉的荒淫生活。

在根据宗教文学改编的电影中，全部或大部分取材于《圣经》的影视作品主要有美国梅尔·吉布森导演的《耶稣受难记》(*The Passion of the Christ*，2004)，美国约翰·休斯顿导演的《圣经：创世纪》(*The Bible：In the Beginning*，1966)，美国凯瑟琳·哈德威克导演的《基督诞生记》(*The Nativity Story*，2006)。它们都是依据《圣经》中的章节进行改编的，力求忠实地再现历史。只汲取部分内容，做了较大改编的有：美国马丁·斯科西斯导演的《基督最后的诱惑》(*The Last Temptation of Christ*，1988)，把耶稣塑造成受各种诱惑考验的普通人，却把犹大塑造成忍辱负重的义士；波兰导演克里斯多夫·奇士劳斯基的《十诫》(*The Ten Commandments*，1989)用10个独立的短篇表达了导演对圣经十诫的理解；德国亨利·科斯特的《圣袍千秋》(*The Robe*，1953)反映了罗马帝国早期基督教传播的情况；法国威廉·惠勒导演的《宾虚》(*Ben-Hur*，1959)的主角虽是古罗马英雄、犹太人宾虚，但是宗教精神贯穿电影始终，最后还是耶稣的降临拯救了宾虚。

二、电影《耶稣受难记》分析

梅尔·吉布森导演的《耶稣受难记》(新市场影业公司发行，2004)取材于《新约》的四大福音书，即《马太福音》《马可福音》《路加福音》《约翰福音》。作为一部宗教题材电影，《耶稣受难记》力求忠于历史，尽可能真实地再现耶稣受难史。即便如此，与原著相比，电影仍然做了多方面的改编，主要表现在以下方面。

第一，在艺术形式上，影片突破了《圣经》的中性叙述语言，借用暴力血腥的受难画面、契合氛围的声音直观细致地呈现耶稣的牺牲和博爱宽容。

《新约》采用中性叙述语言讲述耶稣受难，叙述简洁，缺少对耶稣受难的微观描绘。比如，在公会受审时，"有人吐唾沫在他脸上，又蒙着他的脸，用拳头打他"(《圣经·马可福音》14：65)；判耶稣罪时，"比拉多要叫众人喜悦，就释放巴拉巴给他们，将耶稣鞭打了，交给人钉十字架"(《圣经·马太福音》27：26)；戏弄耶稣时，"他们给他脱了衣服，穿上一件朱红色袍子，用荆棘编做冠冕，戴在他头上;拿一根苇子放在他右手里,跪在他面前,戏弄他说:'恭喜,犹太人的王啊!'"(《圣经·马太福音》27:28-29);钉十字架时,"他们既将他钉在十字架上,就抓阄分他的衣服。"(《圣经·马太福音》27:35)。以上文字概述了耶稣受难的情形,但对于受难的微观细节,没有直观细致的描绘。

电影《耶稣受难记》把中性的语言叙述转化成画面和声音,从视觉和听觉方面直观、残酷地再现了耶稣受难的情形,让观众切身感受耶稣救世的伟大和博爱。

一方面,影片用直观、有冲击力、超越人类承受极限的血腥、暴力画面,真实直观地表现耶稣受难过程。

影片从耶稣在客西马尼园的祈祷开始,讲述耶稣受难前后12个小时发生的事情,再现耶稣被捕、被审判、受刑、被钉十字架、复活的受难历程。影片时长127分钟,其中大概100分钟是对耶稣受刑过程的直观具体描绘。罗马士兵用铁索捆绑耶稣并殴打他,耶稣右眼被打肿;走在城墙上时,耶稣被推下去,又被拉上来,下坠时未落及地面,脖子被绳子猛然勒住,耶稣痛苦地发出呻吟;会堂受审时,祭司和众人向耶稣脸上吐唾沫,殴打他;最直击观众心底的是耶稣受刑,他先被藤条抽打,后是带铁钩的鞭子。为显示带铁钩的鞭子的威力,行刑士兵玩笑式地用鞭子抽打木桌,带起一阵木屑。这种鞭子抽在耶稣身上时,血肉飞溅。对于这些耶稣受刑的场面,影片没有丝毫掩藏,而是直观展示,让人震惊。不仅如此,影片还特意展示了士兵挥鞭后,鞭子上的钩子勾住耶稣皮肉,士兵稍做停顿,然后再猛力提起,血肉飞溅的画面。耶稣被钉上十字架时,钉子从他的手心穿过,鲜血直流,士兵用绳子把耶稣的手臂拉到钉眼,以致耶稣肩骨断裂……惨烈而直白的血腥场面,直观地呈现了耶稣受难过程。把耶稣受难表现得如此直观,是因为梅尔·吉布森认为用具有冲击力的画面才能影响观众,他甚至不打算使用字幕,虽然影片为忠于历史使用了早已失传的、今人难以听懂的亚拉姆语和拉丁语。有人问吉布森为什么要拍得如此血腥,他说:"我就是要尽量地表现残酷,超出人们的忍耐极限,这样才能让观众真正体会耶稣为了拯救人类,给人类打开永生之门做出了多大的牺牲。"

另一方面,影片使用契合环境的声音,烘托受难氛围,引人思悟耶稣的博爱和牺牲。

《圣经》用文字记述了耶稣受难,改编成电影后,影片不仅把受难内容用画面表达了出来,而且增添了声音。契合环境的声音配合着画面,使耶稣受难过程更能打动人,更易引人思悟耶稣的博爱和牺牲。

影片由约翰·德布尼配乐,使用了气势磅礴的管弦乐、具有中东风情的音乐元素、激荡心灵的大合唱。为保证影片的历史感和真实性,部分合唱甚至使用已经消亡的亚拉姆语。如耶稣在会堂被打时,哀伤的无词合唱出现,哀伤的声音配着耶稣被打的画面,冲击着观众的心灵。除了配乐,影片的整体音效效果也非常优秀,如耶稣受刑时藤条和皮鞭抽打的声音、钉子钉入身体的声音、耶稣呻吟的声音,观众听得真真切切。士兵的责骂、要求惩治耶稣的犹太人的喊叫、妇女的恸哭、耶稣沉稳有力的回话,都给人真实的听觉体验。这些极具真实感的声音,烘托了耶稣受难的悲壮。

影片用真实直观的画面和契合画面的声音呈现耶稣受难,把《圣经》中用中性语言叙述的耶稣受难,以更具有表现力和感染力的方式呈现出来,引人思悟耶稣的伟大和博爱。

第二,影片主题内涵多元化,除《圣经》中原有的耶稣受难主题外,还增添了凸显玛利亚神圣性的内涵。

一方面,耶稣受难不仅有肉体上的折磨,还有来自撒旦的精神诱惑,精神与肉体的双重受难,生成了耶稣的受难救世形象。

《圣经》用大量篇幅来表现耶稣的肉体受难,精神上的受难仅表现在被钉上十字架后喊出:"我的神!我的神!为什么离弃我?"(《圣经·马太福音》27:46)影片中的耶稣受难表现在肉体和精神两方面,肉体受难即耶稣被鞭打、被钉十字架,而精神受难,主要是来自撒旦的诱惑。耶稣在客西马尼园祷告时,撒旦以担子太重为由,引诱耶稣放下救世的责任:"你真的相信……他能承受……所有罪的重担?""没有人能承担这个重担。这担子太沉重了,拯救所有人的灵魂代价太高了,没有人能做到。没有!绝对不可能。"耶稣趴在地上祷告时,撒旦放出毒蛇,耶稣站起来,用脚踩碎蛇头,以此证明他战胜了撒旦的诱惑,坚定了对上帝的信仰。后来撒旦在耶稣受刑、被钉十字架时又出现了,但撒旦的诱惑始终没有动摇耶稣的信仰。耶稣受难后风云变幻,撒旦跪地仰天长吼,这标志着撒旦的失败和耶稣的胜利。

另一方面,除耶稣受难主题外,影片也凸显了玛利亚的神圣性。

《圣经》在讲述耶稣受难时,对玛利亚着墨很少,更没有凸显玛利亚的神圣性。而在影片中,玛利亚作为耶稣的母亲,被重点表现,并被刻画成具有神圣性的圣母。彼得三次不认主,与耶稣对视后急忙离开,恰巧遇到玛利亚、抹大拿和约翰,他在玛利亚面前跪下,并称玛利亚为"Mother",承认自己的罪,玛利亚伸手抚摸彼得的头,表示原谅。耶稣被钉十字架后,玛利亚对耶稣说:"儿啊,让我和你一起死吧。"耶稣回答:"母亲,看你的儿子。"玛利亚又对约翰说:"我儿,看你的母亲。"耶稣受审后,玛利亚来到会堂,趴下,脸贴着石板,此时镜头下拉,耶稣抬头仰望,他们似乎在传递精神力量。耶稣背负十字架走向高地途中时,玛利亚看到耶稣倒下。此时插入幼时耶稣倒下、玛利亚跑过去扶起他的画面。而后,画面切回到耶稣受刑,玛利亚跑过去,揽住耶稣,耶稣说:"母亲,我要更新这一切了!"玛利亚虽没有给予耶稣肉体上的帮助,但在精神上坚定了耶稣的信仰。如此,影片或隐或显地彰显着玛利亚的神圣性。

第三,在文化传统方面,影片在忠于耶稣受难历史的基础上,增添了表现犹太人人性关怀的镜头,一定程度上弱化了对犹太人的嫌恶感。

《圣经》用中性语言记述了犹太祭司和民众要求处死耶稣的语言和行为,而《耶稣受难记》不仅直观展示了犹太民众要求处死耶稣的请求和行为,也增添了不少表现犹太人人性关怀的镜头。因为1965年,罗马教廷在第二次梵蒂冈会议上正式赦免了犹太人害死耶稣的罪名,犹太人不需要再背负害死耶稣的重担。《耶稣受难记》力求忠实再现耶稣受难,这不可避免地要触及"犹太人杀死了耶稣"这个敏感的宗教问题,害死耶稣的阴影也会再次笼罩在犹太人的心头。所以梅尔·吉布森在影片中,增添了表现犹太人人性关怀的镜头,赋予片中犹太人许多值得同情的因素。

就犹大而言,他是出卖耶稣的门徒,但影片没有一味表现他的险恶,而是表现了犹大令人同情的人性关怀。《马可福音》记载,犹大与祭司谈好价钱,就"寻思如何得便把耶稣交给他们"(《圣经·马可福音》14:11),在客西马尼园逮捕耶稣时,"犹大来了,随即到耶稣跟前说:'拉比',便与他亲嘴。"(《圣经·马可福音》14:45)。犹大后悔了,"就把那银钱丢在殿里,出去吊死了"(《圣经·马太福音》27:5)。在简洁的叙述中,我们看到的是犹大的贪财和叛变,而他的后悔等没有得到强调。

影片中耶稣被逮捕时,犹大是被士兵拖着来到客西马尼园的,上前亲吻耶稣,也是在士兵的推搡下被迫进行的。而且在亲吻前,耶稣在与士兵的对话中已经承认自己是耶稣。耶稣被捕后,犹大张皇失措,转身逃跑。耶稣从城上被推下来时,目光刚好和城下仓皇躲避的犹大相对,犹大显得更加慌张无助。在会堂中看到耶稣被人吐唾沫、殴打时,犹大后悔地把鼻子往柱子上蹭。犹大是如此后悔,于是跑出去找祭司,要求退还三十块钱,释放耶稣。协商未果,犹大流落街头,又被小孩欺凌,此时犹大又出现幻觉,小孩变成了恶魔。在旷野中,犹大被撒旦和小孩(可能是幻想出来的)追赶,狼狈至极,最后上吊自杀。在《圣经》基础上增添的这些人性化镜头,增加了犹大令人同情的因素,弱化了人们对犹大的嫌恶感。即使是极力主张杀死耶稣的祭司,在耶稣受难、天色巨变时,也抱头痛哭,后悔自己干了错事。

这类镜头,没有改变耶稣受难的史实,却增添了犹太人的人性关怀和令人同情的因素,一定程度上弱化了对犹太人的嫌恶感。

课后题:
1.请简单谈一下古罗马文学三个分期的特点。
2.结合作品,分析维吉尔《埃涅阿斯纪》的双重内涵。

第四章　中世纪文学

学习提要：

本章主要指出了欧洲中世纪的社会与文化背景，总结了中世纪的四种文学类型，重点分析了但丁的《新生》与《神曲》，并以电影《贝奥武甫和格伦德尔》为例展示了中世纪文学的跨文体实践。

要　　求：

掌握中世纪四种文学类型的定义、代表作及文学特征，但丁《新生》的文学史意义和《神曲》的作品结构、主题、人文与宗教交织的复杂性和两个"转折点"。《神曲》中人文与宗教相互交织的复杂性是本章学习的难点。

第一节　中世纪社会与文化背景

一、西罗马帝国的灭亡与中世纪社会

公元335年，古罗马最早的基督教皇帝君士坦丁大帝（Constantinus I Magnus，272—337年）感觉自己将不久于人世，于是将自己的国土分封给自己的三个儿子和两个侄子，从此之后，古罗马帝国失去了往日的强大安宁。各继承人相互争斗残杀，最后只有君士坦丁大帝的二儿子君士坦提乌斯二世胜出，其他继承人都在内战中相继死去。在君士坦丁大帝统治的盛期，他曾在博斯普鲁斯

海峡旁修建新都君士坦丁堡,称其为新罗马,从此之后,古罗马逐渐分裂成东西两部分。君士坦丁大帝之后,帝国内斗争不断,东西罗马帝国彻底分裂。公元476年,西罗马帝国为来自北方的匈奴人所灭,东罗马帝国则一直屹立于东西方的交通要道之上,成为盛极一时的拜占庭帝国。西罗马帝国灭亡之后,原帝国因蛮族入侵而分裂成了十个王国,奠定了现代欧洲中西部的基本版图。

西罗马帝国的灭亡,宣告了欧洲从此由奴隶社会进入封建社会,公元476年至1453年,整个欧洲没有一个强有力的政权统治。封建割据带来了连年战争,生产力发展停滞,基督教盛行,人们生活在"原罪论"的现实噩梦中,这一时期是欧洲中世纪社会发展的早期;从15世纪资本主义萌芽到17世纪的资本主义大发展,是欧洲中世纪社会发展的后期,两者合称欧洲社会发展史上的"中世纪时期"。

社会史上的中世纪是从公元5世纪至17世纪,而从文化发展角度来划分,公元5—15世纪是"中世纪文化时代",15—17世纪则是"文艺复兴时代",因此,社会史上的"中世纪"与文化史上的"中世纪"是一对错位的概念。

中世纪的社会结构是金字塔形结构。居于金字塔顶端的是皇帝和教皇,皇帝代表世俗的最高权威,教皇则代表天国莅临人间的最高权威,在欧洲中世纪一千多年的历史中,皇帝与教皇不断斗争与合作。皇帝与教皇之下,金字塔的第二层则是贵族与教士,他们分别服务于皇帝与教皇,同时又被豢养,同样属于特权阶层。金字塔的最底层是由城内的市民、城外的农民组成的劳动人民阶层,他们是社会生产的主体,也是金字塔特权阶层的供养者。在中世纪的社会结构中,还有一个特殊阶层——骑士阶层。一般来说,骑士是特权阶层豢养的护从,负责维护他们的财产与个人安全,但骑士不是单纯护院家丁,他们有强烈的荣誉感和精神认同。从社会阶层而言,他们属于统治阶层,但他们又没有自己的领地;他们属于被统治阶层,但又有充分的人身自由与独立的价值认同。所以,在中世纪的金字塔形的社会结构中,骑士阶层是保持了自由身份的阶层,这使他们在中世纪文化中具有特殊意义。

从文化角度来看,中世纪的人,不管是统治阶层还是被统治阶层,虽然获得人身自由的程度不同,但在精神上都是被禁锢的。在中世纪社会中,教会势力无孔不入,他们通过控制人们的现实生存条件与世界观,将所有人都牢牢地钉在了"原罪"的十字架上,即使权大如皇帝,也要接受教会的加冕。对普通百姓而言,现实生活的痛苦使他们自觉选择了放弃自觉自立,而献身给上帝的最后审判。所以,整个中世纪欧洲是现世困难中心平静的旋涡,人们选择放弃自己的自由以获得生存。

在中世纪,骑士阶层是自由的重要来源。在中世纪,成为一名骑士需要一套严格的仪式,仪式的核心内容是移交武器,先以剑击头,然后郑重地为其佩上剑,接下来是一系列的仪式,这些都是从国王的加冕仪式中移植过来的。社交、战争与竞技是骑士生活的主要内容,他们为了个人名誉而战,而不仅仅是维护统治者的利益。根据记载,有人向一个没有受过教育的人讲述如何做一个骑士:"我是一名骑士,骑马出行,寻找一个男子,像我一样武装起来的,愿与我格斗。他要是能打倒我,就会提高他的声誉,我要是能战胜他,就会被看作英雄,我将得到前所未有的尊敬。"①中世纪骑士在基督教的宗教价值观之外强化了个人的世俗荣誉,凸显了个体存在,因此,中世纪骑士成为中世纪文化创造中闪现自由亮色的典型人群,这也使得骑士成为中世纪文学作品中频频出现的人物形象。到了13世纪左右,欧洲的骑士制度出现危机,在日渐高涨的世俗大潮面前,骑士们难以坚守誓言与义务,大多数骑士成了有权有势者的帮凶而为人们诟病。到了17世纪,骑士制度彻底沦落,骑士精神荡然无存,于是出现了西班牙作家塞万提斯(西班牙语:Miguel de Cervantes Saavedra,1547—1616年)缅怀骑士的作品《堂吉诃德》(*Don Quijote de la Mancha*,原标题的意思为"来自曼查的骑士堂吉诃德大人")。

二、基督教在中世纪的统治地位

基督教是欧洲社会的核心,基督教文化几乎渗入了欧洲文明的所有方面,而中世纪是基督教的宗教文化发生质变、从"精神宗教"变成"制度宗教"的关键时期。

---

① 格茨.欧洲中世纪生活[M].王亚平,译.北京:东方出版社,2002:204.

基督教的产生与演变有着极其复杂的历史,在此我们做一简明概述:早期基督教出现于今天的中东地区,其前身是在该区域流传千年的犹太教。基督教从犹太教中脱离,从根本上是受古罗马帝国扩张的冲击和影响。古罗马帝国建立之后,热衷于扩张领土,在他们到达中东地区时遭到了犹太人的反抗。公元前53年,在罗马人征服了马卡王朝10年后,犹太人发动了反对罗马统治者的起义,但起义在罗马统治者的血腥镇压下失败了。此后,犹太人不断反抗,罗马人以更残暴的手段对付反抗的犹太人,因此,杀戮不断、灾难无尽。在这样的现实背景下,在犹太教中产生了对现世困难的另一种看法,即现世苦难是来世得救的资本,忍受苦难、禁绝欲望,如此就能获得重回天堂的机会,这构成了基督教最初的宗教信念,早期基督教就是在应对现世苦难中建立起来的一种内在信仰。

即便如此,罗马统治者照样没有放过基督徒们,从公元1世纪到公元4世纪,基督徒们不断遭到迫害。然而,在遭到迫害的同时,现世的迫害也为认同基督教的宣扬提供了动力。因此,在高压迫害的现实中,基督教会不断发展壮大,入教者日益增多,包括商人、手工业者、农民、知识分子等不同阶层的人,这中间也不乏统治阶层的人。两三个世纪过去了,基督教终于成为一支巨大的社会力量。此时,帝国的暴力镇压已难奏效,而帝国的政治家们却通过基督教对社会的影响力发现了基督教潜在的政治价值,于是,帝国皇帝向基督教伸出了橄榄枝。

公元313年,西罗马帝国皇帝君士坦丁和东罗马帝国皇帝李锡尼在米兰联合签署了《米兰敕令》,宣布所有宗教同享自由、互不歧视。至此,基督教成为官方认可的合法宗教。君士坦丁在战胜李锡尼后,于公元325年召开基督教"普世主教大会",确定了基督教的正统教义,基督教因此身价倍增。公元392年,狄奥多西一世以罗马帝国名义正式宣布基督教为国教,从此,基督教成为罗马帝国正统的意识形态,并随着罗马帝国的战车走向整个西方。

公元392年基督教成为罗马帝国的国教,这是基督教的宗教文化发生质变的重要事件。在此之前,在基督教被认定为非法宗教、遭到镇压的时期,基督教拢聚了在现世中受苦的人,通过宣扬教义唤起人们内心的认同,因此,此时的基督教是建立在自觉自愿基础上的精神认同。但在成为国教后,基督教与现实权力的争夺纠缠在一起,宗教成为争夺利益的工具和杠杆,在这种情况下,基督教就成了平衡利益的制度设计,人们入教不再全是因为内心的信仰,更多的是出于利益考虑和被逼入教,这就是基督教从"精神宗教"向"制度宗教"的转向。基督教的制度化使基督教成为统治者实现统治、获取利益的工具,宗教腐败不可避免地产生了,反对封建权贵与教会势力联姻所造成的世俗不平等也就成了中世纪文学的主题。

三、中世纪的文化精神

中世纪通常被称为"黑暗时代",这是因为这个时代列强纷争、社会动荡,生产力停滞不前,而人们的思想又被紧紧地钉在十字架上,自觉地禁绝自我个性。在这样的社会大背景下,文化与文学创作是缺乏自由向度与个性意识的,因此,中世纪文学在文学史上的评价不高。

近年来,随着对中世纪研究的日益深入,人们发现中世纪并非一片黑暗,人性自由观念散落在中世纪社会的不同角落,城市是这些可贵的自由要素存在的重要空间。中世纪的城市是为给人们提供安全保障而建造的,基本上都有高耸的城墙和厚实的城门;中世纪城市的中心是代表统治权的皇宫与教堂,贵族府邸拱卫在皇宫与教堂的周边,修道院则是一座座城中之城,自身有一套完整的运行机制,皇帝、教皇、贵族与修士们就自我囚禁在这些坚实的建筑中。但中世纪城市有不少地方是很奇妙的,比如十字路口处的市场,这个地方是为供给市民所需的物质而自发形成的买卖集散地,规模都不是太大但活力十足,人们在此自由买卖、闲谈聊天,甚至狂欢作乐,这里成了统治视野之外的自由天堂。另外,中世纪城市有着丰富多样的节日,节日活动一般都由教会组织,包括盛大的宗教游行和表演,但在这些节日中时常包含着市民的狂欢;城市中有不少节日本身就是异教节日,其中的狂欢与个性因素就更加浓厚了。

因此,中世纪并不是一片黑暗,人性自由的表达与抒发在任何时代都是必需的,在集权的压制下也不会消失,只不过是以别的形态存在,并且积极寻找表达出口。中世纪之后,文艺复兴时期个性表达的凸显并不是突如其来的,而是中世纪被压抑的人性自由的宣泄。

所以,中世纪的文化精神可概括为人性压抑与人性释放的交织、基督教文化与世俗文化的交融,在总体趋向上呈现为一种否定现世的精神倾向,但肯定现世、表达自由仍然存在。

第二节　中世纪文学概述

一、中世纪文学的四种类型

中世纪文学可分为四种类型:教会文学、史诗、骑士文学和城市市民文学。

教会文学又称僧侣文学,是在中世纪长期占据主流地位的文学。教会文学的内容多是宣扬上帝万能、圣母奇迹、圣徒布道,主要用来麻痹人民的思想,以进行封建统治。

中世纪史诗分为早期史诗和中期史诗。

中世纪早期史诗是原始氏族社会的产物,具有异教精神,充满着浓郁的集体主义精神和英雄色彩,因此,多遭到基督教会的镇压,代表作是英国的《贝奥武甫》(Beowulf)。在《贝奥武甫》中,英国人的祖先居住在欧洲北部,其中有一个特别杰出的人叫贝奥武甫。他听说邻国出了水怪,于是带领十几个武士赶到邻国。他守候在王宫旁边,等水怪出现后,砍断了水怪的一条胳膊,第二天他又潜入水底杀死了水怪母子。他回国后成了国王,在他稳坐宝位五十年后,又有一条毒龙为害,贝奥武甫以年迈之身与之搏斗,最后杀死了毒龙,自己也因重伤死去。人们为了纪念他,将他的尸骨与毒龙的宝物一起沉入海底,并在上边建起了灯塔,使其成为海上航行的路标。《贝奥武甫》中刻画的英雄形象,以维护部族利益为最高原则,关爱族人,体现了原始氏族社会中朴素的世俗价值观。

与之相比,中世纪后期史诗在价值倾向上发生了很大变化。随着基督教观念在社会关系中的渗透,上下尊卑、忠君护教等价值观在中世纪后期的史诗中日益凸显。作品中的主人公具有浓厚的忠君观念,把保卫祖国和个人名声作为自己英雄行为的动力,代表作是法国的《罗兰之歌》(*Chanson de Roland*)。《罗兰之歌》叙述的故事发生在查理大帝时代,查理大帝出兵西班牙,征讨摩尔人即阿拉伯人,历时7年,最后只剩下萨拉哥撒还没有被征服。萨拉哥撒王马尔西勒遣使求和,查理大帝决定派人前去谈判,但大家知道马尔西勒阴险狡诈,去谈判是冒险之事。查理大帝接受了其侄子罗兰的建议,决定让罗兰的继父、自己的妹夫加奈隆前往。加奈隆由此对罗兰怀恨在心,决意报复。在谈判时他和敌人勾结,定下毒计:在查理大帝归国途中袭击他的后队。加奈隆回报查理大帝,说萨拉哥撒的臣服是实情,于是查理决定班师回国,并接受加奈隆的建议由罗兰率领后队。当罗兰的军队行至荆棘谷时,突然遭到10万摩尔士兵的伏击。罗兰率军英勇迎战,但因寡不敌众,最终全军覆灭,罗兰英勇战死。罗兰的好友奥里维曾三次劝他吹起号角,呼唤查理大帝回兵来救,都被罗兰拒绝,直到最后罗兰才吹起号角,但为时已晚。查理大帝赶到,看到的只是遍野横陈的法兰西人的尸体。查理大帝率军追击,大败敌人。查理大帝回国以后,将卖国贼加奈隆处死。

《罗兰之歌》中所塑造的英雄罗兰是忠君护教的典型形象,他忠诚于国王和宗教,勉尽臣子之职,同时将个人名誉看得高于一切,作品最后描写罗兰之死时写道:"罗兰感到死神来临,从头降到了心;/他跑到松树下,躺在绿草上,/身底压着杜朗达尔和象牙号角。/他把头朝着异教徒的国土,/这样做,是想让查理大帝/和所有的法兰西人都说:/他死了,高贵的伯爵战死沙场。/罗兰伯爵躺在松树底下,/他把脸转向西班牙。/他回想起件件往事:/回想起他所征服的地方,/回想起法兰西和他的族人,/回想起查理王,养育他的恩主/忍不住潸然泪下轻轻哀叹。/他还是忘不了这些往事;/他忏悔罪恶,请求上帝宽恕。"①

骑士文学是指以骑士为主人公,歌颂骑士英雄事迹的文学作品。在中世纪,骑士属于一个特殊的阶层,他们既是统治者又是被统治者,他们忠诚于自己

---

① 飞白.世界诗库(第3卷):法国·荷兰·比利时[M].杨宪益,译.广州:花城出版社,1994:28-29.

的主人,同时又忠诚于自己的情人。社交、竞技与战争是他们主要的活动,赢取与维护个人名誉是他们无比重视的。因此,骑士身上有着中世纪少有的自由精神,这体现在文学中,就成为骑士文学的价值。

骑士文学分为骑士抒情诗和骑士传奇,前者是一种带有反宗教意味的情感表达,比如"破晓歌";后者描写了骑士的冒险,比如《亚瑟王和他的圆桌骑士》(Arthur And the Square Knights of the Round Table)。

"破晓歌"作为一种固定的文学体式,在古罗马时代的抒情诗中就已存在。到了中世纪,法国南部的普罗旺斯抒情诗中也有大量的"破晓歌"。这些"破晓歌"通常表现骑士与情人欢会缠绵后依依不舍的场景,比如:"是的,是白天了;但那人又怎样?/哦,因为你要从我的身边起床?/我们为什么要起床——因为曙色朦胧?/我们为什么要躺倒——因为夜色来临?/爱情,无视黑暗,/把我们带到这里,/尽管光明,也应该使我们继续在一起。/光明没有舌头,但到处是目光,/如果它不仅仅能看,也能讲,/这也许是它能讲的最糟的东西,/那好吧,我情愿留下不去,/我是这样地爱我的名誉和心,/我离不开那有着我的心和名誉的人。/难道生意就必须使你远离?/哦,那是爱情最可怕的恶疾。/穷人、丑人、虚假的人,爱情/都容忍,但容忍不了忙碌的人,/你既要做生意,又要做爱,可就/错极了,就像结了婚的人又去追求。"①

骑士传奇多描写骑士的历险故事。骑士传奇在故事情节上比较相似,通常是讲因教会圣物失窃引发了宗教或社会危机,骑士领受了主人拯救世人的命令,告别了自己的情人,去寻找失窃宝物,中间会经历若干艰难曲折,最终还是能找到圣物,消除危机。骑士冒险故事是典型的类型化故事,人物形象与作品主题都是刻板的。然而,骑士冒险故事又包含着浓厚的自由意味,这种自由性不是体现在作品主题上,而是体现在看似刻板的"出发"与"结局"之间,根据骑士的冒险历程可以设置无穷无尽的困难,这种设置体现了人的自由想象力。骑士传奇的结局也不仅仅是找到了圣物,更包含着骑士因寻找圣物而使个人人格境界得到升华的人文隐喻。骑士传奇对后世影响很大,它是欧洲游历文学的又

---

① 汪剑鸣.法国文学(上)[M].海口:海南出版社,1993:8-9.

一个高峰,并且直接影响了但丁(意大利语:Dante Alighieri,1265—1321年)的《神曲》(意大利文:*La Divina Commedia*)与后世众多游历文学作品,不少20世纪的好莱坞电影都是从骑士传奇中汲取灵感的。骑士传奇的代表作品包括《圣杯传奇》《亚瑟王和他的圆桌骑士》等。

城市市民文学是指以市民形象为主人公的文学作品,城市市民文学的内容多讽刺贵族和僧侣的愚蠢和专横,赞美市民的勇敢、机智、美德以及聪敏;在表达上多采用讽刺的手法,风格活泼。在中世纪,城市随着航海技术和陆路交通的发展而发展起来,城市以工商业发展为依托,市民通常就是新兴的商人和资产阶级,他们手里掌握着大量的金钱与资源,因此,虽然受特权阶层的人身与思想奴役,但他们也敢于反抗贵族和僧侣的压迫。

城市市民文学的代表作是语言故事集《列那狐的故事》,作品塑造了一个集机智、狡猾、自尊于一身的复杂形象——列那狐。列那狐其实是当时新兴资产阶级形象的代表,他自立自尊、不畏权势,但同时又欺凌弱者、唯利是图、不择手段,体现了资产阶级人格典型的两面性。

二、中世纪文学的价值

对于中世纪文化与文学,以往的学术研究通常是在将中世纪定位为"黑暗时代"的前提下解读中世纪文化与文学的,其实这样解读非常不准确。

有学者指出,正是因为中世纪缺乏绝对的集权统治,才出现了欧洲文明发展史上难得的多元文化融合:"正是因为出现了黑暗时代,欧洲中世纪文化和文学才能在没有原有文化强势作用下以自己独特的面貌发展起来,才能够接受多种文化因素并进行新的创造。例如,今天我们所知道的欧洲中世纪文化,不仅仅有基督教文化的影响,也是多种古代文明,包括爱琴文明、希腊罗马文明、日耳曼蛮族文明以及东方古代文明等多种文化要素融合发展的产物。正是多文化的来源和多文化因素的作用,才导致了欧洲中世纪文化思想的复杂性和文学内涵的丰富性。"①

---

① 刘建军.欧洲中世纪文学论稿[M].北京:中华书局,2010:6.

在多元文化与文明的融合中,中世纪的文化与文学呈现出了高度创造性,其中特别突出的是中世纪文学中的人文内涵。在以往的解读中,研究者通常认为中世纪文学缺乏人文内涵,禁欲与否定现实的宗教信仰取代了人的自由,其实并非如此。中世纪的骑士传奇塑造了一系列的"骑士英雄"形象,他们身上体现出了一种杂糅人格:一方面是对主人与教会的忠诚,另一方面是对发自内心的爱情与个人名誉的珍视,前者出于伦理与信仰,后者出于自由本性。两者是相互矛盾的,但两者又获得了奇异的调和:自由人格受到伦理与信仰的约束,伦理与信仰又在自由的语境中获得了个人化色彩,最终形成了一种沉着、自由内敛的人格形象。因此,中世纪的人文传统在与宗教信仰的互动中形成了既世俗又神圣的层次性特征,这与后世欧洲完全以纵欲为主的人文传统截然不同,但更具价值。

中世纪文学产生于"黑暗时代",是从黑暗的土壤中生长出来的可贵娇花,自由与信仰既相互矛盾又相互融合的独特环境催生了文学中独特的人文内涵,这是中世纪文学的真正价值所在,这种价值最终在但丁的《神曲》中完全释放了出来。

第三节 中世纪作家作品

一、佛罗伦萨与但丁的生平

但丁(Dante Alighieri,1265—1321年)的家位于佛罗伦萨城的中心,而当时的佛罗伦萨城正处于保守与开放互相争夺的状态中。意大利是地中海地区海岸线最长的国家。在13世纪,随着航海运输业的发展,海上商业贸易迅速取代了原先的陆路贸易,欧洲与其他各大洲的交易,甚至是欧洲内部的交易,都集中在地中海,而意大利正是欧洲大陆延伸到地中海的理想"码头",因此,鼓荡在地中海上的商业贸易之风激烈地冲击着意大利,商业贸易所引发的资本主义现代文明也像潮汐一样拍打着意大利。公元4世纪,意大利就已成为欧洲基督教文明的发祥地与坚固堡垒。13世纪,意大利的基督教文明正处于辉煌上升期,所以,在意大利就形成了两种文明:资本主义进步文明与封建基督教文明。两种文明发生了正面冲突,这必将产生新的文化。佛罗伦萨正处于意大利的地理中心,因此,也处于现代与保守文明冲突的中心,这决定了佛罗伦萨必然会成为豪杰孕育之地,其中最突出的代表就是文艺复兴初期的"佛罗伦萨三杰":彼特拉克、但丁与薄伽丘。

1265年,但丁出生于意大利佛罗伦萨一个古老的家庭中。但丁的父亲是放高利贷的,家道小康,但这在封建门第观念仍然相当浓厚的佛罗伦萨,却并不是光彩的事情,以致这成为但丁后来遭受别人诟病的把柄。但丁的父亲整天埋头于自己的经营,对但丁过问不多,母亲在但丁幼时就已去世,因此,但丁在青少年时期是孤独的,他在自己家中独处斗室。在家中,只有但丁的姐姐是真正关心与爱护他的人,这使但丁对女性产生了特殊的情感。女性于他而言,不仅意味着另一种性别,而且也代表着现实人生中的神秘与升华,这构成了但丁文学创作的一个重要主题。

在但丁人生的前期中,还有一位神秘女性对他的人格与思想的形成起到了决定性作用。据说,在但丁9岁时,他遇到了来自波提切利的贝阿特丽采,并对她一见倾心,产生了刻骨的爱恋,这成为埋藏在他心底的秘密,他在一次高烧时对自己的姐姐说出了这个秘密。贝阿特丽采不幸早逝,但丁与之结为现实情侣的梦想变成了泡影,但贝阿特丽采的形象却在但丁的想象中变为了体现着神性光辉的女性形象,她成为但丁第一部诗集《新生》中的主角以及《神曲》中引导"我"走向天堂的引路人。

为何女性在但丁人生中具有如此重要的地位?因为在基督教信仰传统遭受资本主义文明的冲击时,女性以其天然美质成了人们新的信仰对象。13世纪前后,基督教传统遭遇资本主义文明冲击,以"天父—耶稣—使徒"为中心的人格神遭遇信仰危机,而世俗女性则以其天然动人的力量使人们重新体验到了从现实中升华的神秘冲动,女性逐渐从"性别"身份上升到"神圣"身份。但丁对贝阿特丽采的一见钟情与念念不忘,根本上来自文化上的诉求。在佛罗伦萨,但丁与他的朋友们痴迷于寻找现实生活中美丽的女性,他曾创作了一首道德诗,诗中提到了六十个女人的名字,因而题名为《六十》。为了写这首诗,但丁走遍了佛罗伦萨的大街小巷,看尽了住在老城区内的千家万户,甚至连郊外居民区也没错过,亚诺河沿岸、姆尼奥内河畔、高等法官府周围、圣彼得·斯盖拉焦小教堂附近都留下了他的足迹。但丁认为,选出六十个美女让他自己打了一个大胜仗。

青年时期的但丁,就这样和他的朋友们游荡在风化初开的佛罗伦萨,感受着传统与现代的剧烈冲突,孕育着内心的诗神、美神。《但丁传》这样描绘青年但丁在佛罗伦萨的生活:"他们把女人比作女神,把女性之美喻为一种令人神往的奥秘;他们也陶醉于那种良辰美景:春天的夜晚,窗扉虚掩,抒发爱情的小夜曲轻声荡漾,小路隐没在紫罗兰般的夜色中。"他们在街上高谈阔论:"那些聚集在店主周围的老百姓,偷听他们的对话都着了迷;他们也想读一读但丁的这首诗,于是迫不及待要求店主搞来一份。要不了几天,这首诗就会在佛罗伦萨全城传遍。每个姑娘都会急切地将这首诗浏览一遍,在字里行间寻找自己的名字,要么她会欣喜万分,要么她会垂头丧气。"①

1295年,但丁成为佛罗伦萨执政长官,但他因为政党矛盾受到牵连。1302年,他被驱逐出佛罗伦萨,他的余生就是在放逐中度过的。正是在被流放的岁月中,他写出了伟大的《神曲》。1321年,但丁因患热病死于家中。

二、但丁的创作与《新生》

但丁的作品包括评论集《飨宴》(*Convivio*)、《论俗语》(*De Vulgari Eloquentia*),诗集《新生》(*La Vita Nuova*)以及长诗《神曲》(*La Divina Commedia*)。《飨宴》《论俗语》体现了但丁渊博的学识,《新生》是但丁青年时期的代表作。

《新生》创作于1293年,是但丁汇集前期创作诗歌的精品并加以解读的作品。《新生》体现了当时的一种"温柔的新体诗"的文学传统。"温柔的新体诗"

---

① 徐京安.但丁[M].天津:新蕾出版社,2000:29-30.

出现于12世纪法国南部的游吟诗人的作品中,主题往往是赞美女性的美貌,以及她的追求者因不能遂愿而如何感受人生苦涩。

但丁在《新生》里记叙了他与心中女神贝阿特丽采的恋爱经过。作品一开始就说:"我出世以后,太阳运行后又差不多回到原处已有九次。正在此时,我心灵中光彩照人的女郎首次出现在我的眼前。许多不知道她姓名的人,都称她为贝阿特丽采。"①这是说但丁在9岁时遇到了贝阿特丽采。在作品中,贝阿特丽采的女性形象升华了:"一位天使在神圣的理智驱使下高叫着:'世界之主呵,这里出现了一个活生生的奇迹。它来自一个灵魂,那灵魂的辉煌即使在这里也令人目眩。'天国的唯一缺陷就是没有她。它向自己的主乞求着她的到来。每一位圣徒都为这种福分而高叫着。"②贝阿特丽采不再只是美丽的女子,而且是有着辉煌灵魂的人间奇迹。这是对女性形象的圣洁化,同时也是对两性关系的精神化,但丁借此将爱情上升为一种圣洁关系,这是对中世纪爱情诗传统的巨大推动。

三、《神曲》的情节与主题

1307年,但丁开始创作《神曲》,历经15年完成创作。《神曲》由三个主要部分组成,即《地狱篇》《炼狱篇》《天堂篇》。三个部分又各分为若干篇,虽然它们长短不一,但全都由三韵句组成。除序言外,每部分均由33篇组成,加上序言,共计100篇。

《神曲》创造了层次分明的空间结构来安排地狱、炼狱和天堂。地狱呈漏斗状,它的中心线起自耶路撒冷,终于地心。炼狱在南半球,与地狱遥遥相对。天堂由环绕地球的诸天轮构成。作品以"我"的游历串起了地狱、炼狱与天堂,是典型的游历体文学作品。从游历的时间上来看,"我"游历地狱花了一天时间,即从耶稣受难日(周五)的黄昏到周六的黄昏。"我"爬出地狱已是周日,走过炼狱,来到炼狱顶点"尘世山",共花了四天。最后,"我"又用了一天,飞过诸天轮,来到上帝身边,完成了这次旅行。

---

① 但丁.新生[M].钱鸿嘉,译.上海:上海译文出版社,1993:1.
② 霍尔姆斯.但丁[M].裘珊萍,译.北京:中国社会科学出版社,1989:19.

《神曲》的情节大致如下：

在人生的中途，"我"迷失在黑暗的森林里，三只令人惊恐的猛兽——象征着淫欲的豹、象征着傲慢的狮子和象征着贪婪的母狼，向"我"追来。这时，"我"被古罗马圣哲维吉尔的幽灵救下。维吉尔告诉"我"，自己是贝阿特丽采的使者，将负责"我"的地狱之行。在维吉尔的带领下，"我"来到了地狱门前，看到了地狱之门上可怕的铭文："从我，是进入悲惨之城的道路，从我，是进入永恒的痛苦的道路，从我，是走进永劫的人群的道路。"①"我"和维吉尔先是借助摆渡者卡隆渡过了冥河，然后一路进入了地狱各层。在地狱各层中，随罪恶轻重不同，由上往下，依次是异教徒、纵欲者、暴饮暴食者、贪婪者、挥霍浪费者、暴怒者、复仇者等。但丁把叛国者放在地域的最底层，表达了他对卖国求荣者最深的愤恨。

在地狱最底层，"我"和维吉尔通过地狱之王的身体来到了与地狱相对的炼狱。炼狱是安置那些虽无罪过但也无功不能进入天堂的人的，"我"用四天时间走过炼狱，来到炼狱的顶点"尘世山"，由此进入天堂游历。在游历天堂时，"我"的前世情人贝阿特丽采代替维吉尔成了我的导师。在她的带领下，"我"经历了诸天轮，与各位前贤圣哲探讨人生与哲学奥义。最后，"我"来到了最高天，上帝化身为一道耀目的白光一闪而过，"我"从中获得了最高启示，整个游历结束。

《神曲》的主题体现在三个方面。

第一，抨击封建专权和教会统治。《神曲》创作时正值意大利陷入内乱，进步的资本主义与落后保守的封建势力冲突不断，但丁倾向于前者，在作品中，他对当时的封建专权和教会统治进行了深刻批判。在《神曲》中，但丁将封建专权与教会统治所导致的诸种罪恶放到地狱中给予惩罚。

第二，歌颂现实世界，具有强烈的现实主义精神。《神曲》痛斥封建专制与教会的罪恶，却对现实世界充满了歌颂。在作品中，维吉尔被安排为"我"的游历导师，而维吉尔是作为"理性"的象征出现的。

第三，歌颂人正常的爱情和情感表达。在但丁看来，表达情感是人的特权，爱情是人与人关系中的神圣关系。在《神曲》中，真挚的爱情成为重要的救赎力

---

① 但丁.新生[M].钱鸿嘉,译.上海：上海译文出版社，1993：19.

量。比如在地狱中,"我"遇到了传说中罗马时代一对因偷情而被处死的情侣——保罗与弗朗西斯卡,"我"痛斥他们的罪行,但当目睹他们之间的真挚爱情时,"我"却为他们的不幸遭遇痛哭在地。在炼狱游历结束后,"我"的前世情人贝阿特丽采引导"我"游历了天堂,这鲜明地体现出但丁在作品中赋予了爱情神圣的内涵。

四、《神曲》中人文与宗教的交织及两个"转折点"

《神曲》突出的创造性在于通过文学创作展示出了人文与宗教交织的主题。马克思曾称但丁为"旧时代最后一位诗人,新时代最初一位诗人",这指出了但丁在中世纪宗教世界向文艺复兴人文世界过渡中的转折意义。《神曲》作为但丁的代表作,出色地表现了这种宗教与人文的过渡与交织。

这在作品中有诸多体现,比如在地狱中,作者将犯了通奸罪的保罗与弗朗西斯卡打入地狱,这是遵循基督教罪罚原则的表现,但在"我"看到两人真心相爱的情形时,却又为他们痛哭,这是典型的宗教皈依与人文传统交织。再比如,地狱的空间结构大体是按照基督教的价值观设置的,罪行越重越在下面,反映了等级森严的惩戒体系,但在其中出现了微妙的偏差,比如在第八层中出现了"买卖圣职的教皇""贪官污吏""伪造金银者"等在基督教罪律中没有或并非重罪的罪行,显示出地狱的罪行等级空间借用了基督教罪律框架,同时又融入了但丁的世俗关怀与人文批判。

《神曲》中人文与宗教的交织,还体现在作品中意味深长的两个"转折点"上。《神曲》是典型的游历文学作品,"我"经历了地狱、炼狱,然后到达天堂,因此,《神曲》中的游历不仅是空间行程,还是体现基督教宗教皈依与升华历程的行程,这在作品的第一个"转折点"上体现得特别明显。

第一个"转折点"出现在从地狱转向炼狱的空间点上。作品中讲"我"和维吉尔来到了地狱最深层,也就是罪孽最深重的人待的地方。到了这个地方之后,作品中出现了一个空间行程与罪律等级的冲突之处。因为空间行程上已到了最深层,罪律等级也到了最重处,那么,遵循空间越深罪律越重的规则,他们将按照什么样的空间行程到达罪行比地狱第一层都轻的炼狱中去呢？如果让他们原路返回，需要将原先描述过的情景回放一遍。作者是这样安排的："我"在维吉尔的指导下，抓着地狱之王的毛皮继续往下走，结果却发现来到了炼狱。这意味着，作者在这个"转折点"上表达了这样的意思：越往罪孽深处前行，越能获得罪行救赎的可能，而这正是基督教原罪观的核心观念。因此，这个"转折点"体现了典型的宗教皈依思想。

第二个"转折点"出现在整个游历的结束点上。在作品中，"我"在贝阿特丽采的引导下，经历诸天轮，终于来到了最高天，也就是朝拜目睹上帝的地方。但这里同样面临一个问题：上帝到底如何出现在"我"的面前呢？一个皈依者历经千辛万苦，最终来到上帝面前实现朝拜，完成皈依，这是典型的基督教价值叙事。但在作品中，上帝的出现却与此有别。作品中写道："如同一个几何学家用了全力，要把圆形画成面积一样的正方形，绞尽脑汁，也找不到他缺少的原理；我对于那新出现的景象也像那样，我愿意知道那形象如何同那圈环相符合，它如何定居在那里面，但是我的翅膀不能做这个飞翔，只是一阵闪光掠过我的心灵，我心中的意志就得到了实现。"① 这是一个意味深长的上帝显现方式。上帝出现了，因为他显示了他的形象，但是这个形象在"我"的眼里不是那么确定的，最后是"一道闪光掠过我的心灵"。此处，如果上帝的形象是稳固地出现在"我"面前，那么整部《神曲》就成了不折不扣的宗教皈依作品；但正因为上帝的客观形象并不确定，最后在"我"的心中掠过一道闪光，"我"从自己内心深处的意志中实现了对上帝的领略，因此，历程最终，"我"不是找到了客观的上帝，而是找到了自己内心对"上帝"的领悟，这种领悟发生于一个凡人从地狱到天堂的整个游历过程中。所以，在此意义上，整部《神曲》变成了人文传统包裹下的宗教皈依叙事。

五、《神曲》的艺术成就

《神曲》是一部达到了很高的艺术境界的作品。但丁描写的地狱、炼狱和天

---

① 但丁.神曲·天堂[M].朱维基，译.上海：上海译文出版社，1995：255-256.

堂,受到了古典文学尤其是中世纪梦幻文学的启示和影响,如维吉尔在《埃涅阿斯纪》中关于主人公由神巫引导游历阴间的描写。但《神曲》不像中世纪文学作品那样粗糙庸俗,诗人以丰富的想象力,精深的神学、哲学修养和新颖的构思,为三个境界设计了严密的结构、清晰的层次。他把地狱、炼狱、天堂各分为9层,蕴涵着深邃的道德含义。在描绘不同境界时,他采用了不同的色彩。地狱是惩戒罪孽的境界,色调凄幽、阴森;炼狱是悔过和希望的境界,色调变得恬淡、宁静;天堂是至善至美的境界,笼罩在一片灿烂、辉煌之中。多层次、多形象的描绘,表达了诗人精辟而又抽象的哲学、神学观点,赋予了这些境界以巨大的真实性,奇而不诡、精微至深,使人如身临其境。

《神曲》堪称一座多姿多彩、形象鲜活的人物画廊。作为这部史诗的主人翁,但丁本人苦苦求索的品格和丰富复杂的精神世界,被刻画得最为细微、饱满。维吉尔和贝阿特丽采这两位向导,虽然都具有象征性和寓意性,但仍然各具鲜明的个性。维吉尔是导师,在对但丁的关怀和教诲中,显示出父亲般和蔼、慈祥的性格。贝阿特丽采是恋人,在对诗人的救助和鼓励中,显示出母亲般温柔、庄重的性格。但丁擅长在戏剧性的场面和行动中,以极其准确、简洁的语言,勾勒出人物外形和性格的特征。在哀怨欲绝的悲剧性氛围中,诗人描写了保罗与弗朗西斯卡这对恋人对爱情忠贞不渝的品格;在阴暗、愤意的情境中,诗人勾画了教皇朋尼法斯八世贪婪、欺诈的性格,入木三分。地狱中形形色色的妖魔鬼怪,如吞噬幽灵的三个头的恶犬猪拜罗,飞翔于自杀者树林之上的人面妖鸟,长着三副不同颜色的面孔、三对庞大无比的翅膀的地狱王,满身污血、头上盘着青蛇的复仇女神,但丁寥寥数笔,便出色地烘托了地狱各个特定环境的氛围,描绘了各具特色的形象。

但丁在写人绘景时,喜欢采用源于日常生活和自然界的极其通俗的比喻,但能产生极不寻常的艺术效果。例如,地狱里的幽灵遇见陌生来客维吉尔和但丁时,惊奇地盯着他们,好像老眼昏花的裁缝凝视针眼一样;枯瘦的幽灵两眼深陷、无神,好像一对宝石脱落的戒指;在魔鬼卡隆的鞭打下,幽灵从岸边跳进地狱界河的小船,好像秋天的树叶一片一片落下。

《神曲》的《地狱篇》《炼狱篇》《天堂篇》各有33篇,加上长诗的序曲,共100篇,计14 233行。这三个境界的结构匀称、严谨,各有9层。每一部的最后一行都以"群星"一词作韵脚,彼此呼应。《神曲》的韵律形式是民间诗歌中流行的一种三韵句,隔行押韵,连锁循环,贯穿全诗始终。这也显示了诗人深厚的语言功力,说明他使用韵律的技巧很成熟。

但丁摒弃中世纪文学作品习惯运用的拉丁语,采用俗语写作《神曲》,这对促进意大利民族语言的统一、对丰富意大利文学语言起到了重要的作用。

凡此种种都表明但丁摆脱了中世纪文学传统的羁绊,力图用新的艺术形式表现新时代的思想内容,这使但丁成为意大利第一个民族诗人。

《神曲》原名《喜剧》,薄伽丘在《但丁传》中为了表示对诗人的崇敬,给这部作品冠以"神圣的"称谓,后来的版本便以《神圣的喜剧》作为书名。

第四节 中世纪文学中的跨文体实践

一、中世纪文学跨文体改编现状

中世纪文学的跨文体改编,主要集中在文学的影视改编方面,中世纪宗教文学、城市文学、英雄史诗、骑士传奇构成了影视改编的几大文学资源。

中世纪宗教文学的影视改编一般都只汲取原著中的部分要素,比如《美梦成真》(*What Dreams May Come*,1998,文森特·沃德执导,借鉴了《神曲》中天堂、地狱的概念,以及幻游的形式)、《康斯坦丁》(*Constantine*,2005,弗朗西斯·劳伦斯执导,基努-里维斯主演,借鉴了《神曲》中的地狱)、《但丁的地狱之旅》[维克多·库克(Victor Cook)、迈克·迪萨(Mike Disa)等联合导演,将《神曲》改编成一个现代游戏一样的历险故事]等。

城市文学的影视改编主要是将其改编成浅显易懂的卡通动画。比如《新编伊索寓言》(イソップワールド,1999,日本导演波多正美、小林三男执导,是取

材于《伊索寓言》的动画片)、《侠盗列那狐》(法国导演提瑞·修尔取材于《列那狐传奇》的动画作品)。

英雄史诗和骑士传奇的影视改编一般会汲取原著的全部或者部分要素,原著通过影视改编获得了现代的形式。比如由亚瑟王传奇改编的《亚瑟王》(*King Arthur*,2004,安东尼·福库执导)、《巨蟒与圣杯》(*Monty Python and the Holy Grail*,1975,特里·吉列姆执导),取材自北欧神话体系的《雷神》(*Thor*,2011,尼思·布拉纳执导)、《十三勇士》(*The 13th Warrior*,1999,约翰·麦提南执导)、《贝奥武甫和格伦德尔》(*Beowulf & Grendel*,2005,斯特拉·古纳逊执导)、《贝奥武甫》(*Beowulf*,2007,罗伯特·泽米吉斯执导)和取材于英国《罗宾汉谣曲》的《侠盗王子罗宾汉》(*Robin Hood：Prince of Thieves*,1991,凯文·雷诺兹执导)、《罗宾汉与玛莉安》(*Robin and Marian*,1976,理查德·莱斯特执导)。

二、电影《贝奥武甫和格伦德尔》分析

在中世纪文学的跨文体改编中,取材于英国中世纪英雄史诗《贝奥武甫》的《贝奥武甫和格伦德尔》饱受争议。通过改编电影赋予古老的史诗以现代性内涵是其备受争议的主要原因。其跨文体改编主要体现在以下几个方面。

第一,在主题内涵上,与文学原著相比,影片着重刻画了"复仇"这一人性中极具毁灭性的行为,而原著着力渲染的民族的兴亡盛衰、个人的荣誉耻辱则退居次要位置。

《贝奥武甫》是氏族社会的产物,从公元五六世纪起经过近300年口头流传,到公元8世纪才在英国写成。口头流传时正值日耳曼民族大迁徙时代。在民族大迁徙的过程中,民族之间矛盾重重,战争不断。《贝奥武甫》以史诗的形式记录了那段征战的历史和民族的兴衰,并宣扬了个人为荣誉而战的精神,然而影片却以复仇代替了这一宏大主题。

首先,影片赋予复仇以合理性。影片一开始展示了温馨的田园风光,之后色调逐渐由温馨转向冷漠的灰黑色,交代了格伦德尔的父亲被国王罗瑟迦残忍

杀害、躲过一劫的年幼的格伦德尔挥剑砍下父亲的头颅并将其带回去安葬的情节,这为之后格伦德尔对丹麦人大开杀戒埋下了伏笔,也成为影片中格伦德尔复仇的原动力。而原著则以"他无法忍受鹿厅内日复一日的飨宴、悦耳的竖琴、嘹亮的歌喉"交代了格伦德尔这一"黑暗之中的恶魔"杀害丹麦人的原因。此外,影片中女巫萨尔玛一次又一次地暗示贝奥武甫"他(格伦德尔)被丹麦人害苦了",说明格伦德尔对丹麦人的残暴行为是有原因的,而格伦德尔不杀妇女、小孩,专门杀害青壮年的情节设置等,都强化了复仇这一行为的合理性。

其次,影片淡化了"历史"和"民族"这两大背景。原著以"希尔德之死"开篇,通过葬礼介绍了丹麦人的祖先希尔德,言简意赅地交代了"大麦"、半丹麦人——海夫丹对王位的继承过程,然后将焦点转向海夫丹的第二个儿子——"光荣之子"罗瑟迦建造鹿厅,以鹿厅的奢华反映当时丹麦民族的强大,由此交代了事情发生的时间和历史背景。而影片则省略了这段历史,直接以鹿厅的建成为开端,同时,影片也并未刻意突出"丹麦"这一民族。

最后,对民族荣誉的淡化和对复仇的强调还体现在影片对国王这一人物形象的塑造上。原著中的罗瑟迦的形象基本是正面的。史诗在"鹿厅"一节的开端就交代了他是"光荣之子",是一个英明的君王。他骁勇善战,受所有人民的爱戴。在年老时,他又变成智慧的象征,他精于驭人,能运筹帷幄、化险为夷。他慷慨地夸奖和犒赏贝奥武甫,以得到他的帮助。当然,史诗也表现了其软弱、贪生怕死的一面,比如欢迎宴会后,他撤离大厅,让贝奥武甫独自面对魔鬼。影片中的罗瑟迦却被刻画成了反面人物:年轻时勇猛却也残忍,因为一条鱼杀害了格伦德尔的父亲;年老时,懦弱多疑,变成了一个整天醉醺醺的国王。对国王反面形象的塑造增强了复仇情节的合理性,而国王是一个民族的化身,这样做减弱了原著中的民族意味。当然,影片一开始,罗瑟迦因恻隐之心放过了格伦德尔也使这一形象避免了绝对化。

第二,在文化倾向上,影片解构了原著中的英雄主义基调,代之以人性、理性和道德感的觉醒。在史诗流传的日耳曼民族大迁徙时代,武力是民族生存的关键,崇尚武力、荣誉的英雄主义是当时普遍的价值观。原著通过正邪的绝对对立来体现对武力和英雄的崇拜。但影片中却没有明显的善恶之说,更多地是通过"复仇"这一情节的设置,揭示冲突的原因,从人性和理性的角度探讨谁是谁非的命题。武力崇拜和英雄主义在影片中遭到解构。

在人物形象的设置上,人性、理性的觉醒和由此带来的道德感成为人物的主要特点。原著中的贝奥武甫一生英勇善战,浑身散发着一种日耳曼英雄的勇武之气。他从不心慈手软,也从未怀疑自己行为的正义性:"我早已横下一条决心不动摇,只要不倒在那头元凶的魔爪下,我定将丹麦人的愿望彻底实现。"他身上也有着英雄热爱荣誉胜过生命的特征,他说:"匆匆人生,无非一场拼斗,死期未卜,唯有荣誉不移,壮士捐躯。舍此还有什么奢望。"影片中的贝奥武甫却不像原著中那样意志坚定,而是富有人性和理性。当他了解到导致格伦德尔屠杀丹麦人的罪魁祸首是国王本人时,他开始怀疑自己行为的正义性,变得犹疑不决;而当他杀死格伦德尔之后,他在海边为格伦德尔建起了一座石冢,这里面包含着他的懊悔和歉意,"英雄"成为其背负的沉重的十字架。原著中的蛮勇和荣誉感被理性和人性取代,由此产生的道德感也让他说出"我与他们不同"这句话。影片也对格伦德尔的形象做了较大的改编。原著中的格伦德尔是个凶猛残忍和毫无人性的"邪恶斗士"。他一出场就被认定为该隐的后代,被上帝剥夺了欢乐,永远生活在黑暗里。他有魔法护身,刀枪不入,而且凶猛彪悍,神力无比巨大。丹麦人的喧嚣声搅扰了他的安睡,他便疯狂地报复他们,影片也在开篇通过其父被杀给他的凶猛残忍找了一个合理的理由。同时影片着重塑造了其富有人性的一面:他不杀老人、女人和小孩,只杀那些侵犯过他的人;他保护被丹麦人赶到野外的女巫萨尔玛;在父亲的头颅被毁坏后,影片以特写镜头清晰地展示了他的悲伤。影片完全改变了史诗中格伦德尔邪恶的形象,使格伦德尔有血有肉,富有人性。同时,影片中的格伦德尔及其母亲也并非像原著所说的那样是该隐的后代,影片突出了他们的人性的灵魂。

在情节安排上,影片增加了许多富有人性的细节。比如当同伴夸张地向孩子们讲述他们遇见格伦德尔的"伟大事迹"时,贝奥武甫把他们驱散了,并责备他们吓坏了孩子;小癞子受到一群孩子恶意的围攻时,贝奥武甫帮他解围;女巫萨尔玛对格伦德尔的缅怀,贝奥武甫与萨尔玛的感情等,这些细节与影片中凸显的人性和理性交相呼应,赋予了古老史诗新的内涵。

第三,在宗教内涵上,影片对原著中的异教和基督教的斗争和融合都有所表现,只是更偏重于表现基督教的传播,很少表现异教。原著表现了日耳曼民族大迁徙时期基督教和异教既斗争又融合的真实状况,而且由于后世僧侣的修改,原著表现出明显的基督教倾向。

原著在一开篇就点明,格伦德尔及其母亲是异教徒,他们都是该隐的后代,是被上帝惩罚的一族,火龙也被塑造为异教徒,它在教会里象征撒旦,看守着异教的财富。纵观整个史诗,异教代表着彻底邪恶的一面,贝奥武甫则代表了与其对立的另一面——正义。贝奥武甫帮助丹麦人降服了格伦德尔,体现了一种基督教救世主的精神。原著所表现的是对格伦德尔和火龙所代表的异教的彻底否定。原著中对上帝的赞美也比比皆是。同时,作为异教徒的贝奥武甫,身上体现的则是英雄时代的价值观——勇敢、忠诚,这些价值观与基督教教义并不冲突,于是在史诗传承的过程中,为民除害的英雄事迹变成了上帝与妖魔的斗争,这些英雄时代的价值观也逐渐与基督教教义融合。整部史诗表现出明显的基督教倾向。影片将年代确定为由多神异教到一神基督教转折的时期,通过云游牧师布伦丹这一人物形象,着重表现了当时基督教的传播现状。同时,影片对基督教本身表现出暧昧和戏谑的态度。比如小癞子因为皈依了基督教而不怕死亡,带领基督徒们找到了格伦德尔的洞穴,却还是被格伦德尔夺去了生命;国王被格伦德尔弄得焦头烂额,想依赖布伦丹和耶稣摆脱黑暗和困惑,却还是挣脱不了内心的压力和恐惧,醉醺醺地度日。这种对基督教的暧昧态度是原著中不曾出现过的。

第四,在艺术形式上,电影发挥其特定的优势,借助光影声画的艺术手段,以粗犷、古朴的视觉画面取代了由语言所描绘的庄严和宏大场景。

《贝奥武甫》在艺术上最显著的特色在于它的语言。《贝奥武甫》像其他古英语诗歌一样,不用尾韵,而用头韵,即每个字开头的辅音或元音相同或相似算对韵。每行诗分为两个半行,各有两个重读字,重读字一般押头韵。每行最多可以有四个头韵,史诗中前半行两个头韵、后半行一个头韵的诗句较多。这就使得史诗韵律整齐,诵读起来如行云流水。影片中的许多对白使用了古英语,或者直接摘自原著,然而影片因情节需要所做的摘录,打破了史诗在用韵上的整齐性。原著语言的另一个特点是使用"代用词",如海被称为"鲸鱼之路",国王是"颁赏金环的人",是"希尔德的子孙",武士叫"持盾的人"等。这些称谓一方面增强了语言的形象性,另一方面也是史诗这种体裁通过对人物身份的双重或多重界定构建历史感的重要手段。但影片中完全省略了这些代称,这是史诗的历史性与电影的快餐性的根本冲突的体现。

影片还借助色彩营造了很多具有烘托效果的画面。原著中并没有大量铺陈自然景色,但影片结尾风平浪静的海上风光,暗示故事终归宁静,整部影片善于运用绿色原野背景与灰色武士盔甲背景之间的切换来表现和平与杀戮场面的转换。原著中的色彩词非常少,自然背景交代也非常简洁,比如"水手们远远望见了陆地,闪亮的石崖,峥嵘的山岩,突兀的岬角——大海拂岸,航程结束了"。这也是画面与语言作为两种表达手段的本质差异。

课后题:

1. 如何理解欧洲中世纪文化精神的复杂内涵?
2. 请简要论述四种中世纪文学类型的特点、代表作与文学史意义。
3. 结合作品,分析但丁《新生》中的女性形象。
4. 请简要复述但丁《神曲》的故事情节,并分析其在欧洲人文主义文学传统中的进步意义。

第五章 文艺复兴文学

学习提要：

本章是西方文学史中的重点，主要内容是：在梳理从中世纪到文艺复兴时代文学发展的过程中展示人文主义文学传统的产生过程；分析文艺复兴文学传统中人文主义观念的发展变化；对薄伽丘的《十日谈》、拉伯雷的《巨人传》、塞万提斯的《堂吉诃德》与莎士比亚的四大悲剧进行重点解读，并以电影《蜘蛛巢城》为个案展示莎士比亚剧作的跨文体实践。

要　　求：

掌握文艺复兴文学传统中人文观念的发展；了解《十日谈》中"人性解放"的双重意义、《巨人传》中"巨人"的形象内涵、《堂吉诃德》中"堂吉诃德"的形象内涵；重点掌握莎士比亚四大悲剧的故事情节、人物形象与悲剧内涵。莎士比亚悲剧的复杂内涵，是本章学习的难点。

第一节 文艺复兴时期社会与文化背景

一、从中世纪向文艺复兴发生转折的重要契机

在欧洲中世纪时代，基督教是精神支柱，在基督教的"原罪"观念引导下，人们否定现实、摒弃感官享受，对地狱的恐惧与对天堂的希冀交织在一起。现实

世界对于人们来说就像是笼罩着一层面纱,人们无法给予其真切的关注,相反,人们将目光更多地投向了天上和内心,并因过分关注自身而产生了敏感和病态的想象。广阔世界的现实性被排除在外。人因为在现实世界的局限性,而产生了一种厌世的情绪,转而将自己的精神投射向虚无缥缈、不可知的天国。有人曾这样评价这个时代:"世界脱下破烂的衣裳,替教堂披上洁白的袍子。"①

从中世纪向文艺复兴的过渡,不是一个自动的过程,而是一个痛苦的变化过程。

契机之一:时代推进的基础动力是生产力的发展。

从12世纪开始,欧洲的生产力发展就进入了加速阶段,其中的关键在于商贸活动的兴起。10世纪以来,欧洲航运技术发展迅速,一系列关键性的航运技术成熟起来,使得欧洲航运能够跨洲越洋,带动了商业贸易的大爆发。在航运技术大发展之前,欧洲商贸主要以陆路运输为主。限于交通条件,陆路运输的货物总量少、档次低,运输风险高,因此商贸交易在当时的经济总量中并不占主体地位。航运技术发展起来后,情况大为改观,因为海运使大宗货物交易成为可能,同时因航运相对安全,所以货物的档次得到了提升,商业贸易的利润攀升,这使得商业贸易在经济总量中的比重越来越大,在15世纪左右,商业贸易已逐渐成为当时欧洲的经济主体。

商业贸易的飞速发展,带来了工业的发展、农业的衰落。商业贸易的发展,使利润附加值较高的工业制成品与满足人们奢侈消费的货物成为商贸热点,这促进了工业生产的快速发展。与之相比,农业的商贸价值并不显著,因此农业开始衰落。农业的衰落,也与当时人们饮食习惯的改变有关。12世纪以来,欧洲人的食物逐渐从粮食制品转向了更多的蔬菜与肉类,而蔬菜与肉类多是通过货贸获得的。在文艺复兴初期,虽然开垦地在不断增加,但是农作物的产量却在不断降低。1316年,在欧洲延续了一个半世纪的大饥荒开始出现,农村全面崩溃。

商业的崛起引发了一系列经济方式的改变,这不仅影响了经济结构的改

---

① 丹纳.艺术哲学[M].傅雷,译.桂林:广西师范大学出版社,2002:82.

变,而且直接影响了人们的社会生活。商业贸易的发展、工业生产的发达以及农业的衰退从根本上改变了人们闭塞、朴陋的生活世界,将人们从中世纪的城堡和教堂中解放了出来。这为文艺复兴时代的到来,奠定了经济基础。

契机之二:从社会生活方面来看,中世纪静谧安定的社会氛围一去不返,动荡不安的时代到来了。

首先,是令人触目惊心的高死亡率。工商贸易的发展、农业的衰败使得饥荒爆发,大批人饿死。由蒙古人入侵欧洲带来的鼠疫蔓延开来,成为整个欧洲大陆的灭顶之灾。再加上因社会动乱而产生的战争与争斗,在进入14世纪后,欧洲人大批死亡:1350年欧洲人口从7,300万锐减到5,100万,到1400年,只有4,500万了。其次,是生灵涂炭的社会动乱。农业的衰退导致了农村的衰败,大批农民无法生存下去,只好涌入城市,这造成了有限的城市空间中同时存在大量宗教信仰不同、民族传统不同与生活习俗不同的人群,他们之间时有冲突,导致了社会混乱。另外,随着城市的发展,不同城市为了各自的利益,相互争夺资源、彼此斗争,也造成了长时间的社会动乱。在无尽的动乱中,大批的无辜民众死去。最后,城市的高速发展带来了社会生活的繁荣。农村经济的衰退和工商贸易的发展,以及整个社会的动乱将人们从贫穷、封闭以及相对危险的农村驱赶到城市中,城市生活有了极大发展。在文艺复兴时代的城市中,由教会组织的节日游行成了人们狂欢放纵的主要时刻。

契机之三:宗教改革催生了与个人主义相适应的新的宗教。

中世纪文化的基础是基督教。在整个中世纪,基督教被把持在贵族富人手中,为富不仁的人会借助向基督教捐赠与出资举办盛大仪式而洗刷自己的世俗罪愆,这使得基督教成了有权有钱者的工具。1517年,神学院学生马丁·路德在罗马教堂贴出他的九十五条论纲,开启了欧洲的宗教改革。此次宗教改革的核心是从以"仪式"为中心的宗教到以"信仰"为中心的宗教。"仪式"宗教是对富人开放的宗教,富人们通过捐资举办"仪式"来求得心理安慰,但"信仰"宗教则宣扬:一个人不论向教会捐资多少,最终能否上天堂取决于其在临终时刻是否还信上帝。这使得所有人,不论贫富,都在宗教面前获得了平等机会。"信仰"宗教使得宗教成了个人化的宗教,其实是以宗教维护了个人主义的合法性。

契机之四:文化教育的发展使人们摆脱了教会与贵族的文化专权。

中世纪时,基督教的思想控制是与文化专权联系在一起的。在中世纪,大多数平民百姓不识字,只有教士与贵族才能接受教育,这使得大部分人只能听从教会与贵族的摆布,尤其是在对宗教典籍的阐释上,大多数民众因为文化程度不高,只能接受附加了阶级偏见的教会与贵族的解释。1450年,德国人谷登堡发明了活字印刷术,这使得《圣经》等宗教典籍能够大量印刷,最终做到人手一本。同时,一些开明贵族和教士推动平民教育运动,使大多数人获得了受教育的机会。因此,普通人也有可能通过自己掌握的文化对宗教典籍做出符合自己利益的解释,教会与贵族的文化专权逐步被打破。

二、文艺复兴时期的人文主义本质是人在苦难中的自我觉醒

文艺复兴时期是欧洲文学艺术发展史上的黄金时期,而文艺复兴时期文学艺术的辉煌在根本上来自人的个体意识的觉醒。文学是人学,艺术亦然,唯有人觉醒才能创作出真正杰出的作品。

然而,文艺复兴时期人的觉醒并非一出皆大欢喜的喜剧,而是人在苦难中自我觉醒的悲剧。文艺复兴时期,伴随工商贸易成为社会主要经济形态,中世纪时以城堡、农村和城市为中心的稳定的社会结构被打破了,所有人都被卷进了由工商贸易所释放的利益的旋涡中。饥荒、战争、瘟疫与人数众多的死亡,几乎将整个欧洲带到了生死边缘。在最困苦的时刻,人们向上帝祷告,但最终发现祷告没有任何效果;在信奉基督教近千年之后,在巨大的灾难面前,人们第一次察觉到上帝的虚无,教会为人们设计的"完美"的"救赎"方案第一次出现了纰漏。在现实困境的逼迫下,人们被迫寻找自我存在的真正理由,最后他们发现,以前那些一直被宗教禁止的欲望,包括从最低级的感官欲望到高级的理想之欲、知识之欲,以及由欲望所产生的感情,才是人所独有的,是人真正的独特之处,也是人存在的理由。因此,在有生之年,尊重自己的欲望,尽情表达,才是人

之为人的合法性所在。当时有诗人这样吟唱:"青春多美丽啊,但是留不住这逝水年华!得欢乐时且欢乐吧,谁知明天有没有这闲暇。"

因此,文艺复兴时期人的觉醒是典型的"凤凰涅槃":人们在极端的现实困苦中,被迫扔掉了以前赖以存身的宗教躯壳,发现了真正的自己。但人们并没有完全抛弃宗教,从宗教向个人的转变总是存在着一个中间状态,文艺复兴时期人的觉醒就是处于这个中间状态。出于信仰的惯性,人们将从现实困难中领悟到的个人价值附加到宗教上,因此从传统基督教中产生以个人信仰为基础的新教。宗教境界的升华与个人主义的主观激情相互调和,产生了既崇高庄严又激情四射的独特人格,这就是文艺复兴时期的"巨人"人格。

文艺复兴时期人的觉醒是在困难中的自我觉醒,这与欧洲的第一个文明高峰——古希腊文明是相同的。在古希腊,"宙斯的归宙斯,雅典的归雅典",恶劣的生存现实使希腊人从原始神崇拜中觉醒,创建了人与神既合作又对抗的古希腊文明。在此意义上,文艺复兴时期人的觉醒是古希腊文明个体意识的再发生。

个体的觉醒是人们在现实的极端困苦中的自我领悟,从中西文明比较的角度来看,这同时也是中国传统文明中人的觉醒的规律。在中国文明发展史上,人的觉醒发生在魏晋南北朝时期,而魏晋南北朝时期在中国历史上正是纲纪崩坏、社会动乱的时代。东汉末年,社会陷入更深重的灾难中,史书中记载:"百姓歌曰:'天下大乱兮市为墟,母不保子兮妻失夫。'"正是在这样的现实困境中,产生了中国文学史上最早的山水诗。当时诗人的吟唱中,明显地传达出从现实苦境中领悟的"人生苦短,及时行乐"思想,比如曹操的《短歌行》:"对酒当歌,人生几何?譬如朝露,去日苦多。慨当以慷,忧思难忘。何以解忧?唯有杜康。"再如阮籍的《咏怀八十二首·其一》:"夜中不能寐,起坐弹鸣琴。薄帷鉴明月,清风吹我襟。孤鸿号外野,翔鸟鸣北林。徘徊将何见,忧思独伤心。"这些诗歌对人生苦境的领悟其实是当时社会现实的反映,而个体的觉醒则是通过诗歌表达出的内心呐喊。

第二节　文艺复兴文学概况

一、文艺复兴文学的核心是人的复兴

文艺复兴运动推动了欧洲文明的整体性发展,文学是其中的一项内容。文艺复兴运动的本质是人的觉醒,文艺复兴文学的核心是人的复兴。

文艺复兴文学所复兴的是古希腊文学中的人文传统。

古希腊文学体现了明显的人文主义特征。在《荷马史诗》中,特洛伊战争是一场神人参与的战争,虽然神凌驾于人之上,但作品中的神有着凡人的相貌和性情,都是按照人的形象塑造出来的;人被神决定了生死祸福,但依然体现出了坚强的生存意识和斗争精神。在古希腊悲剧中,主人公往往是被宿命纠缠的人,但像《俄狄浦斯王》(Oedipus the King)中的俄狄浦斯、《美狄亚》(Medea)中的美狄亚等,却总是能在不公平的命运中找回做人的尊严。古希腊文学中的人文传统到古罗马时期开始发生微妙的转变。在古罗马,贵族们推崇的人格是典型的事功人格,即通过征服与斗争获取现实功业进而实现自己的人生价值。

这与古希腊的人文传统有相同之处,就是都注重人自身的人格尊严,但其不同之处则在于:古希腊的人文传统是包含对神性的敬畏的,这造成了古希腊人文传统中人性与神性的杂糅;但古罗马时期的理想人格则是完全世俗化的人格,缺乏对庄严神性的崇敬。到了中世纪,随着基督教成为主流意识形态,"原罪说"的宣扬使人们确信自己生来就是有罪之人,应该安于现实、克制欲望,生存只为等待最终审判,古罗马时代的世俗人格被完全颠覆,变为对世俗完全禁绝的人格。失落长达千年的人文主义传统,最终在但丁的《神曲》中看到了恢复的曙光,而人文主义传统的完全恢复,则是在进入14世纪之后,它是伴随工商贸易的发展所带来的社会动荡,通过人们重获领悟自身存在的契机而实现的。因此,从古希腊到文艺复兴时期,欧洲的人文主义传统经历了高峰、失落到失而复得的过程。

二、文艺复兴中人文主义观念的发展

文艺复兴文学的核心是人的复兴,但文艺复兴的文学传统不是铁板一块。人格世界是复杂多元的,因此文艺复兴文学传统中人的复兴是一个程度不断加深的过程。从人的较低级的感官欲望的复兴,到人的知识理性的复兴,再到人对自我本性的复杂性的认知,这构成了文艺复兴人文主义观念发展的完整过程。

文学史上一般把人文主义文学的发展划分为三个时期。

第一个时期是14世纪初至15世纪中叶,这是人文主义文学产生与发展的早期。此时文学以表现人的感官欲望来反抗封建教会势力,主要成就在意大利和英国。在14世纪初的社会历史条件下,当时的人文主义作家对基督教神学本质的认识还没有达到后来那种科学理性的程度,他们更多地是从神权否定人权、神性排斥人性等感性角度,感受到了神学体系的不合理。这样,强调个性解放和享受世俗生活就成了当时人文主义作家否定神学体系的主要方式。代表作家和作品是意大利作家薄伽丘的《十日谈》(*Decameron*)和英国作家乔叟(Chaucer,1343—1400)的《坎特伯雷故事集》(*The Canterbury Tales*),这两部都是框架式结构作品,都体现了对封建教会的辛辣批判,而人的感官欲望是这两部作品共同肯定的人文要素。

第二个时期是15世纪下半叶至16世纪上半叶,这是人文主义文学发展的中期。此时文学主要展现人的天赋理性与探索知识的欲望,主要成就在法国和意大利,英国人文主义文学也获得了进一步的发展。文艺复兴早期的人文传统以人的感官欲望为核心,这体现了长期禁欲后的人们自发的反抗,具有很大的进步性,但感官欲望毕竟只是人格层次中较低级的层次。进入15世纪下半叶后,伴随个体主义的发展,新一代人文主义作家逐渐感觉到,单纯地讴歌人的本能欲望和展示个性要求,是对人本身缺乏深入认识的反映。他们认为,既然人可以通过自己的理性和才能创造出从未有过的奇迹,那么,只有把人的巨人风采和理性力量展现出来,才能更清楚地反映人在世界中的地位,才能真正理解人的价值和尊严。所以，描绘巨人的形象、展示巨人的思想和行动就渐渐成为第二个时期人文主义文学的主导趋势。代表作家和作品为法国作家拉伯雷的《巨人传》，这部作品刻画了巨人家族的三代人，他们都精力充沛、热爱知识、天性自由、充满开拓精神，代表了文艺复兴时期人文传统的高级形态。

第三个时期是16世纪下半叶到17世纪初，这是人文主义文学发展的晚期。此时，文学主要展现人对于自身内在复杂性的反省，主要成就在西班牙与英国。从对人的感官欲望的讴歌到对人的知识理性的张扬，这是文艺复兴人文传统的一大进步。然而，文艺复兴的"巨人"风采体现了人之为人的尊严，使人上升到了宇宙间类神的位置，但是随着"巨人"们阔步向前，"巨人"式的人格理想日益暴露出其复杂性。这种复杂性体现在：人可以凭借自己的知识与理想征服外在世界，但却无法征服自己的内心；"巨人"体现了人对世界的征服，但世界上却无法同时存在两个"巨人"，于是"巨人"对外在世界的征服最终变成了人与人之间的相互斗争和戕害。因此，在这一阶段的人文主义文学中，除前两个时期的讴歌人性和展示巨人风范这两种主题仍然被表现外，对人自身矛盾的关注逐渐成为新的文学主题。进而言之，对由人性的弱点所造成的社会丑恶现象的探讨成为此时文学的基本任务。这种对人自身及人与世界关系的认识，客观上是对人文主义进步性与局限性的反映，但人文传统的局限性又是由人自己发现和揭示的，因此对人的局限性的揭示是文艺复兴人文传统的进一步深化，并且是最深层次的人格展现。代表作家和作品有西班牙作家塞万提斯的《堂吉诃德》与英国作家莎士比亚的四大悲剧，前者展现了人格中的理性特质以及这种理性精神本身的复杂性，后者则完全是凭借"从人的内心中掏出全部不可思议的东西"的透视力量，以文学展示人性的复杂，取得了文艺复兴文学的最高成就。

第三节 文艺复兴时期作家与作品（一）：薄伽丘《十日谈》、拉伯雷《巨人传》与塞万提斯《堂吉诃德》

一、薄伽丘的《十日谈》

薄伽丘，1313年出生于佛罗伦萨的契塔尔多，父亲是佛罗伦萨的一名成功商人，母亲是法国人。幼年时生母去世，随父亲来到佛罗伦萨。不久，父亲再婚，他在严父和后母的冷酷对待中度过了童年。薄伽丘的父亲希望他能学习如何经商，将他送到了那波利，但薄伽丘对此毫无兴趣，父亲又让他学习法律与宗教法规，薄伽丘对此同样没有热情。他对文学情有独钟，通过自学掌握了大量知识。在那波利的生活使他体验了城市市民和商人的生活，后来他据此写出了《十日谈》。后来，因为父亲的经济状况恶化，他不得不结束悠闲的学习生活，回到佛罗伦萨。在佛罗伦萨尖锐激烈的斗争中，他始终坚定地站在共和政府一边，反对封建贵族势力。他参加了行会，曾担任管理财务的职务，多次受共和政府的委托，作为特使去意大利其他城邦和教廷执行外交任务。1350年，薄伽丘与彼特拉克相识并结为朋友，在彼特拉克的引领下，薄伽丘开始研究古典文学，之后成为博学的人文主义者。1374年，契友彼特拉克的逝世，给他的精神造成了很大的打击。1375年，薄伽丘在契塔尔多逝世。

薄伽丘作品众多，《十日谈》是其代表作。作者在《十日谈》的开头交代了创作背景。1348年，一场可怕的瘟疫席卷欧洲，死尸遍地，生灵涂炭。面对大瘟疫，人们产生了不同的应对态度：有些人清心寡欲，将自己关起来，虔心祷告，但最后仍不免一死；有些人则完全相反，认为纵情欢乐、豪饮狂歌，尽量满足自己的一切欲望，什么都一笑置之，才是对付瘟疫的有效办法，不过结局仍然是一死。《十日谈》讲，在这场浩劫中，有十个青年男女侥幸活了下来，他们相约一起逃出城外，来到了小山上的一栋别墅。别墅修建得非常漂亮，有草坪花坛、清泉流水，室内各处收拾得洁净雅致。十个青年男女就在这赏心悦目的别墅里住了下来，除唱歌跳舞之外，每人每天讲一个故事作为消遣。他们住了十天，讲了一百个故事，就是《十日谈》。

《十日谈》包含三个方面的内容。

第一，批判天主教的腐化堕落及其荒谬，这一类故事在书中占的分量最大。

中世纪社会中，天主教与封建保守势力相结合，它们是导致中世纪黑暗的主要要素，《十日谈》对此进行了深入、机智的批判。如书中第一天第一个故事"恶棍夏泼莱托成为圣人"中，地方恶棍夏泼莱托将要病死他乡，为了能体面地死去，他让人叫来了当地神父以进行死前忏悔，他用表面忏悔实则自夸的诡计，让神父上了当，最后在神父的主持下，这个恶棍死后竟成了圣人。再如第一天第二个故事"亚伯拉罕改信天主教"中，亚伯拉罕经常被朋友劝说皈依宗教，他磨不过，要去罗马考察一番再做打算。他从罗马回来后积极要求皈依，他的朋友以为是宗教的神圣打动了他，而他则说："我看到的天主教烂透了，但它能屹立至今，说明还是有神明保佑它的，冲着这个我才入教的。"亚伯拉罕把入教当成了做买卖，这其实是当时的普遍情形。

第二，宣扬了作者进步的宗教观念。

与对天主教荒谬腐化的批判呼应，薄伽丘在《十日谈》中宣扬了进步的宗教观。比如第一天第三个故事"三枚戒指的故事"中，一个犹太哲人遭遇君王的威逼，要在犹太教、基督教和伊斯兰教中判定谁是正统宗教，这个哲人于是讲了"三枚戒指的故事"：有个特别富有的人，在他所有的财宝中最珍贵的是一枚戒指，于是他把它挑出来当作传家宝，规定以后只有拥有这枚戒指的人才能继承世世代代传下去的财产。经过了若干代，戒指传到了一个人手里，但是这个人有三个优秀的儿子，于是这个人在临终之前，派人打造了两枚与这枚戒指一模一样的戒指，私下里给了三个儿子，让他们一人一个，于是三个儿子不知道谁是真正的财产继承人。作品最后总结说："天父赐予三种民族三种信仰的情况跟这一样。你问我哪一种才算正宗，大家都以为自己的信仰才算正宗。他们全都以为自己才是天父的继承人，各自抬出自己的教义和戒律来,以为这才是真正的教义、真正的戒律。"①这种多元宗教观是对天主教宗教独裁的抗击。

第三,赞美人天生的情感、欲望。

《十日谈》对人天生的情感、欲望赞扬有加。比如作品中最优美的一个故事——"绮思梦达的故事"就很好地说明了这一点。国王唐克烈的女儿绮思梦达早早出嫁,但很不幸,丈夫过早去世,绮思梦达也在青春年少时成了寡妇。她抵抗不住爱情的力量,决心要给自己找个如意郎君。但她的父亲对她看管得很严,她难得出门一步,但她最后看上了纪斯卡多。一对有情人互相猜中了对方的心思,背着国王成了情人。但事情很快被唐克烈发现,他把纪斯卡多叫到跟前,指责他勾引自己的女儿、辱没了自己,然后杀死了纪斯卡多,并将他的心放在银杯里送到女儿跟前,让她断了再嫁的心思。绮思梦达看到自己情人的心,悲痛欲绝,对父亲的残暴大声控诉,最后将毒药倒在了银杯中,混合着情人的鲜血喝了下去。

绮思梦达的控诉可被看作文艺复兴初期的"爱情宣言",她说:"我是你生养的,是个血肉之躯,在这世界上又没度过多少年头,还很年轻,那么怎怪得我春情荡漾呢?况且我已结过婚,尝到过其中的滋味,这种欲念就格外迫切了。我按捺不住这片青春烈火,我年轻,又是个女人,我情不自禁,私下爱上了一个男人。我凭着热情冲动,做出这事来,但是我也曾费尽心机,免得你我蒙受耻辱。多情的爱神和好心的命运,指点了我一条外人不知道的秘密的通路,好让我如愿以偿。这回事,不管是你自己发现的也罢,还是别人报告你的也罢,我决不否认。"②

二、法国的民族与文化复兴

拉伯雷是文艺复兴时期的法国作家,拉伯雷的创作同法国的民族与文化复兴密切相关。

---

① 薄伽丘.十日谈[M].方平,王科一,译.上海:上海译文出版社,2004:35.
② 薄伽丘.十日谈[M].方平,王科一,译.上海:上海译文出版社,2004:35.

拉伯雷生于1495年，此时法国正处于从文明谷底向巅峰奋进的过程中。14—15世纪，法国深陷战争、瘟疫与动乱中，在1337—1453年的英法"百年战争"中，法国因其无效的骑士团战术，屡屡遭败。法国遭受了严重的摧残，尤其是在法国西部，人口锐减，土地荒芜，巴黎几乎沦为一座废都，时常有野狼出没。蔓延在欧洲的黑死病，夺去了法国三分之一的人口。由于连年的战争和不安全因素，法国经济受到很大的冲击，意大利商人开始避开陆路，远离法国城市。社会动荡，法国将军迪·盖斯克兰在农村实行"焦土政策"；在城市里，屠夫们组成"打手队"，野蛮屠杀异己，他们占领王宫、打开监狱，把杀人犯和抢劫犯都放了出来。

15世纪中后期，整个法国处在国家与民族灭亡的边缘，圣女贞德给法国带来了复兴的希望。贞德本身是一个身份卑微的修女，她因为成功预言了一次英法战争而得到了当权者的支持。所有法国被占领区的人民都拥护这位圣女，整个国家的民族感情在特别的情势之下聚合起来。虽然贞德领导的民族复兴运动由于勃艮第派的阴谋失败了，贞德也被英国人施以火刑烧死，但被贞德精神感染的民族感情已经不可遏制地充分燃烧起来，并且从战争领域转向精神创造领域。1430年，被称为"国土的聚合者"的路易十一结束百年战争，统一法国。他推动了贵族与资产阶级的联姻，成功地解决了当时法国社会的主要矛盾。

在文化上，以阿尔卑斯山为界，南部的意大利文艺复兴文化已高度发达，吸引着北部文化相对粗野的法国领主们，使他们"想入非非"。出于对意大利文化的倾慕，法国领主对意大利进行了长达半个多世纪的"探险"，意大利的文艺复兴运动传到法国。法国那些有权有势者效仿意大利，设立了文化庇护制度；他们请人翻译古代思想家的作品，成了文学艺术的保护者；他们把"人文学者"聚集在一起，出钱资助他们。红衣主教让·迪贝莱就是拉伯雷的保护者。

三、"七星诗社"

法国文学的复兴，首先是因为法国民族与文化的复兴。此时，除拉伯雷的文学创作外,以开明贵族为主要成员的"七星诗社"的文学创作同样值得关注。他们主张实行语言改革以实现法兰西语言的统一,并在此基础上进一步提出以规范的"亚历山大诗体"进行法语民族诗歌创作的设想。他们保卫和发扬法兰西语言、发展法语诗歌理论,在诗歌创作实践等方面作出了不可磨灭的贡献,并为后来的古典主义文学、浪漫主义诗歌奠定了必要的基础。

"七星诗社"的代表人物是龙萨(Ronsard,1524—1585年),他的文学创作具有浓重的贵族倾向。他肯定生活,歌颂自然和爱情,反对禁欲主义,追求民族诗歌风格的建立,作品风格典雅,但他轻视民间文学和民间语言。

以龙萨的诗作《当你老了》(When You Are Old)为例:"当你老了,黄昏时点燃蜡烛,/在炉火旁纺着羊毛,/读起我的诗篇,哀哀叹道:/'我年轻时他曾写诗赞美我。'/你那些在绣凳上劳碌的女仆昏然欲睡,/听到这声音/无一不被惊醒,惊羡你曾有幸/受到这样的赞美,在赞美中得到永恒。/我将是大地之下纤弱微渺的幽魂,/摆脱了苦痛,静静地在桃金娘的树荫下长眠,/而你,也会是炉边一个佝偻的老妇,/懊悔着你竟骄傲地蔑视我的爱。/谁能说出明天会是何种光景?/生活吧,趁今朝赶紧采下那世俗的玫瑰。"①

这首诗设想了一个有趣的场景:"我"向自己的意中人表达爱意,担心被拒绝,于是巧妙地告诉她:"我"注定会扬名天下,你现在接受"我"的爱,将来会是一种荣耀。然后从另一个角度继续劝告:人生苦短,我们都会死去、老去,到时都会后悔不迭。最后,用一个比喻来结束自己的"忠告":"生活吧,趁今朝赶紧采下那世俗的玫瑰。"全诗肯定现实爱情,写的是青年人之间的炽热恋情,委婉曲折,设喻隽永,体现了浓厚的文人气息。

除龙萨外,"七星诗社"还有迪·贝雷、若代尔、贝罗、巴依夫、蒂亚尔和多拉等六个诗人。"七星诗社"在当时有较高的声望,这与该诗社的领袖龙萨的社会地位分不开。他出身于贵族,从十岁起就在王宫中陪伴王子们,后来随从王室出使,去过英格兰、苏格兰、丹麦、德国和意大利。他一生为宫廷效力,是一个典型的宫廷诗人。但是,"七星诗社",特别是龙萨的诗作,在17世纪初遭到了另

---

① 徐翰林.最美的诗歌[M].北京:中国对外翻译出版公司,2006:26.

一个宫廷诗人——"波旁王朝的官方诗人"弗朗索瓦·德·马莱尔布的全盘否定。两百年之后,直到19世纪,法国作家兼文学评论家夏尔-奥古斯坦·德·圣勃夫,在他的著作《十六世纪法国诗歌和法国戏剧概貌》(1828)一书中,才为"七星诗社"的诗人们,特别是龙萨,恢复了名誉。

四、拉伯雷的《巨人传》

拉伯雷是文艺复兴时期法国最杰出的作家之一。他出生在法国一个富裕家庭,早年曾是一名修道士,但他热爱古希腊文化。后来,他放弃神父职位而改为学医,当年就获得了医学学士学位。1532年,他在行医的同时,写作并出版了巨著《巨人传》的第二部;1534年,出版了《巨人传》的第一部。随后,一直到1564年,《巨人传》五部才全部出齐。拉伯雷本身就是一个"巨人"式的人物,他通晓天文、地理、数学、哲学、医学、音乐、生物、建筑等。拉伯雷说自己的作品就是"要伺候施工,替石工烧火做饭",有鲜明的民间文学倾向。1553年拉伯雷在巴黎去世,临终时,他笑着对众人说:"拉幕吧,戏做完了。"

《巨人传》的创作深受荷兰作家伊拉斯谟《愚蠢颂》的启发。《愚蠢颂》通过一个叫"愚蠢"的女人的独白揭示了中世纪僧侣们的愚蠢,作品体现着浓厚的民间特征,风格大胆泼辣,狂欢意味十足。《巨人传》取材于民间故事《高长硕大巨人卡刚都亚大事记》以及海鬼庞大固埃的故事。

《巨人传》讲述了巨人家族三代人——高朗古杰、高康大以及庞大固埃的故事。作品第一部讲了第二代巨人高康大的出生、成长以及他在巴黎的旅行;第二部讲了高康大的儿子庞大固埃的成长;第三部讲了庞大固埃和巴汝奇、若望修士一起出发去寻找知识的源泉——"神瓶"的故事;第四、五部则是写他们在寻宝途中的种种冒险。

《巨人传》的风格奇特,其中最奇特的还是巨人家族的形象。作品开始部分写了高康大的出生:高朗古杰的妻子嘉佳美丽因为吃了十六木宜(一木宜等于十八公担,一公担约合一百公斤)再加两桶零六大盆牛肠而生下了高康大。高康大食量惊人,他在婴儿时,就需要一万七千九百一十三头包提邑和泊来蒙的奶牛。在高康大一岁左右时,他的着装尺寸也惊人无比。从高康大伟岸的身材可以推知,他的家族中的其他人也是高大无比的。

《巨人传》中巨人家族的形象之"巨"虽然惊世骇俗,但作品并非仅仅写他们的高大身形,而是以外在的高大身形来写内在的伟岸人格。意义较大则体积较大,这是典型的民间思维,拉伯雷运用民间思维构造了巨人家族形象。

《巨人传》中巨人们的伟岸人格体现在以下三个方面。

第一,巨人们有丰富的知识和深厚的文化修养。

作品中,巨人们食量惊人,天生快活,但他们并非酒囊饭袋,而是有着丰富的知识与深厚的文化修养的人。比如作品中的巨人们会认真探讨"白色为什么会使人快乐"这个问题:"你们如果问,我们怎么能从白色上体会到喜悦和快慰?我这样回答你们,这是经过类推和统一的结果。因为,白色可以从外部分解我们的视线,离散我们的视觉,亚里士多德在《疑问篇》里和其他研究光学的学者们都是这样的意见(你们自己从实际经验里也可以看出来,如果你们从雪山上经过,就会感觉到眼睛看不清楚;克赛诺芬记载说他的部下就遇到过同样的情形;迦列恩在《人体各部功用》第十卷里也有论述)。人的心脏也是如此,一遇到强烈的喜乐,内部便会扩张分解,如果欢乐加剧,心脏便会失去控制的力量,从而因过分喜乐而丧失生命。"①但作品中这种严肃正经的探讨并不多见,更多是诸如"用什么擦屁股最舒服"之类的荒唐问题,但《巨人传》的魅力正在于,对于这些看似荒唐无稽的问题,巨人们却能通过严密的逻辑推理得出令人惊叹的答案。

《巨人传》还以荒诞不经的事例来展现巨人们的求知精神,比如:"高康大回答说:'我经过长时间、细心的试验,发现了一种最高贵、最完善、最方便、从未有人见过的擦屁股方法。''是哪一种方法?'高朗古杰问。高康大说:'我马上就告诉你。有一次我拿一位宫女的丝绒护面擦屁股,觉得很好,因为丝绒柔软,使我的肛门非常舒服;还有一次,用了她们的帽子,也同样舒服;另外有一次,用的是一条围脖;还有一次,用的是紫红色缎子的耳帽,但是那上边的一大堆粪球似的

---

① 拉伯雷.巨人传[M].成钰亭,译.上海:上海译文出版社,2003:50.

金饰件把我的整个屁股都刮破了,巴不得让圣安东尼的神火使造首饰的银匠和戴首饰的宫女的大肠都烂掉!后来,我用了一个侍从的插着羽毛的、瑞士卫士式的帽子擦屁股,才止住了疼痛。还有一次,我在一丛小树后面大便,看见一只三月猫,我拿它擦了屁股,没想到它的爪子把我的会阴部分抓了个稀烂。第二天,我用我母亲熏过安息香的手套擦屁股,才算治好。从此,我擦屁股用过丹参、茴香、莳萝、牛膝草、玫瑰花、葫芦叶、白菜、萝卜、葡萄藤、葵花、玄参(花托是珠红色的)、莴苣、菠菜——用过这些之后,腿部都觉着很好!——还用过火焰菜、辣蓼、苎麻、止血,但是用这些,我却得上了隆巴底亚的痢疾病,我用我自己的裤裆擦屁股,才把它治好。此后,我擦屁股用过床单、被子、窗帘、坐垫、地毯、绿毡、台布、毛巾、手帕、浴衣。这些,我觉着比长了疥癣叫人搔痒还舒服。'"①这段荒诞不经的对话,体现出的是巨人们对现实世界充满好奇、不断探索的精神。

第二,巨人们充满生命活力。

与中世纪禁欲自闭的苍白人格相比,《巨人传》中的巨人们活力十足。第二代巨人高康大一生下来不是哭泣,而是大声叫喊着"喝","喝"就是喝酒。在第五部中,庞大固埃和他的伙伴们最终找到了蕴藏人生奥秘的宝瓶,宝瓶教给他们的人生奥义也是"喝":"因为 Trinch 这个字全世界通用,到处有名,谁都听得懂,它的意思是'喝'……我们说,不是笑,而是喝,才是人类的本能。不过,我所说的不是简单的、单纯的喝,因为任何动物都会喝,我说的是喝爽口的美酒。朋友们,请你们记好,酒能使人清醒,没有比这个更靠得住的论断了,也没有比这更真实的预言了。你们自己的学者就足以证明,他们给酒这个字寻找字源的时候说,酒,希腊文叫作 via,和拉丁文的 vis(力量,能耐)颇多相似,因为它有能力使人的灵魂充满真理、知识和学问。"②人们喜欢畅饮美酒,因为酒能使人释放自己的生命活力,使人真正获得俗世的快乐与力量,这就是巨人们的生命活力所在。

第三,巨人们以"随心所欲,各行其是"为人生信条。

---

① 拉伯雷.巨人传[M].成钰亭,译.上海:上海译文出版社,2003:401.
② 拉伯雷.巨人传[M].成钰亭,译.上海:上海译文出版社,2003:821.

《巨人传》针对中世纪修道院的严苛冷酷,构想了一所理想中的修道院,它叫作美廉美修道院。在这所修道院中,唯一要遵守的规则就是"随心所欲,各行其是"。这是作品中巨人们的自由信条,也正是出于对自由的完全信奉,巨人们散发出了特异的人格魅力,比如写高康大小时候:"他一天到晚在泥坑里打滚,在鼻子上抹黑,在脸上乱画,趿拉着鞋,经常捉苍蝇,或是追捕他父亲管辖的国土上的蝴蝶。他在鞋上小便,在内衣里大便,用袖子擤鼻涕,让鼻涕流在汤里,到处弄得一团脏,用拖鞋喝酒,用筐子蹭肚皮,用木鞋磨牙,在菜汤里洗手,用碗梳头,样样东西都要,什么也拿不住,看不见自己的差错,吃着菜汤要喝酒,无中生有,吃着东西笑,笑着吃东西,在募捐盘里吐唾沫,在油里放屁,朝着太阳撒尿,藏在水里躲雨,耽误时间,想入非非……"①作品写出了完全照着自己的天性生活的文艺复兴人格。

五、《巨人传》与《庄子》

《巨人传》刻画了具有伟岸人格的巨人形象,这些巨人知识丰富、生命力旺盛、信奉自由,他们昂首阔步走在欧洲大地之上,与中世纪禁欲、苍白的人格形成了鲜明对比。

《巨人传》表现了一种因人格伟岸而产生的境界,它与中国《庄子》中的理想人格境界极其相似。《庄子·逍遥游》的开篇即以鲲鹏做喻刻画了这种人格境界:"北冥有鱼,其名为鲲。鲲之大,不知其几千里也。化而为鸟,其名为鹏。鹏之背,不知其几千里也。怒而飞,其翼若垂天之云。是鸟也,海运则将徙于南冥。南冥者,天池也……"②这种遨游于天地间的精神的内核正是绝对的自由,这与《巨人传》在实质上是相通的。

《巨人传》与《庄子》在人格境界上具有相通性,主要是因为两者创作的时代背景相似:《巨人传》创作于从中世纪禁欲时代向文艺复兴时期过渡的阶段,《庄子》则是创作于中国的战国时代,其时礼崩乐坏,现实纲纪逐渐失去约束意义,人的自由开始呈现。

---

① 拉伯雷.巨人传[M].成钰亭,译.上海:上海译文出版社,2003:40.
② 庄子.庄子[M].孙通海,编译.北京:中华书局,2007:1.

六、塞万提斯的《堂吉诃德》

塞万提斯,1547年出生于西班牙马德里附近的安卡拉·德·海奈尔斯,父亲是巡回药剂师兼医生。1568年,塞万提斯从马德里一所艺术学校肄业,之后以红衣主教干事的身份移居罗马,但被西班牙驻扎在意大利的军队招募,并于1571年参加了著名的雷邦多海战,表现英勇,但左臂留下了终身残疾。1574年,塞万提斯带着战功退役并从意大利返回西班牙时,被海盗俘获,他不甘被俘,先后组织了四次越狱但都未成功,最后还是被亲属赎回国。1580年,塞万提斯以民族英雄的身份回到了西班牙,但他发现已经没有多少人记得他这个英雄了,他只获得了官方委任的小官职。从此之后,塞万提斯全身心投入创作,但此时生活中的麻烦不断,他的生活极度窘迫,但他仍坚持创作。1605年,在经历了诸多厄难后,他的《奇情异想的绅士堂吉诃德·台·拉曼却》第一部出版,他的生活才有转机。1614年,塞万提斯在《堂吉诃德》小说第一部写出将近十年之时,发现了模仿其《堂吉诃德》来写续本的伪作,他决定奋起抗击。1616年,他写出了《堂吉诃德》的第二部,再获赞誉。1616年,塞万提斯因病在马德里的家中逝世。塞万提斯的一生,其实就是一个"骑士"的一生,他追求人生的辉煌与荣耀,并不惜为之献身,但他所珍视的辉煌与荣誉却在现实中被大众抛弃,这决定了塞万提斯的悲剧,但他始终未放弃自己的梦想。《堂吉诃德》其实是塞万提斯自己的半个传记,表现了他对人生理想精神的赞颂。

《堂吉诃德》的故事,以堂吉诃德的三次出游为线索。隐居乡下的乡绅堂吉诃德酷爱骑士小说,有一天他突发奇想,要像古代的骑士一样行侠于天下。他凑了一套行装,只身上路,开始了第一次出游。此次出游中,他解救牧童却使牧童遭殃更甚,冲击商队却被痛打一顿。第二次,他成功地说服了同乡农民、爱贪小便宜的桑丘·潘沙做他的随从,这次他们的经历最丰富,一路上惹出了许多令人啼笑皆非的荒唐事,最后还是被人打倒、装在竹笼里抬回了家。第三次出游,堂吉诃德和桑丘·潘沙遇到了一对要捉弄他们的总督夫妇,其假意答应给他们一座海岛让他们治理,到最后,堂吉诃德才幡然醒悟,认识到骑士小说那一套都是害人的把戏。在临死之际,他让人把满屋子的骑士小说烧了个精光。

《堂吉诃德》在欧洲文艺复兴文学传统中具有重要意义。如果将欧洲文艺复兴文学传统比喻为一个人的话,那么薄伽丘的《十日谈》是这个人的"脚",因为《十日谈》中人文主义的主要内涵是对人的感性欲望的肯定、张扬;拉伯雷的《巨人传》是这个人的"心",因为《巨人传》中的人文主义内涵是对人的知识理性的肯定、张扬;而塞万提斯的《堂吉诃德》则可以被看作这个人的"头",因为在《堂吉诃德》中,塞万提斯揭示了人的精神世界中最高贵的一面——人的理想精神。

人的理想精神与其他人格层次的区别在于,它是指人能够超越现实本身而去追求人生中的更高境界。《堂吉诃德》中那位可笑的莽骑士表面上疯疯癫癫,但他身上有最可贵的品质,那就是他有理想精神。

可从表层与深层两个层次上理解堂吉诃德这一人物。

从表层上看,堂吉诃德就是一个疯疯癫癫的小丑式人物。作品中的堂吉诃德笑料十足,他突然决定要行侠于天下,马匹、铠甲、武器都是凑的,即便如此,他还物色了邻村的一个牧猪女做自己的意中人,其实人家并不知道。他在路上将风车当成了魔鬼,冲上前去,结果从半空摔下来,差点儿摔死;在客店中,他自作多情、胡作非为,结果被人痛打一顿,赶了出来。他一路上闹出了数不清的笑话,这使得这部作品在当时只是被人们当作通俗读物。

从深层上看,堂吉诃德身上体现着纯粹的理想精神。在作品中,当堂吉诃德和他的仆人桑丘·潘沙又一次因为自以为是倒了大霉的时候,桑丘·潘沙对堂吉诃德大发牢骚,认为他说的一切"全是撒谎,是空话连篇,或者说连篇空话",堂吉诃德这样回答他的仆人:"你听着,桑丘,我也照你刚才的口气告诉你吧,你是古今以来全天下最没见识的侍从。真没法子!你跟着我这么久了,怎么就没有发现游侠骑士的事情都是荒诞、愚蠢、离谱和反着个儿的呢?倒也并非事情本来如此,而是总有一帮魔法师在跟我们搞鬼;把我们的事情搅乱,随意变幻,全凭他们是想帮我们还是想跟我们捣蛋。"①事情原本不是这样的,是魔法师将周围的一切都改变了模样,我们有责任还其本来面目,这就是堂吉诃德的信仰。

从局外人的角度看,堂吉诃德的这种信仰十分可笑。他连基本的理性常识都没有,怎么可能有真正的信仰？但信仰的实质不是理性地认识世界,而是人们对现实本身的超越性体验。对清醒的局外人来说,旋转的风车绝对不是魔鬼,但对堂吉诃德而言,当他认为风车是魔鬼时,他能勇敢地冲上去,这就意味着,当堂吉诃德在现实生活中遇到真正的魔鬼时也能勇敢地冲上去,一般人却不一定能够做到这一点,这就是真正的理想精神与现实理性之间的区别。因此,《堂吉诃德》在荒唐可笑的表面下,其实包含着严肃、崇高的关于人的问题。

俄国作家陀思妥耶夫斯基曾就《堂吉诃德》说过这样一段话:"到了地球的尽头,(上帝)问人们:'你们可明白了你们在地球上的生活？你们该怎样总结这一生活呢？'那时,人们便可以默默地把《堂吉诃德》递过去,说:'这就是我给生活做的总结。你难道能因为这个而责备我吗？'"这段话的意思是说,人类正是借助《堂吉诃德》中所描绘的这种理想精神而具有了作为人的高贵素质。理想精神,正是人之为人的关键。

在此意义上,我们可以把堂吉诃德和《圣经》中的耶稣进行比较。按照历史记载,耶稣在众弟子和信徒的掩护下完全可以逃跑,但他却选择了舍生取义。耶稣的献身是出于对天父的信仰,而天父是没有实体的,因此,耶稣其实是人类历史上第一个为自己的理想献身的人。堂吉诃德与耶稣有很多相似之处:对堂吉诃德而言,他所信以为真的世界,其实是无形的;不仅如此,堂吉诃德可以为自己相信的世界勇敢献身,即使身败名裂也不退缩。因此,这个"不可见的世界"不能说是堂吉诃德的幻觉,而是他的理性高度发展、超越现实的世界而产生的"理想",这一点与耶稣的信仰是一致的。

---

① 塞万提斯.堂吉诃德(上)[M].张广森,译.上海:上海译文出版社,2010:185.

第四节　文艺复兴时期作家与作品（二）：莎士比亚与四大悲剧

一、英国的民族复兴与伦敦城

英法"百年战争"不仅拖垮了法国，也对英国造成了巨大的打击。"百年战争"结束后，英国的战争仍在继续，这就是在"百年战争"后又持续了三十年的"玫瑰战争"。"玫瑰战争"是发生在英国两大封建家族之间的战争，两大家族的族徽分别是红玫瑰与白玫瑰，这场战争便因此得名。"玫瑰战争"为英国带来了更加深重的灾难，但也产生了积极的客观历史效果。正如马克思所说："英国由于'玫瑰战争'消灭了上层贵族而统一起来了。""玫瑰战争"使得封建势力相互内耗而为国家与民族进步提供了可能。

英国的民族复兴，是多种历史因素综合作用的结果，女王伊丽莎白一世的统治是英国民族复兴的直接原因。伊丽莎白一世是都铎王朝第二代君主亨利八世的女儿。亨利八世是英国历代皇帝中难得的开明君主，他本人对文化非常热爱，公开支持文化活动、庇护文化名人，使英国产生了浓厚的文化氛围。伊丽莎白一世是亨利八世第二任妻子生下的女儿，有同父异母的姐姐玛丽与弟弟爱德华。在三姐弟中，爱德华是命定的王位继承人，但爱德华却在即位后不久病重而死，玛丽成了新任国王。玛丽上台之后，就以参与叛乱的罪名，将伊丽莎白一世囚禁到伦敦塔中。在玛丽女王病死后，伊丽莎白一世才被赦免并成了新任女王。

伊丽莎白一世是英国历史上最伟大的君王之一，她的统治手段非常高明，她利用社会戏剧的方式将民众牢牢地吸引在自己周围。伊丽莎白一世在位期间，热衷于举行皇室游行，小到伦敦城内的游行大到全国性游行，几乎每天都有游行活动。这些游行活动往往阵容煊赫，同时伴有丰富的演戏活动，成了流动的舞台，而在这个舞台的中央是年轻美丽的伊丽莎白一世。这个舞台搭建在城市、乡间，使人们能够亲眼看见女王的容仪，自然而然地产生对王权的畏服感。

伊丽莎白一世凭借"服人以心"的统治策略，建立了牢固的权威。伊丽莎白一世通过王室游行的方式来树立权威，同时使社会上产生了一种戏剧氛围，人人都是演员，人人都是观众，这为英国戏剧登上世界之巅准备了土壤，伟大的莎士比亚就诞生在这片土地上。

伊丽莎白一世治下的英国充满了戏剧氛围，而伦敦则是全英国的剧院。伦敦约在公元43年成为人类定居点，至今已有约两千年的历史。从12世纪以后，伦敦飞速发展，出现了大批建筑物，一个伟大的城市在泰晤士河畔逐渐成形。伊丽莎白一世在位期间，伦敦的繁盛达到了新的高度，人口在10万以上。各色人等纷至沓来，不同宗教信仰、社会阶层与文化背景的人生活在伦敦，相互冲突与争夺，造就了伦敦的城市生活。当时的伦敦市政建设几乎是一片空白，尤其缺乏消防设施，因此频发的火灾为原本混乱的城市生活添上了一层令人恐惧的阴影。这一切加上频繁的王室游行，使伊丽莎白一世在位时期的伦敦成了人生大舞台：昨天你还春风得意，今天你就堕为尘埃。这种祸福无常的人生体验，是伦敦所赐，并成了英国文艺复兴文学中的核心体验，而莎士比亚正是在对这种人生体验的把握中产生了对于人的全新认识，这使其作品达到了欧洲文艺复兴文学的最高点。

虽说伊丽莎白一世在位时期有着森严的等级，但当时的行会制度促进了社会的流动。行会师傅会收各个阶层的年轻男子为学徒；通过订立契约，伦敦贵族、商人和农民之子都有可能跟着师傅学习技艺。绅士阶层的次子有时也会和商人的女儿联姻，从而获得财产。一位匿名作家在他的《为伦敦辩护》中认为伦敦是强有力的臂膀和器械，能把强大的欲望变为现实。这座城市似乎在告诉民众：所有人都是平等的，下层的人可以通过努力走向上层。与此同时，伦敦被大量移民"填满"，如从郊区到城镇的学徒，失去土地、背井离乡的农民，因法国和低地国家的战争而流落到伦敦的人。

社会的流动导致了秩序危机，莎士比亚的作品表现的就是这种流动性与不稳定性。如《仲夏夜之梦》中，精灵帕克来到人间与恋人们搞恶作剧，匠人波顿也能自由穿越仙界，与仙后谈一场跨界恋爱；又如《驯悍记》中的无赖斯赖，他扮演着贵族的角色欣赏着戏中戏。在当时的伦敦,表演无处不在:人们可以在狗熊花园(Bear's Garden)看斗熊比赛,可以去骑士比武场看击剑,甚至公开的刑罚也成为一种表演。所有的观看都可以变成一种景观,观看表演的伦敦人也不自觉地生活在戏中,充当着观众的角色。

在伦敦城里,教会、行会、皇室都会定期举办各种游行庆典。对于伦敦人而言,最大的庆典活动是每年10月份的市长游行表演。作为行会的成员,市长和他所在的行会要一起承办这一庆典。因为竞争,行会会在游行布展上大费心思。说到底,整个伦敦都是女王伊丽莎白一世的大舞台。

生活在伦敦大舞台上的伦敦人同时活在两个世界中:一个是表演化的、梦幻的伦敦,一个是底层的、现实的伦敦。现实的动荡催生了流动性表演,同时人们又通过表演逃避现实的苦难,而后者正合统治阶级的胃口。由此,流动与表演互相渗透、互相构建。而当作为表演聚集地的剧场企图把流动的表演固定时,必然会遭遇来自流动性的冲击。

二、英国文艺复兴的文学历程与"大学才子派"

莎士比亚的作品可谓英国文艺复兴文学发展的最高成就。英国文艺复兴文学的发展经历了三个阶段。

14世纪时,英国已经出现了人文主义文学的曙光,代表是乔叟的《坎特伯雷故事集》。乔叟被称为"英国诗歌之父",英国文学史研究者常常把14世纪称为"乔叟世纪"。乔叟奠定了英国文学语言的基础,首创了英国"双韵体"诗。《坎特伯雷故事集》和《十日谈》一样,采用的也是框架体叙事方式。这两部作品还有一个非常相似的地方,即反抗禁欲,对人们合理欲望进行肯定与赞扬。《坎特伯雷故事集》赞美了女性美,在这部作品的众多故事中,女性的出色表现甚至超过了男性。

15世纪末,英国一批新的人文主义学者登上文坛,他们大多出身于资产阶级,阅历丰富、知识渊博,对社会与人生有着深刻的认知,代表是托马斯·莫尔(Thomas More,1478—1535年)的《乌托邦》(*Utopia*)。托马斯·莫尔1478年生于伦敦的一个富裕家庭,从小就受到了良好的教育。他与当时的政要有着良好的关系,也曾积极参与政治,但在经历若干波折之后,他认为从政并不是最好的解决社会问题的办法。他后来因为拒绝和英王合作,被以叛国罪处死。托马斯·莫尔的《乌托邦》以文学游记的形式构建了一个他理想中的社会,表达了自由平等的先进思想,对后世影响极大。

16世纪中期以后,英国人文主义出现空前的繁荣,大量剧场建成,剧作家众多。这一时期的代表作家和作品是斯宾赛(Spencer,1820—1903年)的《仙后》(*The Faerie Queene*)。《仙后》的主旨是赞美"激烈的战斗和忠贞的爱情"。在作品中,中世纪的亚瑟王梦见一位仙后并爱上了她。这位仙后每年都举办十二天的宴会,来回答人们的各种各样的问题,这构成了作品的十二卷。其实,作品中的仙后,就是隐指伊丽莎白一世,整部作品就是为赞美这位女王而作的。《仙后》体现了浓郁的人文主义特征,具有极高价值。在这一时期,英国有一批人文主义剧作家产生了广泛的文学号召力,他们大多从大学毕业,思想先进、知识丰富,创造了一系列追求权力、追求财富、追求知识的"巨人"形象,他们被人们称为"大学才子派",这批剧作家包括托马斯·洛奇(Lodge Thomas,1558?—1625年)、约翰·黎里(Lyly John,1553—1606年)、乔治·皮尔(Peele George,1558—1596年)、克利斯托弗·马洛(Christopher Marlowe,1564—1593年)、托马斯·基德(Thomas Kyd,1558—1594年)等。

莎士比亚的创作集中于16世纪下半叶,当时正是英国文艺复兴文学的盛期。

三、莎士比亚的生平与创作

莎士比亚,1564年生于英国的斯特拉福镇,家境较富裕。在他两岁时,伊丽莎白一世曾到斯特拉福镇驻跸,年幼的莎士比亚可能曾于此时见过女王一面,之后,英国历史上最伟大的两个人物再也没有晤面。莎士比亚曾在当地文法学校上学,学习过拉丁文,并阅读了一些拉丁文古典名著。在莎士比亚十六岁时,他父亲的生意失利,他被迫辍学帮助父亲,并在不久之后与同乡女子安妮结婚。

婚后的莎士比亚生活窘迫,从事过很多职业。为了谋生,同时也是受了伦敦这座大城市的诱惑,他于1587年来到了伦敦。此时的伦敦,正处于伊丽莎白一世统治下的盛期,戏剧活动如火如荼,整个城市如同一个大舞台。此时的莎士比亚既非名流又非大学毕业,但他却有在伦敦的"戏剧大合唱"中占据一席之地的雄心壮志。莎士比亚初到伦敦时的奋斗缺乏确切记载,但1590年他的《亨利六世》(King Henry Ⅵ)一炮打响,为他带来了盛誉却是确定的事实。自此之后,莎士比亚的创作一帆风顺,他先后写出了37个剧本、2首长诗和150首十四行诗,奠定了自己在英国文艺复兴文学中的王者地位。

莎士比亚的创作可以分为三个时期。

第一个时期(1590—1600年)是莎士比亚的历史剧、喜剧、诗歌创作时期。

这时英国国家强盛,民族意识高涨,莎士比亚感受着这种昂扬向上的情绪,创作出的作品以历史剧、喜剧与诗歌为主,其中包括:10部以英国历史上的君主为主人公的历史剧,如《亨利六世》上、中、下,《理查三世》(The Life and Death of King Richard Ⅲ)等;10部喜剧,如《仲夏夜之梦》(A Midsummer Night's Dream)、《第十二夜》(Twelfth Night, or, What You Will)、《威尼斯商人》(The Merchant of Venice)、《皆大欢喜》(As You Like It)等。莎士比亚此时的作品充满了对现实人间的希望。

第二个时期(1601—1607年)是莎士比亚的悲剧和悲喜剧创作时期。

此时是伊丽莎白一世统治的后期,因为她宠信佞臣,做出了一系列错误的决策,英国开始走下坡路,各种社会矛盾激化。正是在这种冲突与变化中,人性获得了袒露的机会,这为莎士比亚深入观察人提供了契机,此时莎士比亚的创作达到了高峰。莎士比亚此时的创作以悲剧与悲喜剧为主,其中包括10部悲剧、3部悲喜剧。悲剧有四大悲剧——《哈姆雷特》(Hamlet, Prince of Denmark)、《奥赛罗》(Othello, the Moore of Venice)、《麦克白》(The Tragedy of Macbeth)与《李尔王》(King Lear),还有《科利奥兰纳斯》《雅典的泰门》《泰尔亲王配里克里斯》《安东尼与克莉奥佩特拉》等。悲喜剧有《一报还一报》《终成眷属》《特洛伊罗斯与科瑞西达》。

第三个时期(1608—1616年)是莎士比亚的传奇剧创作时期。

这时的英国处于风雨飘摇之中,莎士比亚已功成名就,但也与现实产生了距离。他隐居在斯特拉福镇,退居田园与书斋,以传奇剧的形式表达自己的退隐之意。莎士比亚这时的创作呈现出高远妙逸的风格,主要有4部传奇剧,《暴风雨》(The Tempest)、《辛白林》(Cymbelline, King of Britain)是这一时期的代表作。

1616年4月23日,莎士比亚在写下长达三页的遗嘱后去世。遗嘱中古怪地提到"把我次好的那床给我的妻子"。就在同一天,西班牙作家塞万提斯去世。

四、悲剧《哈姆雷特》分析

《哈姆雷特》《奥赛罗》《李尔王》《麦克白》合称莎士比亚的四大悲剧,也是莎士比亚最为杰出的四部作品,历来为人所传颂。

《哈姆雷特》讲的是王子复仇的故事。在丹麦艾尔西诺的城堡前,守城的卫士接连几次发现一个幽灵匆匆出现,似乎是在寻找什么人。他们将此事报告给了王子哈姆雷特的好友霍拉旭,霍拉旭找到哈姆雷特报告此事。此时哈姆雷特正在自己叔父的宴会上,他神不守舍、若有所思。他的父亲也就是老国王在不久前莫名其妙地死去,他的叔叔克劳狄斯成了新王,并迎娶了自己的嫂子,也就是哈姆雷特的母亲。哈姆雷特看着欢喜的众人,却心事重重。听到霍拉旭报告的鬼魂的事情后,他决心去一探究竟。在同样的时间、同样的地点,鬼魂又出现了,哈姆雷特被鬼魂唤到了僻静无人的地方,鬼魂告诉哈姆雷特"我是你父亲在阴间的鬼魂",鬼魂说他的死亡是一桩阴谋,要求哈姆雷特替他报仇,但并未说明谁是凶手。鬼魂的提示和哈姆雷特的疑虑正好合拍,他怀疑自己的叔父克劳狄斯是凶手,于是他开始装疯试探克劳狄斯,并通过"戏中戏"的形式,即在克劳狄斯面前以演戏的方式复现"弑兄娶嫂"的一幕观察克劳狄斯的反应,他看到克劳狄斯大惊失色。哈姆雷特的试探引起了克劳狄斯的担忧,他决心除掉哈姆雷特,但万幸的是哈姆雷特从海上逃回了丹麦。他一回到丹麦,就遇上了自己的恋人——奥菲利亚的葬礼。原来哈姆雷特为了复仇,冷落了奥菲利亚并误杀了奥菲利亚的父亲,这使奥菲利亚灰心绝望,精神失常,溺死在了郊外的河水中。这时,奥菲利亚的哥哥雷欧提斯在克劳狄斯的挑动之下,决心替自己的父亲和妹妹报仇,哈姆雷特要求和解但遭到了他的拒绝。在决斗中,雷欧提斯涂了毒药的剑刺中了哈姆雷特,哈姆雷特一怒之下凶狠反击,也刺中了雷欧提斯,两人都将死去。临死之际,雷欧提斯告诉哈姆雷特克劳狄斯是一切的主谋,哈姆雷特临死之际奋力将剑投向了仇人,自己也死在了舞台之上。

"有一千个读者就有一千个哈姆雷特",对《哈姆雷特》主题的解读是多元的,下面我们仅从《哈姆雷特》中的人性复杂角度进行表层与深层解读。

从表层看,《哈姆雷特》体现了对个体私欲的抨击。在莎士比亚所处的时代,欧洲的文艺复兴运动日益深化,人性解放与个体自由已达至顶点并开始走向自己的反面:人人都在为表达自己的欲望而奋斗,但因此侵害了其他人合理的欲望。人的欲望一旦过度就会变成有害的私欲,《哈姆雷特》对此进行了淋漓尽致的揭示。

第一,国王克劳狄斯弑兄娶嫂体现了人的权欲。克劳狄斯生来注定不能成为国王,但他不满命运的安排,于是昧着良心杀死了自己的兄长。这从积极的一面而言,体现了文艺复兴传统中个体对自我欲望的肯定,但这种个人欲望却造成了他人的悲剧,因此在根本上是罪恶的。

第二,王后乔特鲁特的再嫁体现了人的情欲。作品中,王后乔特鲁特是一个既可怜又可悲的角色。在自己的丈夫,也就是老国王死后,她为了自己的地位与情欲,很快便委身于新王克劳狄斯。其可怜之处在于,她作为一个女性在男性权力游戏中只能选择依从,但她同时也因为自己的懦弱和情欲丧失了贞洁,最终成了悲剧。

第三,挪威王子福丁布拉斯觊觎丹麦国土体现了人的贪欲。作品中,挪威王子福丁布拉斯对丹麦国土的侵犯构成了整出戏的大背景。福丁布拉斯觊觎他人国土、以国家与民族的名义侵犯他人领土,这是作品在更深层次上对人的欲望之罪的揭示。

第四，王子哈姆雷特为复仇不惜伤害他人，这是作品对人的欲望的最深刻的揭示。在作品中，王子哈姆雷特看上去是无辜的。他平白无故地失去了原本幸福的生活，还要肩负为父报仇的责任，他通常被视为他人欲望的受害者。但是，哈姆雷特并非真的无辜，他在领受了鬼魂的启示后，认定自己的父亲死于阴谋。他为了揭露阴谋、找出真凶，开始装疯、试探，但在复仇时却忽略了他人的感受。他装疯并误杀奥菲利亚的父亲，导致奥菲利亚误会并精神失常，最后溺死；他怀疑克劳狄斯，却迁怒于自己的母亲，并开口大骂母亲；为了复仇，他将只是作为国王工具的自己的两个朋友送上了死途。哈姆雷特在履行复仇使命时，却对他人造成了永久的伤害。强烈地认定自己的复仇使命，其实也是一种欲望，这种欲望同样会造成他人的悲剧，这是《哈姆雷特》对人的欲望的最深刻的揭示。

从深层看，《哈姆雷特》对人的欲望的揭示体现了人的复杂性。《哈姆雷特》揭示了角色的内心私欲，以及个人欲望对他人所造成的伤害。《哈姆雷特》是文学作品，从文学角度来看，作品对不同角色内心私欲的揭示，不仅仅在于谴责，更在于揭示人性的复杂。

作品中哈姆雷特有一段著名的独白："生存还是毁灭，这是一个值得考虑的问题；默然忍受命运的暴虐的毒箭，或是挺身反抗人世的无涯的苦难，通过抗争把它们清扫，这两种行为，哪一种更高贵？死了；睡去了；什么都完了；要是在这一种睡眠之中，我们心头的创痛，以及其他无数血肉之躯所不能避免的打击，都可以从此消失，那正是我们求之不得的结局。死了；睡去了；睡去了也许还会做梦；嗯，阻碍就在这儿：因为当我们摆脱了这一副腐朽的皮囊以后，在那死的睡眠里，究竟将要做些什么梦，那不能不使我们踌躇顾虑。人们甘心久困于患难之中，也就是因为这个缘故；谁愿意忍受人世的鞭挞和讥嘲、压迫者的凌辱、傲慢者的冷眼、被轻蔑的爱情的惨痛、法律的迁延、官吏的横暴和费尽辛勤所换来的得势小人的鄙视，要是他只用一柄小小的刀子，就可以清算自己的一生？"[①]这

---

① 莎士比亚.哈姆莱特[M]//莎士比亚全集：第五卷.朱生豪，译.北京：人民文学出版社，1978：328.

是哈姆雷特在面临巨大人生难题、即将肩负起为父报仇的责任时,心有犹豫地说出的一番话。"生存还是毁灭?这是个问题。"生还是死,为什么成了问题?在面临现实生活中的巨大难题时,万般无奈之下,似乎死亡是唯一的办法。然而,哈姆雷特对这一解决办法却产生了疑问:死亡就像是睡眠,如果是这样的话,谁能保证死后的世界不像睡觉一样噩梦连连? 如果真是这样的话,逃向死亡其实只是换了一种痛苦的方式! 正是出于这种顾虑,哈姆雷特才对看似不是问题的"生与死"产生了"这是个问题"的喟叹。哈姆雷特对生死的顾虑,在根本上是想选择痛苦最少的生存方式,是个体生存欲望的直接表达,但正是在这欲望纠缠中,人性中最复杂的层次被揭示出来。

将《哈姆雷特》与《基督山伯爵复仇记》之类的作品对比,更能够表现它的精彩。《基督山伯爵复仇记》中,"基督山伯爵"遭人陷害入牢,在牢中遇到了一位神奇老人,这个老人教给他知识、剑术,并且告诉他一批神秘财宝所在的位置。"基督山伯爵"出狱后,利用老人教授给他的知识报了仇。《基督山伯爵复仇记》这样的作品的确使人读起来很痛快,阅读感受很好。然而,《哈姆雷特》则与此不同。

在《哈姆雷特》中,关键的情节发生在哈姆雷特与鬼魂相见的时刻。卞之琳的译本是这样的:

> 鬼:我是你父亲的灵魂,
> 　　判定有一个时期要夜游人世,
> 　　白天就只能空肚子受火焰燃烧,
> 　　直到我生前所犯的一切罪孽
> 　　完全烧净了才罢。我不能犯禁,
> 　　不能泄漏我狱中的任何秘密,
> 　　要不然我可以讲讲,轻轻的一句话
> 　　就会直穿你灵府,冻结你热血,
> 　　使你的眼睛,像流星,跳出了眶子,

使你纠结的发髻鬖鬖分开,

使你每一根发丝丝丝直立,

就像发怒的豪猪身上的毛刺。

可是这种永劫的神秘决不可

透露给血肉的耳朵。听啊,听我说!

如果你曾经爱过你亲爱的父亲——①

原文为:

I am thy father's spirit,

Doom'd for a certain term to walk the night,

And for the day confined to fast in fires,

Till the foul crimes done in my days of nature

Are burnt and purged away. But that I am forbid

To tell the secrets of myprison-house,

I could a tale unfold whose lightest word

Would harrow up thy soul, freeze thy young blood,

Make thy two eyes, like stars, start from their spheres,

Thy knotted and combined locks to part

And each particular hair to stand on end,

Like quills upon the fretful porpentine:

But this eternal blazon must not be

To ears of flesh and blood. List, list, O, list!

If thou didst ever thy dear father love—

那么,这个鬼魂是哈姆雷特的父亲吗?作品中写得很清楚,"我是你父亲的

---

① 莎士比亚.莎士比亚悲剧四种[M].卞之琳,译.北京:人民文学出版社,1988:36.

灵魂",因此这个灵魂并不是他的父亲。两者见面的时间是在午夜时分,地点是在城墙上。因此,哈姆雷特不能立即去找"自己的叔父"报仇,而是去"验证鬼魂的话"。在《基督山伯爵复仇记》中,主人公就是立即复仇的。在《哈姆雷特》中,正是不是"行动"而是"验证",才使作品中真正的主角出场了:连哈姆雷特自己都不认识的狂暴、嗜杀的哈姆雷特。

为何说有一个连哈姆雷特自己都不认识的"哈姆雷特"?哈姆雷特在自己母亲的寝宫中大声地辱骂她,因为她背叛了自己的丈夫,但他未曾想过,如果母亲不这么做,可能就要遭遇杀身之祸。他为了验证叔父克劳狄斯是杀父仇人,就装疯,但他并没有将内情告诉自己的情人奥菲利亚。自己的两个朋友在克劳狄斯的逼迫下监视他,他则利用计谋将自己的朋友送上了西天。哈姆雷特有什么理由这样做?因为他认为:自己为父报仇是正义的行为,其他人则是复仇之路上的绊脚石。正是在这种情况下,哈姆雷特开始变得残暴、多疑,一个连他自己都不认识的哈姆雷特跃然而出。

法国著名作家雨果曾经这样评价莎士比亚:"他无时无刻不从中造就出意外情节。他从意识中掏出全部不可思议的东西。在此种心理探索中,难得有诗人超过他。他指明了人类灵魂最奇特的一些特点。在复杂剧情的外表下,他巧妙地透露出形而上学的单纯事实。连自己也不敢承认的事,那始以惧之、终以渴求的朦胧之物,却正是天真少女与杀人犯的联结点,也是他们的心灵不期而遇的汇合处,比如朱丽叶的心灵和麦克白的心灵。少女害怕而又渴望爱情,正如罪犯也这样对待野心。向幽灵送去偷偷的一吻,在前者是心地光明的一吻,在后者则是暗伏凶兆的一吻。"[1]莎士比亚能成为伟大的作家,就在于他能"从意识中掏出全部不可思议的东西",正如在《哈姆雷特》中,哈姆雷特寻找"杀父凶手",却找到了一个自己完全不认识的自己。

《哈姆雷特》中王子哈姆雷特的人物形象内涵,体现在两个方面。

第一,哈姆雷特是人类自信的象征,在这个层次上,哈姆雷特是"快乐王子"。

---

[1] 雨果.莎士比亚传[M].丁世忠,译.北京:团结出版社,2005:134-135.

《哈姆雷特》在戏剧情节中暗藏了一段没有在舞台上演出的故事，即阴谋发生之前的故事，这是通过剧中人物之口说出来的。在哈姆雷特的父亲，即老国王健在的时候，在哈姆雷特眼中，世界上的万物井然有序，而人正是为万物确定秩序的价值源泉，正如哈姆雷特对人的咏赞："人类是一件多么了不得的杰作！多么高贵的理性！多么伟大的力量！多么优美的仪表！多么文雅的举动！在行为上多么像一个天使！在智慧上多么像一个天神！宇宙的精华！万物的灵长！"①在哈姆雷特眼中，人作为"万物的灵长"是自信而乐观的，而他自己身上就体现了这种自信人格：在众人的眼中，他是"朝臣的眼睛、学者的辩舌、军人的利剑、国家所瞩望的一朵娇花；时流的明镜、人伦的雅范、举世瞩目的中心"。

第二，哈姆雷特是人性复杂的象征，在这个层次上，哈姆雷特是"延宕王子"。

在阴谋发生之后，哈姆雷特的父亲死了，取而代之的是在人格、品貌上相差甚远的叔父，他的母亲也急匆匆地脱下葬服换上新装，朋友们为了自己的利益背叛了他。在哈姆雷特眼中，原本秩序井然、美轮美奂的存在，突然变成了一片荒原，正如哈姆雷特自己描述的："仿佛负载万物的大地，这一座美好的框架，只是一个不毛的荒岛；这个覆盖众生的苍穹，这一顶壮丽的帐幕，这个金黄色的火球点缀着的庄严的屋宇，只是一大堆污浊的瘴气的集合。"②美好世界的塌陷，使原本作为"万物灵长"的人再也无法确认自身作为高尚者存在的价值；在人失去了确认自我形象的世界之后，人性显示出复杂、难以捉摸的一面。对哈姆雷特而言，就是他在复仇中的延宕犹豫，这凸显了人在失去自我之后，迷失于现实的生存状况。

在作品中，哈姆雷特的复仇不同于一般意义上的"快意恩仇"，从他领受鬼魂的启示开始，到最后用尽力气投出利剑，杀死克劳狄斯，他的行为表面上是在试探中寻找仇敌，其实实质上是他在追问自己的内心，与其说是"寻找真凶"不

---

① 莎士比亚.哈姆莱特[M]//莎士比亚全集：第五卷.朱生豪，译.北京：人民文学出版社，1978：313-314.
② 莎士比亚.哈姆莱特[M]//莎士比亚全集：第五卷.朱生豪，译.北京：人民文学出版社，1978：313.

如说是"寻找自己",这体现在作品中大段大段的内心独白里。为了寻找"凶手"结果却找出了"自己",这与古希腊悲剧《俄狄浦斯王》的戏剧逻辑很像,也体现出莎士比亚悲剧与古希腊悲剧在人性追问上所获得的相同结论。

五、四大悲剧的悲剧内涵

莎士比亚的四大悲剧是世界文学史上的明珠。在"悲剧性"的创造上,四大悲剧具有共同的特点,即造成悲剧的原因都来自人的内心,与现实无关。

《哈姆雷特》这出悲剧的起因,从表面上看似乎是"父亲被杀",但作品却通过许多细节,使"父亲被杀"这一引发悲剧的客观原因变得非常模糊。比如,在鬼魂提示哈姆雷特的段落,鬼魂并没有说自己就是"哈姆雷特的父亲",而说"我是你父亲的灵魂",因此,是"父亲的灵魂"而非"父亲"向哈姆雷特提出了复仇的要求。这一身份上的差别,加上午夜时分、城墙之上等特殊的时间与空间氛围,使鬼魂说出的"阴谋"变得可疑,这才导致了哈姆雷特要不停地追寻"真凶"。所以"父亲被杀"并不是悲剧发生的真正原因。相反,哈姆雷特打着复仇名义追查真凶所激起的复仇欲望,才是使哈姆雷特一步步走向复仇深渊,失去自己,失去恋人、朋友的真正原因。

在莎士比亚的另外三大悲剧中,对悲剧起因的设置同样体现出这一特点。

在《麦克白》中,功勋卓著的将军麦克白,在回国受封的途中听到了女巫的预言,这个预言分为两层:先是官升一级,然后成为国王。麦克白回国后,果然官升一级,他就认为成为国王也是必然会实现的,于是在国王驻跸他家时,他伙同自己的妻子杀死了国王,自己成为国王,但最后阴谋败露,死在众人剑下。这部作品中,悲剧的起因好像是女巫的预言,但女巫如同鬼魂一样也是非现实的存在,悲剧真正的起因还是麦克白内心中的贪欲。

在《奥赛罗》中,朝中重臣奥赛罗遭奸佞小人伊阿古嫉妒。伊阿古编造了一套谎言说奥赛罗的妻子与卫兵队长有染,并拿出一块偷来的奥赛罗妻子的手帕作证,奥赛罗一怒之下不问是非地杀死了自己的妻子,真相大白后奥赛罗后悔不及。这部作品中,悲剧的起因似乎是那块作为证据的手帕,但手帕如同女巫的预言、鬼魂的启示一样都不是问题的关键,关键是奥赛罗由于内心的自卑而相信了伊阿古的谎话,才造成了这一悲剧。

在《李尔王》中,国王李尔让自己的三个女儿赞美自己并以此表达她们的忠心,大女儿、二女儿投合父亲的心意,阿谀奉承,各自得到了父亲赏赐的领土,但小女儿却不愿用自己对父亲的爱换取赏赐,结果她一无所得。后来,没有国土的李尔王寄居大女儿、二女儿家,最终因没有任何价值而被赶了出来。小女儿救父于危难却为此付出了生命,最后无国无家的李尔王孤独一人游荡在荒原之上,受到自己当初种下的恶果的惩罚。这部作品中,造成悲剧的现实原因同样不是关键,关键在于李尔王因爱慕虚荣而导致了自己的悲剧。

莎士比亚悲剧的起因并不是人生遭遇造成的人物的不醒悟,而是人们眼前的"幻像",比如《哈姆雷特》中的"鬼魂"、《麦克白》中的女巫、《奥赛罗》中的手帕和《李尔王》中女儿们的夸奖等,这些"幻像"能引起人们内心复杂的变化,进而将人置于悲剧之中,这在根本上是不可避免的。在莎士比亚的悲剧中,解决办法只有一个,那就是自杀,因为通过自杀,才可以让那个日益复杂的自己消失。因此,在《哈姆雷特》中,王子这样说:"生存还是毁灭,这是个问题。"

第五节　文艺复兴文学中的跨文体实践

一、文艺复兴文学跨文体改编的现状

文艺复兴文学跨文体改编的主要对象是莎士比亚的戏剧。在对莎士比亚作品的戏剧改编方面,大部分改编作品都忠实于原著。比较有影响力的剧团有英国皇家莎士比亚剧团(Royal Shakespeare Company)、英国 TNT 剧团等。

在对莎士比亚作品的影视改编方面,比较忠实于原著的影视作品主要有:《理查三世》[英国导演劳伦斯·奥利弗(Laurence Olivier)根据莎士比亚同名戏剧改编]、《仲夏夜之梦》[美国导演迈克尔·霍夫曼(Michael Hoffman)根据莎士比亚同名戏剧改编]、《亨利五世》(英国导演劳伦斯·奥利弗根据莎士比亚同

名戏剧改编)、《亨利五世》[英国导演肯尼思·布拉纳(Kenneth Branagh)根据莎士比亚同名戏剧改编]、《罗密欧与朱丽叶》[意大利导演佛朗哥·泽菲雷里(Franco Zeffirelli)根据莎士比亚同名戏剧改编]、《哈姆雷特》(意大利导演佛朗哥·泽菲雷里根据莎士比亚同名戏剧改编)等。在改编过程中只汲取了原著中部分要素的影视作品有:《暴风雨》[英国导演德里克·贾曼(Derek Jarman,1942—1994年)根据莎士比亚同名戏剧改编]、《罗密欧与朱丽叶》[澳大利亚导演巴兹·鲁赫曼(Baz Luhrmann)根据莎士比亚同名戏剧改编]、《王子复仇新记》[冰岛导演阿基·考里斯马基(Aki Kaurismaki)根据莎士比亚戏剧《哈姆雷特》改编]、《乱》[日本导演黑泽明(Akira Kurosawa,1910—1998年)根据莎士比亚戏剧《李尔王》改编]、《蜘蛛巢城》[日本导演黑泽明根据莎士比亚戏剧《麦克白》改编]等。

在莎士比亚的戏剧作品中,影视改编版本最多的是他的四大悲剧——《奥赛罗》《哈姆雷特》《李尔王》《麦克白》,以及《罗密欧与朱丽叶》。由《罗密欧与朱丽叶》改编的影视作品主要有:意大利导演雷纳托·卡斯特拉尼(Renato Castellani,1913—1985年)的同名电影、意大利导演佛朗哥·泽菲雷里的同名电影(又名《殉情记》)、澳大利亚导演巴兹·鲁赫曼的同名电影等。由巴兹·鲁赫曼导演,莱昂纳多·迪卡普里奥主演的《罗密欧与朱丽叶》又名《罗密欧与朱丽叶后现代激情篇》。影片对原著改动较多,将故事背景移置现代都市,张扬了青春的叛逆和激情。由《奥赛罗》改编的影视作品主要有:美国导演奥森·威尔斯(Orson Welles,1915—1985年)的同名电影、苏联导演谢尔盖·尤特凯维奇(Sergei Yutkevich,1904—1985年)的同名电影、意大利导演佛朗哥·泽菲雷里的同名电影等。这三部电影总体上忠实于原著。由《哈姆雷特》改编的影视作品主要有:意大利导演佛朗哥·泽菲雷里的同名电影、英国导演劳伦斯·奥利弗的同名电影、苏联导演格里高利·柯静采夫(Grigori Kozintsev,1905—1973年)的同名电影、冰岛导演阿基·考里斯马基的《王子复仇新记》、英国导演汤姆·斯托帕德(Tom Stoppard)的《君臣人子小命呜呼》等。《君臣人子小命呜呼》是对原著《哈姆雷特》的翻拍,以原著中两个小角色的视角来看待这出悲剧,充满了荒诞戏剧的色彩。由《李尔王》改编的影视作品主要有：日本导演黑泽明的《乱》、澳大利亚导演乔斯林·穆尔豪斯(Jocelyn Moorhouse)的《一千英亩》、英国导演彼得·布鲁克(Peter Brook)的同名电影、苏联导演格里高利·柯静采夫的同名电影等。其中黑泽明的《乱》成功地改编了原著，将日本传统美学融入其中。由《麦克白》改编的影视作品主要有：英国导演杰里米·弗里斯顿(Jeremy Freeston)的同名电影、波兰导演罗曼·波兰斯基(Roman Polanski)的同名电影、日本导演黑泽明的《蜘蛛巢城》等。《蜘蛛巢城》仅保留了莎士比亚原著的故事脉络，将背景置于日本战乱频仍的乱世——战国时期，这部电影对原著氛围的营造和深入的人性探讨使其获得广泛好评。

除了莎士比亚的戏剧，其他文艺复兴文学作品的文体改编主要集中在影视剧领域。其中有影响力的影视作品主要有：《坎特伯雷故事集》[意大利导演帕索里尼(Pasolini,1922—1975年)根据英国作家乔叟的同名长诗改编]、《十日谈》(意大利导演帕索里尼根据薄伽丘的同名小说改编)、《堂吉诃德》(苏联导演格里高利·柯静采夫根据塞万提斯的同名小说改编)、《堂吉诃德》(美国导演奥逊·威尔斯(Orson Welles,1915—1985年)根据塞万提斯的同名小说改编)等。

二、电影《蜘蛛巢城》分析

文艺复兴文学经典的跨文体改编的主体是莎士比亚戏剧。在众多改编剧中，电影《蜘蛛巢城》(1957年，黑泽明导演，三船敏郎等主演)被认为既保留了原著的精髓，又融入了日本传统美学，是莎士比亚戏剧影视改编作品中的佳作。

影片最大的特色就是采用了日本传统戏剧——能剧的风格化表演，保留了莎士比亚戏剧的主干内容，替换了原著的文化内涵。

第一，在人物形象上，体现为人物表情的面具化和人物命运的能剧化。《蜘蛛巢城》将故事背景从11世纪的苏格兰移到战国时代(15—17世纪)的日本。电影中的"麦克白"鹫津武时是一名将军，"班柯"三木义明是他侍奉的霸主。影片中人物的表情是典型能剧面具的表情，如鹫津武时的表情是武士面具"海达"

的表情，表现的是他内心的恐惧。其夫人浅茅的表情是行将老去的美人面具"希柯米"的表情，展现的是疯女人的形象。僵硬的表情、夸张的情绪和失焦的眼神，都使人联想到能剧面具。

原著中的麦克白内心受欲望和理智的折磨，在不理性的情况下做出弑君的毁灭之举。"麦克白"鹫津武时则更多地受神秘慑人的命运力量的牵引、控制，像一个受人摆布的牵线木偶，他内心的矛盾被命运的力量削弱了。

第二，在场面和动作上，体现为能剧的场景设置和程式化表演。

莎士比亚戏剧依赖的是极具表现力的对白而非豪华的布景和道具。而电影这一艺术形式有别于戏剧，因此《蜘蛛巢城》在场景设置上与原著有很大不同。黑泽明导演更是将能剧和日本传统绘画的风格融入了影片场景中。影片中弑君的房间是个形似能剧舞台的空间，其中只有护壁板、地板和黯淡的血迹。这种画面能营造出日式幽玄、惊怖的审美氛围。

在表演上，片中浅茅蹒跚而行和坐下时翘起一膝的动作，以及鹫津武时图谋弑君时从一个房间走入另一个房间的场景等都借鉴了能剧的程式化表演。黑泽明在拍摄演员的动作时，有意将镜头拉远以摄入演员的身体动作，而这种通过肢体动作传达情绪的方式也多见于能剧。

第三，在台词上，体现为日本古典诗歌的肃穆典雅和能剧台词的精简。

相比于莎士比亚戏剧华丽的五音部诗句，《蜘蛛巢城》中的台词肃穆典雅，受日本古典诗歌的影响很大。例如片中女巫的歌词便很有东方的诗韵："人生如朝霞，托身于斯世。命短如蜉蝣，奈何自寻苦。"

大量的精彩台词是莎士比亚戏剧的特点之一，莎士比亚以台词来表达人物内心的矛盾冲突，推进情节的发展。在黑泽明的电影中，画面取代了台词的作用，台词被极度简化了。原著中麦克白夫人劝丈夫弑君时的对白堪称经典，麦克白夫人有一段疯狂、激越的台词："难道你把自己沉浸在里面的那种希望，只是醉后的妄想吗？现在你有了大好的机会，你又失去勇气了？我曾经哺乳过婴孩，知道一个母亲是怎样怜爱那吮吸她乳汁的子女；可是我会在它看着我的脸微笑的时候，从它的柔软的嫩嘴里摘下我的乳头，把它的脑袋砸碎，要是我也像你一样,曾经发誓下这样毒手的话。"而在电影中,"麦克白夫人"浅茅只是以僵硬的面具化的表情对"麦克白"鹫津武时说:"你说谎。"

三、电影《乱》分析

日本导演黑泽明的《乱》(1985年,仲代达矢等主演)改编自莎士比亚的戏剧《李尔王》,被誉为最成功的改编自莎士比亚作品的电影之一。相较于原著,电影的跨文体改编体现在以下几个方面。

第一,主题内涵上,电影《乱》植根于日本的传统美学,削弱了原著中金钱离间人与人关系的主题,凸显了强烈的民族特色。

原著《李尔王》表现了在资本主义原始积累时期,人与人的关系被金钱统摄的残酷现实。"亲爱的人互相疏远,朋友变为陌路,兄弟化成仇雠;城市里有暴动,国家发生内乱,宫廷之内潜藏着逆谋;父不父,子不子,纲常伦纪完全破灭。"在金钱关系统治的社会里,一旦失去权势,君王也能沦落为乞丐。这出悲剧结尾处道义上的胜利,为全篇浓重的绝望氛围增添了一束希望的光芒。

电影《乱》将原著故事改头换面,以日本的社会背景和美学思想包裹原著的故事内核。相比原著,影片呈现出更为复杂的主题内涵。

首先,电影《乱》置换了原著的背景。《李尔王》取材于英国的历史传说,大约发生在公元前8世纪。而电影《乱》将背景移植到日本战乱频仍、纲常沦丧的战国时代。战国时代是日本武士活跃、武士精神勃发的时代,因此武士道精神也被注入电影人物观念之中。

其次,在人物设置上,电影《乱》改变了原著部分人物的性别。《李尔王》中的李尔王为不列颠国王,晚年时要将自己的国土分给三个女儿,整个戏剧故事据此展开。主人公的大女儿高纳里尔、二女儿里根虚伪贪婪、口蜜腹剑,小女儿考狄利娅善良诚实,因为说了朴实无华的真话而遭到李尔王的驱逐。在电影《乱》中,黑泽明将原著中主人公的三个女儿都换成了儿子,将其变成一个符合日本传统社会伦理的弑父夺权的故事。《乱》中的"李尔王"为日本战国时代的武将一文字秀虎,大儿子太郎孝虎、次子次郎正虎对应原著的大女儿和二女儿,忠信诚实的三儿子三郎直虎对应原著中的小女儿考狄利娅。

最后,情节安排上,电影《乱》对原著的双线叙事做了改动。

原著采用双线叙事结构,李尔王和三个女儿及女婿们的故事是主线,葛罗斯特伯爵与两个儿子的故事则是副线。两条叙事线索都表现了父亲的轻信谗言以及子女的忤逆或忠诚。

一方面,电影《乱》使用了原著的主线情节,但将背景换成了日本的战国时代。《李尔王》的开头,李尔王根据女儿们对自己的爱戴程度来分配国土。《乱》则改编了日本战国时代武将毛利元命子折箭的情节。一代武将秀虎(原型为李尔王)晚年欲将权力分给三个儿子,并告诫他们兄弟同心,"一箭易折,三箭难折",但三郎(原型为考狄利娅)当即就折断三箭,用忠言劝止父亲的分权举动,却被愤怒的秀虎驱逐出城。对日本历史故事的运用使电影寓意深刻又极具东方色彩。

另一方面,《乱》删去了原著中的副线叙事,在主线外设置了两个儿媳——枫君和末君的复仇故事,将此作为一条交代故事前因后果的副线。老王年轻时骁勇征战的事迹在《李尔王》中仅作为前情,但在《乱》中于副线叙事中呈现,成了副线复仇故事中必不可少的起因。副线中秀虎儿媳的复仇故事反映了战争的盲目、无意义。对复仇的两种不同态度——宽恕和仇杀,却带来了一样的毁灭结果,这使全篇弥漫着虚无氛围。

第二,文化倾向上,电影《乱》将日本的佛教思想和能剧艺术融入故事中,赋予原著东方色彩。

电影中的日本佛教因素俯拾皆是。在人物设置上,秀虎的二儿媳末君为平息内心的愤怒念佛,末君的弟弟更是具有佛教所宣扬的宽恕、忍耐、慈爱的特质,他为家庭牺牲了两眼,但因对仇敌有忍恕之心,放下了仇恨。最后,只有他一人生还,他拄杖走到悬崖边,此时佛像掉落,救了他一命。这个意象也赋予了电影深刻的象征意义。在情节设置上,《乱》中增加的儿媳复仇的副线交代了故事的前因后果,表现了佛教的果报观。秀虎为了个人野心残杀百姓的"业",种下了儿媳枫君的仇恨,导致了家族毁灭的悲剧。功名利禄如浮云般聚散无常,体现了佛教的无常思想。电影中,无论是大儿媳枫君的复仇还是二儿媳末君的弟弟鹤丸的宽恕,都使秀虎家族走向了毁灭。是非成败转头空,世事人情的虚无弥漫全剧。

日本传统能剧的演出模式传承自14世纪日本的观阿弥和世阿弥父子。能剧是一种高度风格化的歌舞剧。表演者戴面具演出,舞蹈动作程式化,用发音独特的念词和具有日本传统幽玄特色的音乐伴奏。《乱》中嵌套了一个能剧结构模式。电影中的人物表情犹如戴上了能剧的演出面具,克制而抽象,演员更多地依靠身体语言来表达情绪,因此举止有能剧的"静如处子、动如脱兔"的特点,极好地表现了日本人神秘、幽玄的审美特点。

在艺术形式上,黑泽明的电影简化了原著的对白,重视以声画剪辑技术营造氛围,呈现了不同于原著的表现力。

首先,在画面上,黑泽明的电影构图打破了戏剧舞台空间的局限性,融入了日本传统绘画艺术的特色。他惯用三台以上的摄像机来表现每一组画面,从近、中、远三个不同角度拍摄,最后再剪辑三组镜头。这样呈现出的画面空间深邃,有很强的表现力。黑泽明熟悉日式传统风景画,善于使用绘画的"虚""实"理念,画面上常有留白。他惯用天气如风雨、阳光、云雾来营造氛围、表达情思。影片画面的表达充满东方的情致韵味,情景交融、意在言外。

其次,在台词上,黑泽明大胆弃用原著《李尔王》中的台词。原著用台词表现人物的内心,而在电影中,黑泽明受能剧的艺术魅力和日本传统美学的影响,将《乱》的台词极度简化,在声画或人物行动不能表达情节的地方才用台词。《乱》中的台词具有隐忍克制的特点,符合日本人的审美。

原著中李尔王在暴风雨的旷野上彷徨,用掷地有声的长篇独白让内心的愤懑和委屈倾泻而出。而黑泽明的电影则精简独白,重视画面的表现力及其对氛围的营造。"李尔王"秀虎蒙住耳朵、张开口,惊惧地立于荒野的形象肖似蒙克的画作《呐喊》,这幅画面赋予了"李尔王"丰富的象征内涵。秀虎的呼声不仅是原著中凸显的老王对金钱社会人伦丧失、黑白颠倒的种种不公和自身灾难的愤怒、委屈,更带有一种对人类精神彷徨的隐喻。

最后，在声音的运用上，电影自然比戏剧文本更有表现力。黑泽明独具匠心，善于用幽玄、神秘的能乐营造氛围，使配乐和现场音巧妙切换。

电影中，秀虎的二儿子次郎在战斗中死亡，兄弟间互相残杀的惨剧达到一个高潮。在此，黑泽明运用音乐加强了悲剧的感染力和表现力。在影片中的战争过程中，黑泽明舍弃现场音而采用配乐来营造一种战乱纷繁、悲天悯人的氛围，配乐在次郎后背中箭时戛然而止，同时中箭的现场音响起。这段音乐勾人心弦、发人深思，使观者的情感浓度达到一个新的高点。

课后题：

1. 如何理解"文艺复兴文学的核心是人的复兴"？
2. 结合作品，分析欧洲文艺复兴文学的三个发展阶段的不同特点。
3. 如何理解薄伽丘《十日谈》中"三个戒指"的故事的宗教含义？
4. 结合作品，分析拉伯雷《巨人传》中的"巨人"形象。
5. 如何理解堂吉诃德的理想精神？
6. 简要复述莎士比亚《哈姆雷特》的故事情节，并分析作品中"哈姆雷特"的人物形象特征。

第六章 17世纪古典主义文学

学习提要：

本章主要分析17世纪古典主义的产生背景，总结古典主义文学的思想与艺术特征，重点解读莫里哀的《伪君子》，并以电影《塔度夫》为个案展示17世纪古典主义文学的跨文体实践。

要　　求：

掌握古典主义文学的思想与艺术特征，以及《伪君子》的故事情节、作品主题与艺术特征。

第一节　17世纪的社会与文化背景

一、人性自由与社会稳定的十字路口

17世纪时，欧洲前进到了人性自由与社会稳定的十字路口。文艺复兴末期，人性解放与欲望张扬达到了高潮，但也带来了巨大的社会问题：每个人都忠实于自己的欲望，但社会资源有限，这必然引发人与人之间的相互倾轧，导致社会的解体。

莎士比亚在文艺复兴的高潮时刻，曾经在他的戏剧《特洛伊罗斯与克瑞西达》(Troilus and Cressida)中发出这样的警告："要是没有纪律，社会上的秩序

怎么得以稳定？学校中的班次怎么得以整齐？城市中的和平怎么得以保持？各地间的贸易怎么得以畅通？法律上所规定的与生俱来的特权，以及尊长、君王、统治者、胜利者所享有的特殊权利，怎么得以确立不坠？只要把纪律的琴弦拆去，听吧！多少刺耳的噪音就会发出来；一切都互相抵触；江河里的水会泛滥得高过堤岸，淹没整个世界；强壮的要欺凌老弱，不孝的儿子要打死他的父亲；威力将代替公理，没有是非之分，也没有正义存在。那时候权力便是一切，而凭仗着权力，便可以逞着自己的意志，放纵无厌的贪欲；欲望，这一头贪心不足的饿狼，得到了意志和权力的两重辅佐，势必至于把全世界供它的馋吻，然后把自己也吃下去。"①

文艺复兴晚期，当欲望解放已经使少数天才留名青史、大多数人处于水深火热之中时，整个欧洲处在一个选择的十字路口上：到底是继续推动个人欲望的解放而放任社会解体，还是遏制欲望创建一个和平、稳定的社会？接连不断的战争导致欧洲各国人口锐减、财政空虚，人们厌倦了动荡不安的社会。人心思定，甘作臣仆。17世纪，人们在经受了长达三百年的社会动荡后，对社会稳定的诉求日益强烈，人们甘愿做臣仆以换取一个安定的社会。在集体意愿与君主集权的推动下，欧洲开始从个人主义的辉煌时代向集权时代过渡。

人们甘愿做臣仆，而17世纪的欧洲也适时出现了两位伟大的君王，一位是英王伊丽莎白一世，另一位是法王路易十四。在1603年伊丽莎白一世死后，英国也开始走下坡路，而法国从路易十四开始崛起，法国自此逐渐成为欧洲文明的高原。

二、"太阳王"路易十四

路易十四号称"太阳王"，意为路易十四像太阳普照大地一样给法国带来了荣耀。路易十四是法国历史上最伟大的君王之一，曾有人说："在'太阳王'路易十四面前，即使是最自傲的帝王也会相形见绌。"1638年，路易十四出生在法国圣日耳曼昂莱王室家族，是法王路易十三的长子。他5岁继承王位，由母亲安

---

① 莎士比亚.莎士比亚全集：戏剧卷 下[M].朱生豪，译.南京：译林出版社，1998：283.

娜王后摄政，红衣主教马萨林任首相。马萨林独揽朝政直到其1661年去世，之后路易十四开始亲政。据说，在马萨林去世后，朝臣们问路易十四主教大人死后向谁询问国事时，路易十四气概不凡地说"朕即国家"，由此可见路易十四独揽大权的抱负。

"太阳王"最终实现了君主专制，但这条路上布满了荆棘和鲜血。说到17世纪的法国，人们普遍认为这专指路易十四统治时期。但其开端可以追溯到1589年，即法国波旁王朝创建者——亨利四世时期。经历了宗教战争（1562—1598年）和亨利三世的刺杀后，新王朝的统治者亨利四世手中并无实权，大权旁落，十分被动。亨利四世一直试图夺回君主的权力，直到1610年在巴黎遇刺身亡。亨利四世死后，他年幼的长子路易十三继位，并由其母亲玛丽·德·美第奇摄政。这位出身于意大利豪门美第奇家族的太后野心不小，并且十分宠信同是意大利人的康西诺·孔奇尼。在路易十三即位后的前7年，一直是这两个意大利人把持着法国的朝政。1617年，路易十三下令暗杀孔奇尼，流放太后，并开始亲政。1624年，红衣主教黎塞留成为新首相，在他的帮助下，路易十三开始了专制统治。这也是法国君主集权专制的重要转折点。

路易十四和其父亲的经历十分相似，都是年幼即位，母亲摄政。因奥地利家族的安娜是西班牙人，所以有前车之鉴的法国人十分不信任她。这位太后非常依赖黎塞留指定的继承人马萨林，使他独揽内外朝政。这引起了法国人，尤其是法国贵族的不满。马萨林延续黎塞留打压贵族的政策，并试图剥削中产阶级、世袭法官和农民以填补战争开支。1648年，马萨林颁布新政策，以一次性免收税的方式抵消巴黎高等法院世袭法官四年的俸禄。这成了法国内乱——投石党运动的导火索。巴黎市民暴动和法院投石党之乱被镇压后，在1650年，由大孔代亲王主导的贵族投石党叛乱爆发。年幼的路易十四在这两次暴乱中都狼狈地逃出巴黎，并曾命悬一线。年幼时的经历导致了路易十四无比向往与渴望权力。他不再信任巴黎这座城市。1664年，路易十四宣布王室宫廷将迁出因市民不断暴动而混乱喧闹的巴黎。经考察权衡，他决定以路易十三在凡尔赛的狩猎行宫为基础建造新宫殿，并为此征购了6.7平方公里的土地。

路易十四建立集权的手段主要是严酷的镇压,但也有最具创新性的集权方式——"文明驯化"。路易十四以乔迁新居之名广邀各地贵族来观礼玩乐。当时路易十四组织的凡尔赛宫玩乐规模庞大,花样百出。根据记载,1664年5月5日的凡尔赛玩乐,"有六百多位来宾,国王用大小宴席盛情款待他们,并让他们凑合着住下来。表演喜剧、舞蹈、乐曲的人,做饭和掌灯的人也都来了,还不算各种各样的手工匠和被放进来看热闹的人……以'仙岛欢乐'命名的狂欢活动7日开始。"凡尔赛宫直到1682年才真正初步建成,在建造期间和建成后,凡尔赛宫玩乐一直持续着。路易十四通过接连不断的节日庆典、狩猎、城堡游览和宴会把贵族、大臣及其家属召集在身边。

但路易十四组织凡尔赛宫玩乐并非全为游乐,而是别有用心:在路易十四及大部分贵族成员的倡导下,在凡尔赛宫中举行的各种游乐并非仅是戏耍,而是要体现出贵族们的身份与文明素养。因此,凡尔赛宫中的游戏有各种烦琐的规则,这些规则大部分经国王同意。这样一来,凡尔赛宫中吸引人们的游戏玩乐就变成了"文明竞赛",贵族们比较着谁更文明、更有身份,而裁判就是路易十四。通过这种制定文明规则的方式,路易十四牢牢掌握住了宫廷舆论与权势,对那些手握重权的诸侯们形成了一种特殊的掌控。在凡尔赛宫奇特的文明竞赛中,路易十四本人既是裁判又是最投入的参与者,他通过各种手段和方式来塑造自己文明王者的形象。路易十四个子矮小,为了自己的仪表,他戴假发,穿高跟鞋、修身裤,而且特意在凡尔赛宫的镜厅接见外国使节,目的是使他看起来更高大些。

通过"文明驯化",路易十四实现了宫廷内的舆论集权。同时,因为宫廷在当时社会结构中独特的被瞻仰的位置,所以宫廷中的一切成为社会民众仿效的对象,这使得"文明驯化"从宫廷流向民间,并在社会发展大形势的推动下逐渐成了社会主流价值观。法国社会以凡尔赛宫为中心变成了一个大剧场,凡尔赛宫是舞台,路易十四是主角,广大民众是乐在其中的观众。随着时间推移,"文明驯化"就在法国社会和民众中落地生根,催生了广泛的君王崇拜思想。

三、科学的发展与理性时代

人心思定及伟大君王的出现,是文艺复兴的欲望解放从高涨到消歇的两大原因,科学的发展是第三大原因。进入17世纪后,欧洲科学发展迅猛,先后有伽利略发明天文望远镜(1610年),哈维发现人体血液运行规律(1628年),列文虎克提出细胞学说(1684年)以及牛顿提出万有引力定律(1687年)。在17世纪,科学还没有成为生产力发展的主要推动力,主要源自人们的好奇心与探索意识。在当时的欧洲,这些科学发现往往被看作新奇、流行的学说,但它带给人们的影响是相当深远的。

在17世纪,科学开阔了人们的视野,但同时也颠覆了人们的信仰,最终导致了人们对于自身神圣性的质疑。以牛顿的万有引力定律为例,万有引力定律指出宇宙中诸天体的秩序来自相互之间的吸引力,若果真如此,上帝创世不就是谎话吗?上帝创世如果不可信,人从何处来?如何确定人的神圣性?正是在科学发现的推动下,自中世纪以来的诸种信仰纷纷崩塌,而人们在此神圣性缺失的时代,对于自身的存在也充满了质疑与惶惑,而君主专权恰恰适时地让人们抓住了一个可以崇拜并确认自己身份的契机。科学导致的神圣性缺失,推动着人们消解欲望、甘做顺民。

在多种因素的推动下,文艺复兴时代高昂的个人主义在17世纪终于搁浅了,在由国王作为主角的剧场中,每个人都循规蹈矩,自觉以社会秩序要求自己,形成了自律克制的理性人格,而17世纪也成了理性时代。

第二节　17世纪古典主义文学概况

一、17世纪欧洲文学概况

17世纪欧洲文学的发展,与个体失去自我到精神空虚再到认同君主集权的发展历程相符。

第六章　17 世纪古典主义文学

17 世纪最初的 20 年中,人文主义思潮仍在发展,莎士比亚、塞万提斯等人的创作力旺盛,文艺复兴的文学传统达到了高潮但同时出现了危机。到了 17 世纪 30 年代,欧洲各国的文艺复兴热潮消退之后,在文学艺术领域出现了一股悲观颓废的潮流:在文学上偏向表现信念的危机和悲观思想,在艺术上表现为刻意雕琢,追求怪异。这其实是随着文艺复兴落潮,个人失去自我的情况在文学艺术上的投射,被称为"巴洛克文化"①。巴洛克文化在意大利、西班牙和多瑙河流域的欧洲国家延续了将近两个世纪(1560—1760 年)。而在法国,巴洛克风格则延续到了 17 世纪中叶。奇异、感性与矫饰雕琢是巴洛克文化的几大特点。到了 17 世纪下半叶,个体在自我丧失的焦灼中,寻找到了君主集权投来的救命稻草,在失去自我的前提下认同君王与秩序,古典主义文学思潮由此产生。巴洛克艺术与古典主义虽然对立,但并非不能共存。相反,在很长一段时间里,这两种艺术风格互相竞争,但又相辅相成。用尼采《悲剧的诞生》中的术语解释就是,巴洛克艺术对应了代表狂热、过度和不稳定的酒神狄奥尼索斯精神,而古典主义则是代表事实、理性与秩序的日神阿波罗精神。

17 世纪时文学在各个国家的发展也存在一定的差异。在英国,1660 年前主要是资产阶级革命文学,其后是古典主义文学。1660 年前的英国,英王伊丽莎白一世的统治如日中天,资产阶级在国家与民族的昂扬前进中意气风发,这一时期的英国文学主要是资产阶级革命文学,也被称为清教徒文学,代表作家及作品包括约翰·班扬(John Bunyan,1628—1688 年)的《天路历程》(*The Pilgrim's Progress*)与约翰·弥尔顿(John Milton,1608—1674 年)的《失乐园》(*Paradise Lost*)。

约翰·班扬是一个清教徒作家,他的寓意小说《天路历程》共分两部,写名为"基督徒"的主人公和他的妻儿跋山涉水、历尽艰辛地寻找天国的故事,鼓吹宗教信仰和献身精神。在这部作品中,作者通过自己的梦境,给读者展现了 17 世纪中叶英国的社会风貌,揭露和批判了种种社会罪恶和弊端,用象征手法向

---

① "巴洛克"一词来源于葡萄牙语 Barocco,原是形容形状不规则的珠宝(珍珠)。在雅各·布克哈特的 *The Cicerone* 一书中用来描述建筑、绘画和雕塑的艺术风格,后延伸到文学领域。

人们指出：人类的精神道德陷入迷狂的状态之后，必须经过苦难的考验和磨炼，在心灵上得到净化，走一条道德自新的道路，才能最终找到真理，达到理想的境界。

约翰·弥尔顿在英国文学史上具有极其重要的地位，他是英国启蒙主义文学的先驱作家，其取材于《圣经》的三部曲《失乐园》(*Paradise Lost*, 1667)、《复乐园》(*Paradise Regained*, 1671)与《斗士参孙》(*Samson Agonistes*, 1671)，气势宏大，体现了新兴资产阶级的战斗精神。《失乐园》这首长诗讲述的故事是：生性高傲的大天使撒旦因嫉妒和不满上帝之子基督的地位而奋起反抗，失败后被关进地狱，饱受折磨，但撒旦并不屈服，他鼓励同伴们打破上帝创造的乐园，毁灭上帝创造的人类，以此来报复上帝。在这部作品中，撒旦被塑造成正面形象，体现了一种反抗的力量和新的希望，这其实是弥尔顿借这个人物形象为英国当时崛起的资产阶级树碑立传。

17世纪时，极具毁灭性的"三十年战争"使德国民生凋敝、文化落后，文学作品极少，多具有巴洛克色彩，其中最杰出的要数格里美豪森（Hans Jakob Christoffel von Grimmelshausen, 1622—1676年）的《痴儿西木传》(*Simplicius Simplicissimus*)，这是一部自传体流浪汉小说，主人公西木生活在社会底层，在长期的战争中受尽苦难屈辱。作品具有较强的巴洛克风格，如夸张、浪漫与梦幻等。

17世纪法国文学的发展，较典型地体现了欧洲文学发展的阶段性。在17世纪上半叶的路易十三时期，主要有巴洛克文学和人文主义文学。巴洛克文学是贵族沙龙文学，即客厅文学，倾向于在虚无缥缈的想象中虚构充满悲欢离合的艳情故事和历史故事，风格矫揉造作。人文主义文学是市民的写实文学，表现下层市民的思想和趣味，体现乐观的精神。到17世纪下半叶的路易十四统治时期时，占统治地位的古典主义文学逐步形成。1670年，在"太阳王"彻底定居凡尔赛宫后，古典主义文学的发展达到了高潮，主要的代表人物有高乃依、拉辛、拉封丹、布瓦洛和莫里哀等。

二、17 世纪古典主义文学的思想艺术特征

古典主义文学是 17 世纪下半叶产生于欧洲各国的文学思潮,是文艺复兴的个人主义落潮后,因个体在失落的焦灼中认同君主专权、现实秩序而产生的文学思潮。

17 世纪古典主义文学产生于君主专制的土壤中,因此必然受其影响。古典主义文学在主题上主要是通过模仿与改编古希腊、古罗马的神话传说,表现英雄与诸神的荣耀,从而赞颂专制主义与帝王的合理性及神圣性;形式上遵循学院所制定的古典主义信条。

17 世纪古典主义文学在思想上有三个特征。

第一,受到王权直接干预。

17 世纪下半叶,随着封建王权的强化,大部分的古典主义作家作为国王庇护的门客而存在,国王经常以给予年金的形式买断他们的写作活动,写什么往往由国王命题。即使不是由国王直接指定主题,古典主义作家的创作也必须在国王的许可与推赏下才能获得社会影响。比如法国剧作家莫里哀(Moliere,1622—1673 年)的《伪君子》(*Le Tartuffe*)问世之后,先是在凡尔赛宫为路易十四演出,获得了他的肯定,虽然之后遭到各方批评,但国王的力推使其得以公演。1663 年,法国的财政大臣柯尔贝尔(Colbert)宣布了路易十四对文艺、科学等文化事业的资助政策,奖金金额不小。高乃依、莫里哀和拉辛等作家都是受益人。这激发了许多古典主义作家的创作热情,并使他们更加紧密地围绕在国王左右,为其创作,歌颂其功绩。

第二,宣扬理性、克制个人情欲。

17 世纪古典主义文学受制于王权,维护王权统治与规训人心,因此宣扬理性、克制情欲是其显著特征。文艺复兴文学传统中,个人欲望的释放与张扬是其主要特征,但进入 17 世纪下半叶,自由与欲望被视为集权统治与世俗秩序的最大敌人。古典主义追求理性、秩序、正统与和谐。在 17 世纪古典主义文学作

品中,悲剧往往发生在那些纵欲与缺乏自制的人物身上,而那些善于克制、勇于自律的人则往往能转危为安。

第三,抨击封建贵族、教士以及资产阶级的腐化堕落。

17世纪古典主义文学抨击封建贵族、教士以及资产阶级的腐化堕落,具有明显的历史进步性。从古典主义文学与封建君权之间的关系来看,古典主义文学对封建贵族、教士以及资产阶级的抨击,也体现了迎合国王、维护统治秩序的目的。比如法国剧作家拉辛(Racine)的《亚历山大》(*Alexandre le Grand*)引用并改编了亚历山大大帝(Alexandre le Grand)与波拉斯(Porus)的历史故事,隐喻了路易十四原谅主导投石党叛乱的孔代亲王一事。拉辛把路易十四比作亚历山大大帝,而失败后得到帝王特赦的波拉斯则是参加过投石党叛乱的以孔代亲王为首的贵族,借此歌颂君主的强大与宽容。

17世纪古典主义文学在艺术形式上有四个特征。

第一,从古希腊罗马文学中吸收题材和形式。

17世纪古典主义文学推崇向古希腊、古罗马文学学习,以之为文学创作的典范。但17世纪古典主义文学与文艺复兴文学传统对古希腊、古罗马文学的"复兴"不同:文艺复兴文学主要是汲取古希腊、古罗马文学中的人文主义精神,在艺术形式上并不亦步亦趋,而是多有创新;与之相比,17世纪古典主义文学则侧重于对古希腊、古罗马文学题材与形式的继承,人文精神则是被遗弃的。17世纪古典主义文学的许多名作,如拉辛的《安德洛玛克》等,都是取材于古希腊、古罗马文学;在艺术形式上,古罗马时代的贺拉斯提出的"三一律"成为这一时期戏剧创作的重要原则。

第二,有严格的艺术创作原则,戏剧创作基本遵循"三一律"原则,即戏剧中的故事要在一天之内,在同一地点发生,并围绕单一情节展开。

"三一律"是在亚里士多德的《诗学》基础上提出的。事实上,亚里士多德的《诗学》中,并没有严格定义剧中故事的时长不能超过一天。"故事发生在一昼夜内"的规定是后世的学者与评论家在阐释诗学理论过程中添加的新解读。"三一律"强调戏剧结构本身的整体性、紧凑性与可控性。"三一律"在17世纪古典主义思潮产生之前,并未成为欧洲戏剧创作的主流原则。但在17世纪,随着文学创作日益听命于君王,创作自由的传统文学逐渐被视为对王权统治的威胁。从王权统治出发,尽可能地取消文学中的自由因素、使其变成高度可控的结构体,成为强势需求。在这样的前提下,戏剧创作的"三一律"才得以流行,并成为这一时期戏剧形式的主流。1674年,法国作家布瓦洛在他的《诗艺》中强调并重新定义了"三一律"。布瓦洛认为古典主义作品应该严格遵守"三一律"。"三一律"体现了艺术形式的高度可控性,但并未埋没戏剧本身的自由特质,这一时期最优秀的剧作都做到了在遵循"三一律"的前提下展示文学的自由本质,就像是"戴着镣铐的舞蹈",体现了欧洲文学中一以贯之的人文传统。

第三,语言准确、华丽、典雅,人物形象类型化。

17世纪古典主义文学特别注重语言的得体问题。17世纪古典主义文学听命于君主,在根本上是上流社会通过文学创作实现交际与身份确认的产物,这就决定了古典主义文学语言以得体、合乎身份为首要标准。为通过文学显示贵族风范,17世纪古典主义文学的语言讲究准确、华丽、典雅,体现下层人民生活状态的俗语表达遭到禁止。

同样是从文学维护王权的根本目的出发,17世纪古典主义文学在人物形象的塑造上坚决杜绝人物形象的多样性、复杂性。当时人们认为:如果人物形象多变复杂,会让观众感同身受并模仿,这会造成社会的不安定;类型化的人物形象则容易引导观众在社会角色上恰当地自我定位、自我规范,有利于社会统治。人物的言行举止要符合自身的社会地位、身份、职业、年龄与性别。比如,身份是"国王"的人物,要避免平庸和低俗,要高尚且威严,不能做出与身份不符之事。但人物形象的类型化并非毫无艺术性可言,《安德洛玛克》《贺拉斯》《伪君子》等戏剧,塑造了虽类型化但出色的舞台角色。

第四,人物与故事情节合乎常理与"真实"。

17世纪古典主义文学推崇亚里士多德的理论,认为艺术是对自然的模仿,因此文学创作要符合社会与自然的法则,摒弃一切不符常理、离经叛道、难以理解的情节。布瓦洛甚至强调"有时历史发生过的事实并不一定是真实的"。意思是说有时现实中发生的事并不一定符合古典主义的"真实性"原则。高乃依的《熙德》便是经典例子。

三、《熙德》与《安德洛玛克》

下面我们结合两部代表作品来进一步分析 17 世纪古典主义文学的思想艺术特征。

先来看高乃依(Pierre Corneille,1606—1684 年)的《熙德》(Le Cid)。

高乃依出生在诺曼底省的港市鲁昂,祖父是诺曼底议会的掌玺参事,父亲在鲁昂子爵领地担任水泽森林特别管理,祖上几代都家境殷实。当时的鲁昂是法国戏剧的中心,文化生活十分活跃。巴黎的一些重要剧团经常在那里演出,17 世纪初法国大部分剧本也都是在鲁昂印刷的。在这种环境的影响下,高乃依对戏剧产生了极大的兴趣并开始从事戏剧创作。《熙德》是高乃依三十岁时创作的作品,也是他的代表作。

《熙德》是一个有关爱情与复仇的故事。贵族青年罗狄克与施曼娜相爱,这对情人的父亲,文臣唐·狄哀克与武将唐·高迈斯却因国王选太子师傅一事而争吵起来。争执中,唐·高迈斯打了唐·狄哀克一记耳光。唐·狄哀克回到家中,向儿子说明了经过,并要求儿子为维护家族的尊严替他报仇。罗狄克心中矛盾万分,父仇不可不报,但对方是爱人的父亲,他面临感情与理性的冲突。在经过深思熟虑后,他终于决定为父报仇。他找到了施曼娜的父亲,并在决斗中杀死了他。自己的父亲竟被爱人杀死,施曼娜心中也矛盾万分,但她最后下定决心以大局为重,向国王请求处死罗狄克,而国王有意成全他们。恰在此时外敌入侵,国王就让罗狄克代替死去的高迈斯上阵,结果罗狄克在阻击外敌的战斗中立了功,国王要求施曼娜原谅罗狄克,但施曼娜仍然不同意。最后国王裁定,由施曼娜挑选剑手与罗狄克决斗。故事最后,施曼娜看到剑手从外边走进来,以为罗狄克已被杀死,痛哭起来。但这时国王却和罗狄克一起出现,向施曼娜说明她是深爱着罗狄克的,最终两人在国王的见证下和好如初。

《熙德》虽是古典主义戏剧大师高乃依的代表作,并在问世后大获成功,但

是对于这部剧是否算得上古典主义悲剧,一直存有争议。甚至在1637年,许多古典主义作家和理论家发文反对并批判此剧。其实高乃依在创作《熙德》时严格遵守了"三一律",用词也十分典雅。那为什么这部剧会因不符合古典主义标准而被批判呢?主要原因是《熙德》不符合上文所说的"真实性"原则。让一个年轻的贵族女孩嫁给杀父凶手,即使二人真心相爱,这从世俗社会的角度看也是非常不真实的。若遵从古典主义的"真实性"原则,施曼娜身为贵族家庭的女儿,应该把爱隐忍地藏在心底,维护家族的荣耀,不与杀父凶手结合。即使西班牙的历史学家在当时已证实现实中的罗狄克与施曼娜的确放下仇恨、结为夫妇了,但古典主义作家和理论家们还是坚持认为高乃依的《熙德》违背了古典主义的原则,是对自然不正确的模仿。这就是布瓦洛所说的"历史事实"与"真实"的不同。但正是因为高乃依没有完全按照古典主义原则创作《熙德》,为观众带来了惊喜,给文人带来了争议,才使这部剧超越了所有前人的改编,成了万众瞩目的焦点,取得了空前的成功并让高乃依扬名于欧洲戏剧界与文坛。

再来看典型的古典主义戏剧——拉辛(Jean Racine)的《安德洛玛克》(*Andromaque*)。

拉辛于1639年出生于法国北部的拉费泰米隆,3岁成为孤儿,由冉森教派的外祖母抚养,1658年因写颂诗而得到国王赏识。其代表作包括《安德洛玛克》(*Andromaque*)、《布里塔尼居斯》(*Britannicus*)、《贝蕾妮丝》(*Bérénice*)、《巴雅泽》(*Bazazet*)、《米特里达特》(*Mithridate*)、《依菲革涅亚》(*Iphigénie en Aulide*)、《淮德拉》(*Phaedra*)和《讼棍》(*Les Plaideurs*)。

《安德洛玛克》于1667年上演时轰动巴黎,被人们称为第一部标准的古典主义悲剧,剧本取材于古希腊悲剧。主人公安德洛玛克是特洛亚英雄赫克托耳之妻,城邦失陷后,她和儿子成了俘虏。国王庇吕斯爱上了她,一再拖延与斯巴达公主爱米尔奥那的婚事。为保全儿子,安德洛玛克假意答应庇吕斯的求婚,准备等庇吕斯发誓保护她的儿子后自杀。爱米尔奥那闻讯后非常嫉恨安德洛玛克,唆使单恋她的奥莱斯特杀死了庇吕斯,她自己也因悔恨而自杀,奥莱斯特也因绝望而疯狂。剧中人物都处在感情与理智的尖锐矛盾之中。庇吕斯、爱米尔奥那、奥莱斯特都陷于情欲、不能自拔。只有安德洛玛克是一个感情高尚、理智健全的人,她把国家利益置于生命之上,既保全了贞洁,又保住了儿子。

在《安德洛玛克》中,所有放纵欲望的人都不得善终,而以大局为重、善于克制自己的人最后都有好结局,这是这部作品要传达的训诫意义。

第三节　17世纪古典主义文学作家与作品:莫里哀《伪君子》

一、莫里哀的生平与创作

莫里哀原名让-巴蒂斯特·波克兰(Jean Baptiste Poquelin),莫里哀是他的艺名。莫里哀生于1622年,他的父亲是一个富裕的皇家地毯壁毯商。莫里哀二十岁以前受严格的文化教育,成绩优良。中学毕业后,父亲希望他能学习法律,为以后做官做准备。但莫里哀却对戏剧情有独钟,同时也爱上了戏班里的一个漂亮姑娘。为了自己的兴趣,他不惜与父亲发生剧烈冲突,毅然决然地加入戏班当了演员,后来和那个漂亮姑娘——玛得莱娜·贝雅尔合作,组织了一个新的戏班——光耀剧团(L'Illustre Théâtre),并上演流行悲剧,试图与当时最有名的布格涅剧团(Hôtel de Bourgogne)与玛莱剧团(Théâtre du Marais)一争高下。但是由于缺乏经验,莫里哀的戏班赔了钱,他还因此坐了几天牢。从监狱出来以后,莫里哀觉得在巴黎站不住脚,索性带着戏班到外省巡回演出,前后达十二年(1646—1658年)时间。在外省期间,莫里哀及其剧团得到了孔蒂亲王的支持与庇护,直到1657年孔蒂亲王加入坚持戏剧有害论的冉森教派。1658年,莫里哀才带着他的剧团回到巴黎。这时的莫里哀已不仅仅是一名演员。与同时代其他几位戏剧大师,如高乃依、拉辛相比,莫里哀是个十足的"戏人"。高乃依、拉辛等人的创作多是停留于案头,他们写完了交给别人去演,但莫里哀不同。莫里哀在戏班里身兼数职,既是领队又是演员,既是导演又写剧本。他的剧团人员一直不多,经常是十一二人。他的剧团曾经只有四个女演员,而他的《伪君子》却有五个女性角色,于是其中的柏奈尔老太太这个角色只好由男演员扮演。在外省的闯荡,使莫里哀能够与民众密切接触,了解底层人的戏剧需求,同时也吸纳了大量的民间闹剧的手法,这使得他的戏剧能够超出当时贵族化戏剧的束缚,成为跨时代的杰作。刚回到巴黎时,莫里哀就凭借着闹剧《多情的医生》(Docteur amoureux)吸引了路易十四的注意。次年莫里哀的喜剧《可笑的女才子》(Les Précieuses Ridicules)横空出世,获得了巨大的成功,也博得了路易十四的青睐。莫里哀做了大胆的喜剧创新,把闹剧的搞笑荒唐和悲剧反映社会问题、道德内涵的特点进行了结合,开创了具有明显的个人风格的新喜剧。这部喜剧大致符合"三一律"的要求,用词也颇为"优雅、得体",用辛辣诙谐的方式讽刺了贵族沙龙的矫揉造作与上流社会女才子们附庸风雅、过于雕琢用词却毫无思想内涵的创作风气。这部让巴黎市民和路易十四眼前一亮的喜剧触犯了资产阶级、贵族和部分文人的利益。有人试图阻止演出,有人登报发文批评莫里哀和他的剧。从此,莫里哀便开始了与反对者们斗智斗勇的辉煌的喜剧创作生涯。

莫里哀的作品众多,如:《丈夫学堂》(L'Ecole des Maris)反对封建礼教、维护人的天性;《太太学堂》[①](L'Ecole des femmes)对封建夫权和修道院教育思想进行了激烈抨击;《唐·璜》(Don Juan ou le Festin de pierre)刻画了一个满口仁义道德、实则行使特权的贵族,是对当时贵族虚伪性的有力揭露;《恨世者》(Misanthrope)写一个恨世的人却爱上了一个风骚的寡妇;《吝啬鬼》(L'Avare)刻画了阿巴贡这个著名的吝啬鬼形象,较早地对早期资产阶级的贪婪本性进行了揭示;《乔治·唐丹》(George Dandin)讽刺了一个向封建贵族妥协的资产阶级。在莫里哀的众多作品中,他的讽刺戏剧《伪君子》(又名《达尔杜弗》)(Tartuffe ou l'Imposteur)是其代表作。

1673年,莫里哀带病演出《没病找病》(Le Malade imaginaire),最终病逝在了舞台上。

---

① 莫里哀的《太太学堂》,因被认为是影射现实人物、进行人身攻击,被反对者们强烈抵制、刁难。他们诋毁莫里哀的私生活,并上书要求全国禁演这部喜剧,试图把莫里哀逼出巴黎。幸而《太太学堂》获得了"太阳王"路易十四的喜爱,莫里哀和他的剧团才得以继续留在巴黎。面对来自上层社会的攻击,莫里哀毫不手软,写了具有论战色彩的《〈太太学堂〉的批评》和《凡尔赛宫即兴》作为回击。

二、《伪君子》的情节与主题

《伪君子》的首次演出,是在凡尔赛宫 1664 年的狂欢集会上。这出戏的演出是得到法王路易十四批准的。首演结束后,《伪君子》的公演一波三折。教会、贵族和资产阶级认为《伪君子》丑化、诋毁教会和资产阶级。在多方势力的围攻和舆论压力之下,国王只好下令禁止《伪君子》在法国公演。1667 年,莫里哀重写了《伪君子》,虽然换了名字,但仍未能成功上演。在前一年,即 1666 年,路易十四解散了法国天主教的秘密社团——圣会(圣体圣事社,La Compagnie du Saint-Sacrement)。这个天主教社团也是《伪君子》的重点讽刺对象和敌人。而我们熟知的《伪君子》是在圣会解散后,1669 年终于得到公演许可的版本。

《伪君子》是典型的符合"三一律"的作品,故事发生的时间是早上到第二天的凌晨,地点是贵族奥尔贡家,故事围绕伪君子达尔杜弗骗子面目被揭穿这一线索展开。作品讲到:一大早,贵族奥尔贡的母亲柏奈尔老太太就在大声抱怨,说儿子奥尔贡整天不着家,儿媳妇欧米尔不守规矩,孙子大密斯不成器,孙女玛丽雅娜天生是"狐媚子",最可气的是家中的女仆桃丽娜不守规矩、无法无天,家中最值得信赖的只有前几天刚刚住进来的教士达尔杜弗,他善良虔诚,是个真正的"圣徒"。随后,奥尔贡从外边回到了家中,一进门就问达尔杜弗过得怎么样,对三番五次地提醒他太太病了的桃丽娜不予理会,并将女儿叫到身边,说他观察了很长时间,为了女儿的幸福,决定将她许配给达尔杜弗。面对突如其来的横祸,玛丽雅娜只会哭泣,桃丽娜主张让大密斯去向奥尔贡报告达尔杜弗调戏欧米尔这一真相,以此打消奥尔贡的主意。奥尔贡叫来了达尔杜弗当堂对质,狡猾的达尔杜弗却反客为主,让奥尔贡对大密斯的告密大为光火并决定取消他的遗产继承权,而将其转移给达尔杜弗。为了挽救家庭,欧米尔设计了一个圈套,让奥尔贡躲在桌子底下,然后引诱达尔杜弗暴露出真面目。奥尔贡大怒,要将达尔杜弗赶出家门,但达尔杜弗却因为抓住了奥尔贡的把柄,威胁要去告密。全家惊惶失措,凌晨时分,达尔杜弗得意扬扬地带着卫兵队长来抄家,但卫兵队长却意外宣布:国王早已知悉奥尔贡的所为,但念在其以往功劳的份上赦免他,而达尔杜弗一贯招摇撞骗,国王决定严惩他。卫兵队长当着众人的面将伪君子达尔杜弗带走了。

《伪君子》的主题,可分为四个方面。

第一,批判了封建教会的腐朽、贪婪与虚伪。

作品中,伪君子达尔杜弗是封建教会腐朽、贪婪与虚伪的集中体现。他热衷享乐,骄奢淫逸,却又道貌岸然,装得比谁都要高尚虔诚。作品借桃丽娜之口刻画了这样的达尔杜弗:"他的身体别提多么好啦。又胖又肥,红光满面,嘴唇红得都发紫啦。"①"他是一个人吃＊＊的晚饭,坐在太太对面,很虔诚地吃了两只竹鸡,外带半只切成细末的羊腿。"②他贪婪无度,在取得了主人的信任、有吃有喝之后,还惦念着主人的妻女,最后甚至动了要谋夺别人全部财产的心思。他狡诈凶狠,在别人告发他调戏欧米尔时,他却不惊慌,反而说道:"你尽管相信他们对你说的话,你尽管发怒吧！你尽可以把我当作一名罪犯,把我撵出你的大门,因为我应该忍受的羞辱正多着呢,受这么一点儿,原不算什么。"③自我指责和自我忏悔是17世纪天主教徒的常用"招数"。如此,达尔杜弗成功地骗过了奥尔贡。正如他的面目,达尔杜弗的语言和行为都是双面的。面对柏奈尔老太太和奥尔贡,他谈吐克制得体,像是无欲无求、严于律己的苦修教士,而一旦与欧米尔独处,他就原形毕露,变成言语下流的无耻之徒。对于站在上帝视角看剧的观众来说,达尔杜弗一口一个"道德""上帝""戒律",更是让他们捧腹大笑。虽然不是插科打诨的闹剧,但巧妙的反讽比直白的批评更幽默、辛辣。达尔杜弗的形象代表了17世纪随处可见的道德卫士——天主教徒。他是腐朽的封建教会的鲜活体现,莫里哀在刻画这个人物时,不是将之塑造成一个单面形象,而是将他的伪善与狡诈凶狠、自作多情糅合在一起,呈现了一个活生生的恶棍形象。由此不难看出教会为什么要竭力阻止《伪君子》的公演与传播。

第二,批判资产阶级的昏庸无知。

作品中,莫里哀没有给资产阶级一个体面的形象,奥尔贡一家除外舅克雷

---

① 莫里哀.伪君子[M].赵少侯,译.北京:人民文学出版社,2002:13.
② 莫里哀.伪君子[M].赵少侯,译.北京:人民文学出版社,2002:13.
③ 莫里哀.伪君子[M].赵少侯,译.北京:人民文学出版社,2002:54.

央特、主妇欧米尔之外,在莫里哀的笔下都是被调侃批判的对象。作品一开始,是柏奈尔老太太对伪君子赞赏有加;贵族奥尔贡更是进门就问达尔杜弗过得怎么样,他对外人言听计从却不肯相信自己的妻子和孩子;贵族小姐玛丽雅娜在听到父亲要将自己嫁给达尔杜弗后,除了哭不会干别的。奥尔贡身为大资产阶级大家长的代表,却丝毫没有判断能力,一味轻信教会和教士。他对家人冷漠、粗暴、傲慢、不信任,对女儿的婚姻擅自作主,却在"圣徒"面前卑躬屈膝,生怕惹对方不快。奥尔贡的形象也代表了17世纪资产阶级的"面貌"。莫里哀对贵族的批判,在当时是少见的,这也是这部剧作在当时引起众多批判的主要原因之一。

第三,赞扬下层劳动人民的机智勇敢。

与对天主教会和资产阶级的讽刺批判相对,《伪君子》刻画了桃丽娜这一正面、积极的人物形象。在作品中,桃丽娜明白是非、机智勇敢,在整个家庭遭遇危难的时刻,能够据理力争,展现出了动人的魅力。比如她对达尔杜弗毫不客气,在达尔杜弗出场的一幕中,有这样的精彩对话:

达尔杜弗(从衣袋里掏出一块手帕):哎哟! 天啊,我求求你,未说话以前你先把这块手帕接过去。

桃丽娜:干什么?

达尔杜弗:把你的胸脯遮起来,我不便看见。因为这种东西,看了灵魂就受伤,能够引起不洁的念头。

桃丽娜:你就这么禁不住引诱? 肉感对于你的五官还有这么大的影响? 我当然不知道你心里存着什么念头,不过我,我可不这么容易动心,你从头到脚一丝不挂,你那张皮也动不了我的心。①

在家庭成员都对达尔杜弗唯命是从时,桃丽娜的尖刻体现了劳动人民的斗争气概。莫里哀对桃丽娜等劳动人民的钟爱,可能来自他十余年的民间演出经历。

---

① 莫里哀.伪君子[M].赵少侯,译.北京:人民文学出版社,2002:45.

第四,赞颂了君主的智慧。

最后,在达尔杜弗是伪君子这一真相被揭穿后,奥尔贡后悔莫及。一切似乎已经太迟,眼看小人即将得志,观众的心也高高悬起。这时侍卫官说道:"咱们是在一位痛恨奸诈的亲王的统治下,他老人家洞悉人心,不为任何阴谋诡计所蒙蔽。他伟大的心灵明察秋毫,最善于分辨是非,什么事也蒙蔽不了他老人家,他坚强的理智从不陷入极端……亲王以他至高无上的权力把这种契约关系一笔勾销。至于因为一个朋友私逃把您牵连在内的那个罪名,亲王也宽恕您了……在他老人家面前,任何功绩都不会落空的。"①最终进监狱的是伪君子达尔杜弗。亲王拯救并宽恕了奥尔贡一家,奥尔贡感恩戴德,决定坚决拥护王爷,并成全了女儿的爱情,结局皆大欢喜。如果说剧中的反派达尔杜弗代表的是天主教会,那么救世主代表的则是君王路易十四。这也完美迎合了路易十四想要弱化教会和资产阶级权力、强化集权专制、获得君主崇拜的野心。

三、《伪君子》的艺术特征

《伪君子》是典型的"三一律"作品,形式紧凑,布局精巧,有着很高的艺术价值。

第一,语言符合人物身份。

《伪君子》中的人物并不多,但每个人的语言表达都是与其身份相符的,体现了作家极高的语言运用能力。比如达尔杜弗在回应欧米尔时说的一番话:"您说出这番话来,当然是一桩极端甜美的事。您这几句甜蜜蜜的话把我从来没有尝过的一种芳香川流不息地输进了我的全身毛孔里面,能够得到您的欢心,原是我一向所寻求的幸福;现在居然蒙您这般垂爱,我的心实在满足万分了,不过这颗心,请您准许它敢对于这种幸福还有点儿怀疑,因为我很可以把这些话当作是一种手段:无非是要我来打破正在进行中的那个婚姻。"这段话显得虚伪矫饰,同时又表现出达尔杜弗的多疑,正符合达尔杜弗的多面性格。

第二,运用了民间闹剧的一些手法。

---

① 莫里哀.伪君子[M].赵少侯,译.北京:人民文学出版社,2002:92.

《伪君子》受民间戏剧影响很深,尤其是在戏剧手法上,莫里哀更是进行了颠覆性的创新。比如在塑造桃丽娜这一角色时,莫里哀不仅让她敢于和柏奈尔老太太及奥尔贡顶嘴,以致气得奥尔贡在台上追着她打,而且让她成为关键时刻拿主意、顶大梁的人物,这在当时传统的贵族戏剧中是不多见的。在作品中,贵族成为被嘲讽的对象,成了闹剧角色。在剧中,欧米尔为了让奥尔贡看清达尔杜弗的真面目,让他钻到桌子底下,他亲眼看见自己的妻子与别人调情,倍觉尴尬,产生了强烈的喜剧效果。这种通过折辱上流人物获得喜剧效果的戏剧手法在当时贵族戏剧传统中是不可想象的。

第三,对"三一律"的出色运用。

《伪君子》在结构形式上运用了古典戏剧的"三一律":剧情围绕揭露达尔杜弗的伪善面目而展开,地点是奥尔贡家里,时间从早晨到第二天凌晨。作品中,一些无法在"三一律"框架中进行舞台演出的信息,通常是通过他人之口说出来的。

第四节　17世纪古典主义文学中的跨文体实践

一、17世纪古典主义文学跨文体改编的现状

古典主义文学以古典主义戏剧为主。由于戏剧本身就是表现力极强的舞台艺术,因此对这部分作品进行跨文体改编的并不多。尽管如此,莫里哀的若干喜剧作品都曾被改编为电影搬上荧幕,如《塔度夫》(德国著名导演 F.W.茂瑙依据《伪君子》改编,1925)、《悭吝人》(法国著名导演路易·德·菲奈斯导演、主演,1980)。莫里哀的喜剧多被称为"性格喜剧",剧中人物性格鲜明,言行举止往往令人忍俊不禁,因此在由莫里哀喜剧改编的影视作品中,演员的神态、动作大都极为夸张,烦冗的戏剧语言被简化为简洁有力、颇具深意的话语;再加上影视导演所采取的一些特殊表现手法,改编自莫里哀喜剧的多部影视作品别具魅力,均成为经典之作。

二、电影《塔度夫》分析

《塔度夫》(*Tartüff*,1925)为德国著名导演 F.W.茂瑙(1888—1931年),在莫里哀的古典主义喜剧杰作《伪君子》的情节基础上导演的经典默片电影。

该电影采取了"戏中戏"的故事框架:晨起时分,一个伪善的女管家诱骗其主人——一位神智昏昏的老人——立遗嘱将财产赠送给她,老人的孙子登门拜访,却因自己的演员身份不受老人喜欢而被赶出家门;孙子识破了女管家的伪善,为帮助爷爷也认识到这一点,他假扮成电影放映员来到爷爷家为他们播放了《塔度夫》;借着电影造成的效果与女管家蓄谋杀害老人的证据,孙子最终帮助爷爷把伪善的女管家赶出了家门。不难看出,这个电影的外层框架也是对《伪君子》原著故事的戏仿。

而在影片中播放的"戏中戏"——电影《塔度夫》,则是改编自莫里哀的《伪君子》中的主要情节。该故事简化了《伪君子》原著中的人物关系和故事情节,省去了奥尔贡之母、子女等人的出场,截去了原著中的前因——奥尔贡与塔度夫在教堂的相识及后果——奥尔贡一家借助王室的力量战胜了塔度夫,而把主要情节集中在塔度夫、奥尔贡、奥尔贡之妻欧米尔和女仆桃丽娜身上。情节线索为:欧米尔精心打扮,等待外出的丈夫奥尔贡归来;但奥尔贡却带回了塔度夫,并在其教唆下杜绝一切情爱,冷落妻子;塔度夫在奥尔贡家作威作福,与此同时,欧米尔发现丈夫曾将大笔金钱赠予塔度夫,并觉察出塔度夫对自己存有非分之想,因此她在女仆桃丽娜的帮助下,设计让丈夫识破了塔度夫的真面目。

从思想倾向上看,影片弱化了原著中对封建教权的精神专制、封建贵族的无能堕落和新兴资产阶级的软弱、盲信的批判,而将火力集中于"伪善"这一恶德,将原著中对教会、对贵族的批判拔高至对整个社会、对人性的批判。

《伪君子》原著中的塔度夫是个没落的封建贵族,通过以"侍奉上帝"为职业来招摇撞骗,博取了奥尔贡与其母亲的信任。影片《塔度夫》却抹去了塔度夫的封建贵族身份,使之成为一个穷困潦倒且身份不明的人,这就把批判矛头指向了整个社会——伪善者、伪信徒可能是社会中任意阶层、任意群体中的人。不仅如此,在影片的外层框架——孙子智斗女管家的故事中,当影片结束、女管家阴谋败露之际,孙子如此说道:"从今开始,所有伪君子都叫塔度夫(From this time forth, all hypocrites are called Tartuffe)!"而在女管家被赶出门时,守在门外的一群小孩叫她"塔度夫"来嘲笑她。由此可见,"伪君子"的身份已从原著中的伪教士身上让渡到了社会上的其他人身上。

值得注意的是,《伪君子》原著中对控制人们思想的封建教权持坚决的批判态度,并无反映宗教对人有助益的内容,这与当时的社会背景密不可分——当时法国天主教会的核心组织"圣会"(又名"信士帮"),实际上是一个披着宗教外衣的特务组织,其任务是刺探、监视人们的思想、言论,迫害所谓的"异端分子"和"自由思想者"。这些伪信士以虚假的虔敬苦修和虚伪的道德说教蛊惑人心,实则无恶不作。塔度夫就是这类假圣人的代表。而影片在对塔度夫利用宗教招摇撞骗进行讽刺批判的同时,也凸显了宗教作为精神力量对人的内心、行动的支持鼓励作用:奥尔贡之妻欧米尔第一次设计让丈夫识破塔度夫的真面目却未能成功,绝望之下她痛哭祷告,希望上帝能赐予她战胜恶人的力量。故事最后,欧米尔的第二次计谋终于成功,塔度夫被赶走,影片(内部故事)以欧米尔仰头告祷、感谢上帝帮助她赢回了丈夫之爱而剧终。由影片中欧米尔祷告时的美丽侧影、动人姿态可看出,影片是倾向于将识破并战胜伪善这一功劳归给上帝的,而非原著中所赞颂的王权。

从表现手法上看,默片的局限使得影片因无剧本台词而缺失了原著的诸多韵味,不过默片这一独特的艺术方式及其表现主义手法,使得古典主义戏剧获得了一些新的艺术魅力。

首先,《伪君子》作为一部喜剧杰作,其中的语言艺术至关重要,其起到了塑造人物性格的作用。《伪君子》被视为一出成功的"性格喜剧",而剧中各色人物的鲜明个性主要是通过对白体现出来的。如奥尔贡在塔度夫的教唆下丝毫不关心家人,外出归来后听闻妻子病了却毫不在意,在桃丽娜向他报告妻子的病情时也似没听见一般,只顾着追问"塔度夫呢";虽然桃丽娜答复说塔度夫过得逍遥自在,但奥尔贡还是只顾着叹息"真怪可怜的"。这类典型话语的多次重复

就将一个在伪教士教唆下变得无情无义却还不自知的糊涂虫刻画得入木三分。再如干脆爽朗的桃丽娜尽管只是一个女仆,但若认为主人们的所作所为不对,便会直言以告,甚至多次打断主人们的谈话,或是用反讽的话语来表达自己的不满。如在奥尔贡对妻子的病情毫不关心、只顾着问塔度夫的情况时,桃丽娜报告完女主人的病情后,甩下一句"总而言之,现在他们两位身体都安好,我这就上去,预先报告太太您对她的病的这份关心";在奥尔贡说服女儿嫁给塔度夫时,桃丽娜不时插嘴:"先生,就是由您亲口说出来,我也不信。""是的,是的,您这是给我们讲一个笑话呢。""说着玩罢了!""算了吧,您不要信您父亲的话;他开玩笑呢。"……奥尔贡劝女儿一句,桃丽娜就消解一句,这"口舌之争"使桃丽娜的泼辣爽直、不畏强权的个性展露无遗。

至于塔度夫的伪善,更是十之八九都体现在其言语中。他想引诱欧米尔,便极力夸赞她的美貌,再将这美貌归为上帝的恩赐,因此他爱她就等于是爱上帝;最后他甚至还以与他苟且并无风险作为吸引欧米尔的筹码:"再说跟我要好,您的名誉是不会有任何危险的,也不必怕我在这方面会有什么忘恩负义的举动……和我们交往,秘密是靠得住、永远不会泄露的。我们必须顾全我们自己的名誉,所以被爱的那一方就可以高枕无忧……"他当真是步步为营。而在丑行被揭穿之后,他为了消除奥尔贡的怀疑,避开是否真有其事不谈,而是泛泛夸大自己的罪恶:"……人家都拿我当一个好人,可是我其实是一个一文不值的人……你尽管拿我当作阴险、无耻、绝灭人性的人,拿我当作强盗、当作杀人凶手;再找出一些比这还丑恶的字眼加在我身上吧!我绝不反驳,这正是我份所应得的;我愿意跪在地上忍受这种耻辱,把它当作我这一生一世所犯罪恶应得的一场羞辱报应来领受。"之后又表示自己宽大为怀,愿意宽恕达米斯(奥尔贡之子)的无礼。这一套诡辩术让奥尔贡对他更加深信不疑。

影片《塔度夫》为一部默片,它诞生于世界上第一部有声电影诞生前夕(1927年的美国影片《爵士歌王》是第一部添加了对白的电影;此前的电影也有音乐、声效相伴,但均无人物对白,统称为默片)。虽然《塔度夫》中也有钢琴配乐作为背景音乐或特殊音效(如铃响等),但由于技术限制,原著中丰富而精彩的人物对白几乎完全消失了,只有173张对白字幕卡插在相关镜头之后,每张字幕卡上会出现一两句简单台词,以交代人物关系、故事情节。从影片整体来看,人物性格确实不如原著中由语言建构起来的那般鲜明,塔度夫的伪善也因缺失了"语言艺术"的表现而"失色不少"。

默片时代电影胶片的拍摄速度是16格/秒,在银幕上放映时显得动作很快,让人觉得夸张和滑稽,这本身就有一种喜剧效果。在《塔度夫》中,奥尔贡为了迎接塔度夫的到来,匆匆忙忙招呼仆人拆除家里的装饰品,默片的独特效果凸显了他急得跳脚的滑稽模样。此类情况还有很多。此外,值得一提的是,虽然影片中极度精简后的人物对白在语言艺术上无法与原著相比,但有些话语的力度几乎不输原著。如在原著中,当欧米尔设计引诱塔度夫、塔度夫欲行不轨之事时,欧米尔问他:"不过真的答应了您所要求的那件事,又怎能不同时得罪您总不离口的上帝呢?"塔度夫立马搬出了一大堆诸如"和上帝商量出一些妥协的办法""用动机的纯洁来补救行为上的恶劣""一件坏事只是被人嚷嚷得满城风雨的时候才成为坏事;之所以叫人不痛快,只是因为要挨大众的指摘,如果一声不响地犯个把过失是不算犯过失的……"等的说辞来劝服她;而在影片中,只用了两张字幕卡、四句对话来囊括他们这一大段对话:

欧米尔:我们是在犯罪吗?

塔度夫:秘密地犯罪不叫犯罪。

欧米尔:您——一个圣徒——这样认为?

塔度夫:我——一个圣徒?

四句简洁的对话却把塔度夫的伪善面目、丑恶心灵表现得淋漓尽致。这可看作对失去原著语言魅力的一点弥补甚或再创造吧。

其次,导演茂瑙作为德国表现主义电影流派的一员大将和哥特电影的先驱之一,将表现主义手法和哥特元素也运用到了影片《塔度夫》中,为《伪君子》这部古典主义戏剧增添了许多独特魅力。如影片中加入了一些主观化的物象来表现人物心理:在欧米尔第一次设计引诱塔度夫时,铜茶壶上映出了躲在窗帘后的奥尔贡的扭曲面容,这直观体现出他眼见塔度夫即将侵犯自己的妻子却不愿相信也难以相信的心理状态。此外,影片的外部框架还采用了哥特电影常用的"毒药——谋杀"元素,画面也呈现出强烈的明暗对比,这为影片加入了一些惊悚、邪恶的气息。

最后,值得注意的是,表现主义电影通常具有浓烈的悲观主义色彩——表现人生之悲剧、残酷,这在影片中也有所体现。在影片一开头即出现字幕:"世界上的伪善者数量众多,许多时候我们都毫无意料地坐在他们身边!"整部影片结束时再次点题:终于知道了女管家真实面目的老人问孙子:"我是不是瞎了,竟认不出这样一个恶人?"孙子回答他说:"任谁都阻挡不了伪善者。很多时候他们就坐在我们旁边,而我们却并不知晓。"这就点明了人性之恶无处不在,悲观主义色彩可见一斑。而且,影片最后还向观众发问:"你知道谁在你旁边吗?"这一问题把对人性的怀疑往深层推进了一步。影片中所呈现出来的悲观主义的主题、心态或与一战后德国人民紧张、惶惑、恐惧甚至对人性的怀疑有关,也与工业社会的冷漠对人的异化有关。

课后题:

1.结合作品,简述约翰·弥尔顿的《失乐园》的主题。

2.结合高乃依的《熙德》与拉辛的《安德洛玛克》,分析17世纪古典主义文学的思想艺术特征。

3.结合作品,分析《伪君子》的作品主题与艺术特征。

第七章　18世纪启蒙主义文学

学习提要：

本章是西方文学史中的学习重点,主要分析西方工业革命所带来的文化启蒙,总结启蒙主义文学的思想与艺术特征及欧洲各国的代表作家与作品,重点解读卢梭的《新爱洛伊丝》《忏悔录》《爱弥儿》与歌德的《少年维特之烦恼》《浮士德》,并以电影《浮士德》展示启蒙主义文学的跨文体实践。

要　　求：

掌握:18世纪启蒙主义文学的思想艺术特征;了解欧洲各国启蒙主义文学代表作家及其作品的简单故事情节,以及卢梭《新爱洛伊丝》的故事情节、作品主题与"新人"形象特征,歌德《少年维特之烦恼》的"艺术救赎"意义,《浮士德》的故事情节与人物形象特征。《浮士德》中"浮士德形象"的复杂性,是本章学习的难点。

第一节　18世纪社会与文化背景

一、第一次工业革命与人的启蒙

欧洲启蒙主义产生的根本原因在于第一次工业革命推动了人的自我意识的觉醒。

欧洲工业革命最早发生在北欧的荷兰。16世纪时,荷兰资本主义体制开始建立,工业革命也随之发生;但由于当时欧洲商贸往来有限,因此荷兰的工业革命并未产生覆盖全欧洲的影响。

18世纪中叶发生在英国的工业革命催生了真正意义上的"欧洲风暴"。英国工业革命的发生虽受荷兰影响,但主要还是英国社会发展的必然结果。早在17世纪初,英国就发生了一场科学思想革命,即培根的《新工具论》的发表使人们产生了对科学的新的看法与社会定位。在17世纪及更早的时代,欧洲大陆上的科学只是实验室中的奇思妙想和贵族们的玩物;后来,随着科学的进一步发展,科学发现摧毁了人们对神的信仰,将百姓变成了君王的臣仆。培根的《新工具论》认为科学应是实验的科学:人们通过感觉认识事物,然后将之上升为普遍规律并以此来认识和改造世界。培根的科学观使科学成了人们改造外在世界的工具。在培根思想的影响下,17世纪上半叶,工匠传统与学者传统在英国逐渐结合起来。这种结合在1660年达到了高潮。在这一时期,英国科学家的研究范围扩大了,他们把欧洲大陆上发展起来的科学理论广泛应用于工艺过程,无数的技术发明相继出现,科学变成了撬动世界的杠杆,科学技术改变世界的巨大力量由此开始显现。这正是英国工业革命开始的前提。科学技术所引发的英国工业革命要持续进行下去,就需要大宗贸易、大量劳动力与生产资料的支撑,而这些要素在科学技术的强力推动下都一一具备了,到1750年左右,英国工业革命真正破土而出。

如果英国工业革命的发展局限于英伦三岛,没有受到外在因素冲击,那么其虽会对欧洲大陆产生影响,却会相当缓慢;而拿破仑的入侵改变了这一局面,加快了英国工业革命对整个欧洲的影响。1799年"雾月政变"后,拿破仑开始征服整个欧洲。1801年与1803年,拿破仑曾两次集结军队试图入侵英国,由于种种原因最终都未能成功,但却给英国带来了其他影响。拿破仑入侵带来的危机感,迫使英国打开了自身的封闭结构并与欧洲大陆的商贸一体化;在这种情况下,原先盘踞在英伦三岛中的机器文明逐渐影响了整个欧洲大陆。首先受到影响的便是法国,在18世纪末,法国的工业革命已初具轮

廊。然后,工业革命成辐射状向欧洲大陆内部延伸,并最终变成了一场文明的风暴。

工业革命深刻地改变了欧洲的文明结构,其对人性观念的改变是尤其重要的。在工业革命发生之前,人们将自我的归属设定为归属于神、归属于君王,人性被认为是外在给予的;即使是在人性自觉的古希腊与文艺复兴时代,个人自由的觉醒也并未阻止人归属于更高层次的对象。工业革命发生之后,人们凭借科学技术的杠杆既撬动了整个世界,也充分实现了自己的自由。人们把命运握在自己手中,充满了活力和冒险精神。在失去了信仰认同、君主认同后,人们面对自身所创造的巨大功绩时,一个问题产生了:我为何能有如此巨大的力量?这种对自我强大力量的目睹带来的不仅是自信,还有恐慌,人们需要一个关于自我的新的解释。在这样的需求之下,人们对自我的人性进行了假设:我之所以能改天换地,是因为我本来就具有这样的力量。有着无穷欲望,同时又具有实现这些欲望的无穷能力,这就是人的自由。

在18世纪启蒙主义哲学中,人的自由观念产生于人对自我人性的一种假定。人的自由就像是埋藏在人体中的一枚种子,人有责任使之生长并表现出来。人通过现实实践使自己的自由本性表达出来,这就是人的启蒙。

二、启蒙发生的外在条件

18世纪的启蒙主义运动,源于人们面对自我的新的世界角色而做出的一种人性设定,即人性自由的设定,这是欧洲启蒙运动发生的内因;而其发生的外因则有以下三个方面。

第一,社会等级观念的变化。在君主专制时代,君权神授与门第观念是束缚人们的两大思想枷锁。进入18世纪后,随着社会发展,社会等级观念遭到了质疑。英国哲学家霍布斯提出"自然状态"和国家起源说,认为国家是人们为了遵守"自然法"而订立契约后形成的,是一部人造的机器;他反对"君权神授说",在世俗契约的层面上提出了君主专权思想。另一位英国哲学家洛克则提出了"白板说",即每个人的人格都是一块空白的白板,需要人们通过现实实践来刻写,所有人在资质上都是平等的,并非出身高贵就在天资上高人一等,这一提法有力抨击了封建门第观念。霍布斯与洛克的学说反映了当时社会等级观念的变化,为启蒙主义的推广提供了外部条件。

第二,"法国大百科全书派"为理性的合法性做了出色论证。"法国大百科全书派"是18世纪法国一部分参与编撰《百科全书》的启蒙思想家组成的一个思想派别,当时参与撰稿的有160余人,他们哲学观点不同、宗教信仰不一,但在对人的理性本质的认识上却有共同的看法,思想家狄德罗、伏尔泰、卢梭、爱尔维修、霍尔巴赫等也在其中,他们都反对天主教会、经院哲学以及封建等级制度,在当时影响很大。通过《百科全书》的编纂,"法国大百科全书派"将理性设定为观察世界的标准,并以之裁判万事万物的存在合法性。恩格斯说:"宗教、自然观、社会、国家制度,一切都受到了最无情的批判;一切都必须在理性的法庭面前为自己的存在辩护或者放弃存在的权力。"①

第三,沙龙空间为启蒙主义的推广提供了庇护。18世纪的法国在社会空间的布局上沿袭了封建专权时代的空间格局,皇宫与教堂居于城市中心,贵族府邸拱卫在其周边,第三等级则居于城市的边缘。在贵族府邸中诞生了一种独特的社会组织空间——沙龙。沙龙的组织者一般是开明的贵族妇女,她们博学、聪敏,有一大批优秀的追求者。她们经常在自己家的客厅中组织一些进行前沿思想讨论的聚会。在这些聚会上,在美丽女主人的引导下,人们畅所欲言,而启蒙主义的话题往往会成为讨论的热点,那些思想激进的启蒙主义思想家在此发表标新立异的言论,引发社会舆论。因此,沙龙空间为启蒙主义的推广提供了庇护。

---

① 恩格斯.社会主义从空想到科学的发展[M]//马克思,恩格斯.马克思恩格斯选集:第三卷.北京:人民文学出版社,1972:404-405.

第二节 18世纪启蒙主义文学概况

一、18世纪启蒙主义文学的特征

18世纪启蒙主义文学的核心特征是以文学形式体现人的理性本质。具体体现为以下四个方面的特征。

第一,在作品内容上,体现出强烈的政治性和斗争性。

在18世纪启蒙主义文学之前的欧洲文学传统中,以讽刺和揭露现实为主题的文学作品存在但并非主流。文学创作主要还是一种艺术性活动,刻意与现实保持着一定距离是文学创作约定俗成的原则。启蒙主义文学则刻意拉近文学与现实的关系,强调文学对现实的干预意义,体现出了强烈的政治性和斗争性,比如狄德罗(Denis Diderot,1713—1784年)的《拉摩的侄儿》(Le neveu de Rameau)。

《拉摩的侄儿》创作于1762年,是一部对话体小说,以充满反叛精神的"拉摩的侄儿"为主角,通过人物对话,对当时的法国现实进行入木三分的抨击。比如他说"我最了解我自己",因为他最了解在有贫富差异的社会中他只有靠富人的施舍才有机会享受:"这是因为他所创造的所有那些美好的东西给他带来的还不到两万法郎,如果他是一个圣德尼大街或圣奥诺雷大街的好丝绸商,一个杂货批销商,一个顾客颇多的药剂师,他一定会聚集一笔巨大的财富,并且在聚集的过程中,没有任何快乐他不曾享受到。他就会不时地拿一个比斯多尔给予像我这样一个会使他笑、会在适当的机会给他提供一位年轻女孩以解除他由于总是与自己的妻子住在一起而生厌的衣衫褴褛的穷鬼;我们就能在他家吃好饭,赌大钱,喝好葡萄酒、好甜烧酒、好咖啡,进行郊游;您看到我明白我自己。"[①]"拉摩的侄儿"这番看似自轻自贱的话,其实是对不公平的社会现实的巧妙揭示。关注现实,从理性角度来判定、考量现实本身,这也是18世纪启蒙主义文学的特征。

---

① 狄德罗.拉摩的侄儿[M].陆元昶,译.重庆:重庆出版社,2008:1.

第二,在人物形象上,塑造了"新人"形象谱系。

在欧洲文学传统中,灵肉矛盾是永恒的主题,古希腊文学中的"命运"、古罗马文学中的"事功"、中世纪文学中的"原罪"及文艺复兴文学中的人文主义,都体现了人的心灵与现实存在之间的冲突。在启蒙主义文学中,灵肉冲突达到了新的高度。在启蒙主义文学中,存在着一系列独特的人物形象,他们追求内在自由的张扬,视之为第二生命,却在现实世界中感到无能为力、逃避现实,这就导致了深度的灵肉分裂。

还是以狄德罗的《拉摩的侄儿》为例,"拉摩的侄儿"刻画了自己的形象:"不论天气晴朗还是恶劣,每天傍晚五点钟左右到王宫花园去散步,这是我的习惯。人们看到的总是独自一人在阿尔让松的长凳上梦想的这个人,便是我。我与我自己谈论政治、爱情、兴趣或哲学。我让我的灵魂彻底放纵。我让它自己做主追随那第一个出现的聪明的或愚蠢的念头,就像人们在福瓦林荫道上看着那些放荡的青年在追逐一位神情轻佻、面带微笑、目光闪烁、鼻尖翘起的妓女,又为了另一位而离开这一位,向所有的妓女进攻,却不依恋于任何一位。我的思想,也就是我的妓女。如果天气太冷或者雨太大,我就躲进摄政咖啡馆;我在那里以看别人下象棋来消磨时间。巴黎是全世界玩这种游戏最好的地方,而摄政咖啡馆则是全巴黎玩得最好的地方。"①这里描绘的"拉摩的侄儿"珍视并享受自己的自由,在绝对自由中放纵自己,却逃避任何有可能使自己的自由在现实中实现的机会。

这些珍视自由却无法在现实中实现自由的形象,是启蒙主义文学中的"新人"。"新人"的产生,与他们所捍卫的自由的特征有关。启蒙时代的自由本质上是在科学技术发达、人类改造自然的能力增强的特定时代,人们为解释自己为何会有如此巨大的能量的一个"设定"。自由作为一种"设定",就其根本而言是反现实的,所有试图将自由现实化的努力从自由的角度来看都是对纯粹自由本身的消解。自由,意味着永远超出现实的无限可能性。正是这样的"设定",决定了启蒙主义文学中的"新人"捍卫自由却拒绝实现它;或

---

① 狄德罗.拉摩的侄儿[M].陆元昶,译.重庆:重庆出版社,2008:11.

者说,拒绝现实化正是启蒙主义自由的核心内涵,这也注定了"新人"们的悲剧。

再比如在歌德的《少年维特之烦恼》中,作者塑造的"维特"就属于典型的"新人"。维特出生于小市民之家,他天资聪颖、敏感多情,不能忍受他所在城市的世故人情,因此决意去寻找自己理想中的乐园。他来到了乡下,见到了乡下姑娘夏绿蒂·布芙,两人一见钟情,惺惺相惜,但维特开口求婚时,却发现夏绿蒂已经订婚了。夏绿蒂的未婚夫阿尔伯特是个不折不扣的好人,这使得他没有任何理由与阿尔伯特竞争,他因此陷入一种"新人"的困境,作品中这样写道:"阿尔伯特已经回来,而我就要走了。尽管他是一位十分善良、十分高尚的人,尽管我在任何方面都准备对他甘拜下风,可眼睁睁看着他占有那么多完善的珍宝,我仍然受不了!——占有!——一句话,威廉,未婚夫回来啦!倒是个令你不能不产生好感的能干而和蔼的男子。幸好接他那会儿我不在,不然我的心会被撕碎。"①对于维特来说,这是一种奇特的困境,这种困境不是现实中需要克服的困难,而是对自己认为美善的东西充满向往却只能观望。在这场三角恋中,不存在对错的问题,只存在美丑的问题,这也使得维特为自己设限、故步自封。作品中这么写道:"清晨,我从睡梦中醒来,伸出双臂去拥抱她,结果抱了一个空。夜里,我做了一场梦,梦见我与她肩靠肩坐在草地上,手握着手,千百次地亲吻;可这幸福而无邪的梦却欺骗了我,我在床上找她不着。唉,我在半醒半睡的迷糊状态中伸出手去四处摸索,摸着摸着终于完全清醒了,两股热泪就从紧迫的心中迸出,我面对着黑暗的未来,绝望地痛哭。"②那么,这种困难怎么解决呢?维特选择了自杀。在此意义上,自杀虽然结束了生命,但却保全了美好的东西。

对美好的东西充满向往,却缺乏行动,最后在忧郁中逝去,这就是"新人"。

第三,自然描写在文学作品中涌现。

在启蒙主义文学之前,欧洲文学传统中有自然描写,但其并不具有独立意

---

① 歌德.少年维特的烦恼[M].韩耀成,译.南京:译林出版社,2010:39.
② 歌德.少年维特的烦恼[M].韩耀成,译.南京:译林出版社,2010:51.

义,往往是作为作品中的寓意象征而出现的。在 17 世纪君主集权时代,文学作品中故事发生的地方往往是宫廷或贵族庭院。在启蒙主义文学中,自然描写在文学作品中大量出现并具有了独立的美学价值。

比如卢梭(Jean-Jacques Rousseau,1712—1778 年)的《新爱洛伊丝》(*Julie, ou la nouvelle Héloïse*)中,就有大量优美的、令人印象深刻的自然描写:"……常被那些意想不到的景致打断。忽而无边无际的怪石在头上悬垂,危殆欲坠;忽而高空飞来喧嚣的瀑布,又把我淹没在浓浓的细雾中;忽而从远古奔来的一股激流,在离我不远的地方,冲刷出一个深渊。水色浓黑,目不敢视。有几次我在密无间隙的树林中,迷失方向,有几次爬出了深坑,一块如茵的草地在眼前展开,立即使你心旷神怡。这里的蛮荒和文明、自然和人工的惊人结合,到处都标志着人类的一双手已伸到人类无法进入的地方;在岩穴的旁边可以看到住房,在人们本来只能看到满地荆棘的地方,却长着多年的老葡萄藤,在塌陷的坑地里,葡萄成熟了,岩石上结着上等的水果,悬崖峭壁上有耕种的田亩。"① 再比如:"请想象万千气象的变化、雄伟、瑰丽吧,那种目睹周围万物的新姿,异地的奇鸟,五花八门无以命名的植物,那您就发现某种性质的新自然,感到置身于一个新世界。所有这一切造成一种难以言传的混合体,映入眼帘,而其魅力还在空气的微妙作用下,不断地增长,它使彩色更加耀眼、线条更加清晰、各个焦点更加接近视力。在这里,距离比平原缩短了。空气的厚度给大地蒙上一层薄幕,天边向眼界呈现它无力容纳的更多景物。最后,我不知道由于一种什么魔术,景物具有使人神清气爽的超自然力量,叫人们忘记一切,忘记自己,不知身在何处。"②

第四,文体形式多种多样。

启蒙主义文学之前,欧洲文学传统中的主流文体是戏剧。进入启蒙时代以后,随着文学与现实关系的日益紧密,文学作品反映社会生活的当下性要求日益迫切,小说逐渐代替戏剧成为主流文体。当时的小说也分为好几类,有书信

---

① 卢梭.新爱洛伊丝[M].韩中一,译.海口:南海出版公司,1991:49.
② 卢梭.新爱洛伊丝[M].韩中一,译.海口:南海出版公司,1991:51.

体小说,比如卢梭的《新爱洛伊丝》;有游记体小说,比如斯威夫特(Jonathan Swift,1667—1745年)的《格列佛游记》(Gulliver's Travels);有自传体小说,如卢梭的《忏悔录》(Les Confessions);有对话体小说,如狄德罗的《拉摩的侄儿》;还有诗歌体小说,如歌德(Johann Wolfgang von Goethe,1749—1832年)的《浮士德》(Faust)等。

在戏剧方面,戏剧创作逐渐摆脱了17世纪古典戏剧的"三一律",出现了贴近现实、形式灵活的"市民剧";在诗歌方面,出现了长篇诗歌体小说——歌德的《浮士德》等。

二、18世纪启蒙主义文学在各国

18世纪启蒙主义文学在各国都获得了发展,但发展程度并不一致。

在英国,启蒙主义文学中的现实主义小说的发展成就最高。英国是欧洲工业革命发展最为成熟的国家,进入18世纪后,文学创作走向平易写实,其中所谓的"报刊文学"影响较大。"报刊文学"以当时刚出现的报纸为载体,其作者往往是当时古典文学造诣颇深的一些名家,他们尝试将文学的平易与优雅结合起来,创作出杰作,其中丹尼尔·笛福(Daniel Defoe,1660—1731年)的《鲁滨孙漂流记》(Robinson Crusoe)与斯威夫特的《格列佛游记》就是代表性作品。

笛福是18世纪英国著名作家,他身份复杂、阅历丰富,于1719年创作了《鲁滨孙漂流记》。这部作品讲的是水手鲁滨孙在一次出海时遭遇风暴,船只失事,然后漂流到了一个荒岛之上,他凭借自己的努力在岛上建立了一个完整"社会"的故事。《鲁滨孙漂流记》写得非常有趣,其包含的思想也非常深刻。这部作品是对启蒙主义自由价值观的文学图解,它展示了一个一无所有的人凭借自己内在的自由意志,最终建立起使自然服从于人的"社会"的全过程。

斯威夫特的《格列佛游记》创作于1726年,它的出版比笛福的《鲁滨孙漂流记》只晚七年,它也是讲海外航行故事的,并且讲得十分生动。与笛福不同的是,斯威夫特想得更加奇幻,而奇幻中又包含了理性主义的精神。书的主人公是一个名叫格列佛的随船医生,他四次航行,去了四个奇怪的地方,书的四卷就分别讲他在每个地方的遭遇。①

在法国,启蒙主义文学是在资产阶级革命背景下诞生的,所以批判力度最强,最富于战斗精神。18世纪法国启蒙主义文学中,特别引人注目的是作家地位的变化。在17世纪的古典主义文学时代,法国是文学"庇护"制度最为盛行的欧洲国家,作家往往作为国王与贵族的臣仆进行创作。进入18世纪,随着出版业的发展,不少作家开始尝试摆脱王公贵族对他们不公平的"庇护",通过写作和发表作品来获取微薄收入,以此实现自由创作。

在18世纪法国启蒙主义文学中,小说主要展示体现时代特征的风土人情,比如孟德斯鸠(Montesquieu,1689—1755年)的《波斯人信札》(Lettres persanes)。受17世纪文学传统的影响,爱情小说也非常流行,比如卢梭的《新爱洛伊丝》。但即使是同样主题的小说作品,不同作家借此展现的精神深度又有不同,比如卢梭的《新爱洛伊丝》就不是单纯的爱情小说,它深入反思了人性自由与自律的辩证关系。其他如伏尔泰(Voltaire,1694—1778年)的《老实人》(L'Ingénu)、狄德罗的《拉摩的侄儿》,则都体现了对当时现实的深刻批判。

小说之外,同样展示人物心理和情感的戏剧也得到了很大发展。和17世纪法国戏剧不同的是,为贵族势力所推崇的悲剧因贵族阶级的没落在18世纪逐渐丧失了在戏剧舞台上的统治地位,喜剧则依靠笑声和笑声背后所蕴藏的尖刻讽刺获得了比上一个世纪更为重要的地位。② 喜剧大师博马舍(Beaumarchais,1732—1799年)创作了《塞维勒的理发师》(Le barbier de Séville)和《费加罗的婚礼》(Le mariage de Figaro)两部杰作。

在德国,启蒙主义文学开始于18世纪20—40年代,并在70—80年代的"狂飙突进运动"中发展到高潮。18世纪时,因为德国深居内陆,再加上诸多社会历史因素,工业革命对其产生的影响相当微弱。德国启蒙主义的产生,在一

---

① 王佐良.英国文学史[M].北京:商务印书馆,1996:103.
② 张彤.法国文学简史[M].上海:上海外语教育出版社,2000:89.

定程度上是源于一群天才人物对英法启蒙运动的主动接受，这些天才人物主要包括"狂飙突进运动"中的作家群体。

18世纪的德国，有一批初登文坛、具有反抗封建专制斗争精神的青年知识分子，他们受到启蒙思潮的影响与鼓动，想在落后的德国掀起一场风暴，要求自己像狂飙一样冲破社会的黑暗，因而组织了一个社团。他们以"天才、精力、自由、创造"为主要口号，呼应法国启蒙思想家卢梭倡导的"返归自然"的观点，要求摆脱封建传统偏见的束缚，主张个性解放，呼唤着民族意识的觉醒。"狂飙突进"这个名称，象征着一种力量，含有摧枯拉朽之意，它得名于德国剧作家克林格尔（Klinger，1752—1831年）在1776年出版的同名悲剧《狂飙突进》（*Sturm und Drang*）。此剧宣扬反抗精神，剧中的青年主人公维尔德这样说："让我们发狂大闹，使感情冲动，好像狂风中屋顶上的风标。"

歌德（Johann Wolfgang Von Goethe，1749—1832年）和席勒（Friedrich von Schiller，1759—1805年）都参加了这场运动。在这场运动中，他们大力宣扬文学的民族性、个性、天才和自然性，主张向古代的荷马、莎士比亚的作品以及民歌学习，主张建立合乎"自然人性"的理想社会，歌颂大自然、儿童和淳朴的普通人民。在这一时期，德国的启蒙主义文学发展到了最辉煌灿烂的阶段，跃居世界前列。在这一运动中，歌德创作出了自己的代表作《少年维特之烦恼》（*Die Leiden des jungen Werther*）。中年以后，歌德的创作逐渐从浪漫转向客观，创作了后期代表作《浮士德》，它代表了18世纪欧洲启蒙主义文学的最高成就。歌德的挚友席勒创作了市民剧《强盗》（*Räuber*）。

第三节　18世纪启蒙主义文学作家与作品（一）：卢梭与《新爱洛伊丝》《爱弥儿》《忏悔录》

一、卢梭的生平与创作

卢梭于1712年出生于日内瓦，父亲名叫伊萨克·卢梭，母亲叫苏萨娜·贝纳尔，都是日内瓦公民。父亲是钟表匠，技术精湛；母亲是牧师的女儿，聪明贤淑。卢梭有一个哥哥，在哥哥出生后，卢梭的父亲为了发展事业，便去伊斯坦布尔当了宫廷钟表匠。卢梭的母亲因难产在生下卢梭后死去。失去了母亲的卢梭得到了其他亲人的无私关爱，父亲、姑姑与哥哥都对他疼爱有加。卢梭从小就酷爱阅读，常常与父亲两人读书读到天亮。姑姑对卢梭人格的形成有极大影响，卢梭除了和父亲读书写字以及和保姆散步外，其余时间总跟姑姑在一起，在她身边坐着或站着，看她纺纱，听她唱歌。姑姑天生好说好笑，性格温和，容貌美丽，给卢梭留下了极为深刻的印象。卢梭日后对音乐的喜爱，也是受了姑姑的影响。

卢梭在这种良善、自由的环境中一直生活到了十岁左右，这对卢梭人格结构的形成具有极为重要的意义，卢梭的善良、敏感与对自然、自由的热爱都是在这时形成的。

但一个意外事件打破了卢梭的平静生活：卢梭的父亲与一位法国军官发生争执，法庭判卢梭的父亲向对方道歉，卢梭的父亲一气之下远走他乡，离开了日内瓦，而卢梭只好被寄养在乡下舅舅家里。在舅舅家，卢梭同样得到了很好的照顾，和表兄之间的感情非常深厚。后来，在卢梭十三岁时，他到了一个雕刻作坊做学徒，作坊师傅性格暴躁，让他受了不少羞辱。在十六岁时，有一次卢梭和朋友们出城去游玩，结果在回城时因为耽误了时间而无法进城，卢梭知道第二天早上回到作坊肯定又是一顿羞辱，于是决定离开日内瓦。

1728年，卢梭离开了日内瓦，后来在别人的推荐下，来到华伦夫人家做起了管家。华伦夫人年轻、善良，对卢梭的遭遇充满了同情，她不仅为他提供了生活必需品，而且积极赞助他四处求学，而卢梭也感受到了华伦夫人的人格魅力，两人逐渐发展成了情人关系。在华伦夫人的帮助下，卢梭的学识、人格与社会声望获得了很大提高。在卢梭与华伦夫人热恋期间，同为华伦夫人情人的还有一位植物学家，他同样寄居在华伦夫人家，三人在情爱关系上形成了一个奇异的组合，但卢梭并不感到古怪，因为那位植物学家的人格、学识同样高尚，值得他尊敬。三人之间的情爱关系是以精神上的相互倾慕为前提的。

后来，那位植物学家不幸逝世，而华伦夫人又招徕了另一位情人，这个人不能和之前的植物学家相比，卢梭无法与他相处，于是离开了华伦夫人的家。

1741年，他来到巴黎，同之前已经联系过的"法国大百科全书派"的作家们——孟德斯鸠、伏尔泰等人取得了联系。卢梭刚到巴黎时，是以音乐家的身份出名的。1749年，他发表了为第戎学院有奖征文而作的《论科学与艺术在人类文明进程中的作用》一文，指出人类的科学与艺术创作虽然显示了人的伟大，但却使人们丧失了内在的纯朴。此文使卢梭一举成名。1754年，他又为第戎学院写作《论人类不平等的起源和基础》，认为人类不平等的起源是私有制，这篇文章虽然没有获奖，但同样为他赢得了名声。1756年到1762年，卢梭又创作出了《爱弥儿》（*Émile: ou De l'éducation*）与《新爱洛伊丝》，尤其是后一部作品使卢梭真正成了名满欧洲的作家。当时很多人阅读《新爱洛伊丝》，可以说到了狂热的程度。

但当时的风气是：人们私下疯狂地阅读卢梭的作品，却在公共场合以抨击他为乐。因为他的作品中体现出了对人内在情感的肯定，那种赤裸裸地张扬人性自然的论调与当时的庸人风气相左。在《爱弥儿》与《新爱洛伊丝》出版后，巴黎掀起了驱赶卢梭的热潮，他的作品被集中在教堂广场上销毁，到处有人公开中伤卢梭。无奈之下，卢梭只好选择流亡。1762年到1770年，卢梭在整个欧洲流浪，所到之处，皆遭人驱逐，生活相当艰辛。1770年法国政府宣布赦免卢梭，卢梭才结束了流亡生活；同年11月，他的另一部名著、自传体小说《忏悔录》完稿。卢梭的晚年非常凄凉，只有老妻相伴。1778年7月20日，卢梭中风而死。

卢梭著作丰富，代表作品包括教育小说《爱弥儿》、书信体小说《新爱洛伊丝》、自传体小说《忏悔录》，以及哲学论著《论科学与艺术》《论人类不平等的起源和基础》《社会契约论》。

二、《爱弥儿》《新爱洛伊丝》《忏悔录》

卢梭的《爱弥儿》又名《论教育》，创作于1757年。这是一部教育小说，主要

是借助"爱弥儿"这个人物的成长,来讲述如何教育人、如何使人的身心获得健康成长。

作品一开始就说:"出自造物主之手的东西,都是好的,而一到了人的手里,就全变坏了。他要强使一种土地滋生另一种土地上的东西,强使一种树木结出另一种树木的果实;他将气候、风雨、季节搞得混乱不清;他残害他的狗、他的马和他的奴仆;他扰乱一切,毁伤一切东西的本来面目;他喜爱丑陋和奇形怪状的东西;他不喜欢事物天然的那个样子,甚至对人也是如此。"①因此,卢梭对不好的教育的批评是建立在对人的本性的洞察之上的。正是人性中的非自然性的一面,使人们不遵循人性自然的一面,强使其向现实规矩屈服,结果在这样的教育之下,人性始终不能得到健康发展。

在《爱弥儿》中,卢梭将人的成长完全看作一棵植物的成长,教育者的责任仅仅在于看护和提供适宜其自发成长的环境,比如:"使你的学生去观察自然的种种现象,不久以后就可使他变得非常好奇;不过,为了培养他的好奇心,就不能那么急急忙忙地去满足他的好奇心。你提出一些他能理解的问题,让他自己去解答。要做到:他所知道的东西,不是来自你的告诉而是来自他自己的理解。不要教他这样那样的学问,而要由他自己去发现那些学问。你一旦在他心中用权威代替了理智,他就不再运用他的理智了,他将为别人的见解所左右。"②这样的教育观点,完全建立在尊重人内在的求知欲之上,即使放到今天也是非常有借鉴意义的。

卢梭的《新爱洛伊丝》创作于1761年,是引起巨大反响的一部书信体小说;它的内容与卢梭和华伦夫人以及另外几位女性的爱情故事相关,因而具有很强的自传色彩。作品讲述了一个唯美的爱情故事:贵族少女朱莉的父亲为让她受到良好教育,聘请出身寒门的青年圣普乐做家庭教师,不久后两人相爱;但当圣普乐向朱莉的父亲提出结婚请求时,却遭到了朱莉的父亲的断然拒绝,并被赶了出去。在父亲的请求下,朱莉嫁给了门当户对的沃尔玛,做起了贤妻良母。

---

① 卢梭.爱弥儿:论教育[M].李平沤,译.北京:商务印书馆,1978:5.
② 卢梭.爱弥儿:论教育[M].李平沤,译.北京:商务印书馆,1978:217.

圣普乐在周游世界6年后,因为对朱莉的思念,回到了朱莉身边,给朱莉的孩子做起了家庭教师,目的就是能够与朱莉在一起。但朱莉告诉圣普乐自己已为人妇,并且深爱着沃尔玛,不应当做出轨的事情;朱莉的丈夫沃尔玛知道妻子与圣普乐的前情,便处处创造机会让妻子与圣普乐独处。圣普乐也自觉地与朱莉保持距离,不去打扰这个平静的家庭。他们相互爱着对方,却极力克制。一次,朱莉在救孩子时跳到湖水中,得了重病;临终之时,她郑重地将自己的孩子托付给圣普乐教导,并说自己始终爱着圣普乐。

《新爱洛伊丝》这部作品,表面上看是一个爱情故事,其实它的内涵远超出爱情。

在这部作品中,两个人都爱着朱莉,但却为了让朱莉获得真正的幸福,而用道德克制自己的欲望。这种自我克制的道德自律出于自愿,发自爱情,是人性中崇高的要素,正是经历了道德自律的洗礼,爱情才具有超凡的价值。就像作品中朱莉所说的:"啊!我的朋友,我真不知道要怎样才能把我内心深处感到的幸福和宁静传到你的心里!我不知道要怎样才能使你静静地享受生活的甜蜜。就我们来说,我们不仅感受到了两颗心相结合的美,而且还感受到了纯洁的心灵的魅力。任何恐惧和害羞的心理,都不能影响我们对我们的幸福的享受。在我们尽情享受爱情的快乐时,我们也要毫不羞愧地说:我们是有美德的人。快乐与诚实紧相联系。"①

在临死之际,朱莉承认自己还深深地爱着圣普乐,但这种隐藏于内心的深爱不能算不贞:"是的,我枉费力气,没有能扑灭那使我热爱生活的初恋,它凝聚在我的心里;当它不再令人害怕时,它就重新出现;当我感到绝望时,它给我以鼓励;当我生命垂危时,它就使我恢复活力。我的朋友,我谈出真情,而丝毫不感到难为情;这永存的感情,不管我愿意不愿意,它都将不由自主地反复出现,它无损于我的清白。凡是我自愿去做的事情,都是我应该履行的义务;如果非我的意志所能控制的心是向着你的,那将使我遭受痛苦,但不会使我犯罪。我

---

① 卢梭.新爱洛伊丝[M].李平沤,何三雅,译.上海:译林出版社,1993:20-21.

该做的事情,我都做了。我的品德毫无瑕疵,我的爱情永远留在我心里,而不后悔。"①

《新爱洛伊丝》表面写的是爱情,其实写的是道德。道德作为自律的形式,其实并不是来自他人的强迫。在《新爱洛伊丝》中,三个人因为爱,所以才产生了对自己欲望的控制。这样的道德其实来自爱情,是从人最深厚的情感中产生的,与强迫的道德截然相反。《新爱洛伊丝》写于弥漫着宫廷文化的欧洲。在宫廷文化中,人们彬彬有礼,对他人照顾有加,其实都是出于习俗的惯性,缺乏自身的理由。《新爱洛伊丝》表达了与世俗道德截然相反的观念,包含着出自个人自由的道德,因此体现了先锋意识。

《新爱洛伊丝》在道德自律的前提下展现了爱情的本质,这种爱和人发自内心的感动、责任、忠诚相连,具有巨大的感人力量,这在当时那个无病呻吟、矫揉造作的宫廷式浪漫弥散的时代,尤其具有震撼力。《新爱洛伊丝》出版后,人们读之若狂,此书曾一度供不应求,书商们因此专门办起了此书的出租业务,一次12个苏,每次不得超过1小时,官吏、士兵、律师、贵族都对《新爱洛伊丝》爱不释手。这说明在卢梭生活的时代,人们虽然仍沿用17世纪的生活习惯,但内心中已经产生了自由的萌芽。

《忏悔录》的创作开始于1765年,完成于1777年,这是卢梭在流亡中完成的作品。《忏悔录》带有强烈的自传性,是卢梭向世人剖白心迹的一部代表作。《忏悔录》塑造了一个独特的"我"。作品开始的一段历来被人称道:"我在从事一项前无古人、后无来者的事业。我要把一个人的真实面目全部地展示在世人面前;此人便是我:只有我能这样做。我洞悉自己,也了解他人。我生来就有别于我所见过的任何一个人。我敢担保自己与现在的任何人都不一样。如果说我不比别人强,但我至少与众不同。如果要问大自然打碎它塑造我的模子是好还是坏,大家只有读过此书才可论断。末日审判的号角想吹就吹吧!我将拿着此书,站在至高无上的审判者面前;我将大声宣布:'这就是我所做的,我所想的,我的为人。'我以同样的坦率道出了善与恶。我既没有隐瞒什么丑行,也没

---

① 卢梭.新爱洛伊丝[M].李平沤,何三雅,译.上海:译林出版社,1993:770.

添加什么善举。万一有些什么不经意的添枝加叶,那也只不过是填补因记忆欠缺造成的空缺。……上帝啊,把我的无数同类召到我周围来吧,让他们听听我的忏悔,让他们为我的丑恶而叹息,让他们为我的可鄙而羞愧,让他们每一个人也以同样的真诚把自己的内心呈献在你的宝座前面,然后,看谁敢于对你说:'我比那人要好。'"[1]

这篇文字可被视为启蒙时代个体独立的宣言。在《忏悔录》中,卢梭要写出的不是一个好或坏的"我",而是一个自然真诚、循着内在本性而呈现出来的"我"。《忏悔录》对后世影响极大。

三、卢梭作品的总体特点

卢梭的文学创作,体现出以下三个特点。

第一,从"自然理性"崇拜的角度出发,塑造"新人"形象。

在卢梭的作品中,"新人"形象是非常普遍的,《爱弥儿》中的爱弥儿,《新爱洛伊丝》中的朱莉、圣普乐、沃尔玛,《忏悔录》中的"我"等,这些"新人"的特征都是体魄健康、爱好劳动、独立自主、热爱自由,这和17世纪古典主义文学中循规蹈矩、唯唯诺诺的形象形成了极大的反差。

第二,突破古典主义的"理性"框架,张扬人的感情。

在古典主义文学传统中,个人感情的自由发挥是被禁止的,但是,只有自然人性显现的人才有澎湃的感情。在卢梭的作品中,感情是千变万化的,高兴、悲伤、失落、自信,从本性中涌现的感情可以随时袒露,决不会被压制或者歪曲。不管这种感情是高贵还是卑琐的,他都使之在作品中自然流露出来。感情的张扬是以人的高度坦诚、人的内在精神世界的高度自由为基础的,所以卢梭的作品,感情尤其真挚深沉。

第三,讴歌、赞颂大自然。

在启蒙主义文学之前的文学传统中,大自然是缺席的或者只是作为比喻象征的要素出现,缺乏本身的独立意义。

---

[1] 卢梭.忏悔录[M].陈筱卿,译.北京:中国书籍出版社,2005:3.

在卢梭的作品中,对大自然的证明获得了突出的地位,比如《忏悔录》中这样写道:"我每天早上日出前起床,从邻近的一个果园,在葡萄园上方的一条很美丽的小道上,沿着山坡一直往上走到尚贝里。一路上,我一边散步,一边默祷,并不是嘴巴随便地嘟囔几句,而是心诚意笃地向往着创造出我眼前这片美丽可爱的大自然的造物主。我从来就不喜欢在室内祈祷,我觉得墙壁和人造物件把上帝和我隔开了。我在其创造物中瞻仰他,而我的心则向他飞去。我可以说我的祈祷是纯真的,因此上帝应该遂我心愿。我只是为我自己和我永远为之祝福的女人祈求一种无辜的、平静的生活,没有邪恶,没有痛苦,没有生活所迫……"①

卢梭认为,信仰祈祷应当在大自然的袒露之处进行,这样才是纯洁的、具有效验的。大自然净化了一切,包括宗教祈祷,它使得祈祷不再局限于为个人求取便宜,而是表达正直朴素的心愿。卢梭将自然置于宗教之上,这是在其作品中自然获得独立地位的突出表现。

第四节 18世纪启蒙主义文学作家与作品(二):歌德与《少年维特之烦恼》《浮士德》

一、歌德的生平与创作

歌德于1749年出生于德国的法兰克福,他的父亲是帝国议会的会员,母亲是法兰克福市市长的女儿,歌德有一个妹妹,兄妹俩感情笃厚。歌德的家庭富有而有教养,歌德在这样的家庭环境中健康而自然地成长起来。

在歌德的成长中,有两件事对他的人格与世界观的形成有重大影响。一件事发生在1755年歌德6岁时,该年里斯本发生了大地震,造成6万多人死亡。歌德对这次地震多有耳闻,他在自传《诗与真》中这样写道:"我也很多次听到了有关这一切的情形,它使我感到震撼。我心里的信念第一条说:地的创造者及维护者——神,是睿智而仁慈的,但是它正邪不分地使他们统统绝灭,现实是不

---

① 卢梭.忏悔录[M].陈筱卿,译.北京:中国书籍出版社,2005:171-172.

能证明神是万物之父了。这种矛盾的印象使我幼小的心灵苦苦挣扎。如何解释这种现象,贤人与学者之间都不能统一看法,我稚弱的心灵理所当然不能平复。"①另一件事是因普鲁士入侵萨克森引起的。1756年歌德7岁时,普鲁士入侵萨克森并取得了胜利。这件事在家庭中引起了争执,外祖父和父亲站在普方立场,认为这代表着我方的胜利,但这遭到了祖父的反对,在他看来,侵略本身就是不义的。歌德一开始是站在外祖父与父亲一方的,但后来逐渐认同了祖父的立场:"我对祖父母的亲情,甚至尊敬,逐渐消失。可是我却不能在外祖父母面前表达出来。我之所以不说出来,一方面是由于我自己的感觉,另一方面则是因为母亲的告诫。为此,我常自我反省。正如我6岁时,里斯本发生大地震时,神的慈悲成为可怀疑的事一样,如今我同样地开始因为弗里德里希二世而怀疑大众的公正。"②年幼时这两件事的冲击,使歌德对神与大众产生了同样的质疑,这使他在后来的创作中表现出了自由独立的人格。

1765年,16岁的歌德要去莱比锡大学生活,他觉得这是摆脱家里严肃氛围的好时机,觉得自己像"挣脱了锁链的囚犯,并打算彻底改变自己的生活"。来到莱比锡大学后,歌德生活得自由自在、肆无忌惮,但也付出了不菲的代价:由于耽于玩乐,身体与精神遭受了极大困顿。为了解决遇到的精神困境,歌德尝试寻找一条解决之道,最终他找到了"艺术救赎"之路。他说:"就这样,使我不能摆脱的这个爱好便从此开始了,这爱好就是:把使我快乐或痛苦的,或者使我身心贯注的东西变成一幅画、一首诗,并借以安慰我自己,使我对外界事物的理解更加准确,从而也使我的内心平静下来。可能我比任何人都更需要这种本能,因为我的本性总是使我不停地从一个极端走到另一个极端。"③"艺术救赎"是用艺术的创造使人内心过度的欲望转化成艺术的现实,使精神对象化,以此使人重获现实掌控力。

1768年,歌德回到了法兰克福,父亲盼望他成为一位出色的法律学者,但歌德显然志不在此,他和一帮志趣相投的朋友共同从事文学活动,并渐渐有了名

---

① 歌德.歌德自传:诗与真[M].李咸菊,译.北京:团结出版社,2004:11.
② 歌德.歌德自传:诗与真[M].李咸菊,译.北京:团结出版社,2004:27.
③ 贝尔纳.歌德[M].李鹏程,译.北京:中国社会科学出版社,1992:27.

气。1770年,席卷整个德国的文学思潮"狂飙突进运动"深深影响了年轻且才华横溢的歌德。此次"狂飙突进运动"中,歌德虽然不是领导者,但贡献了最为杰出的代表作,即《少年维特之烦恼》。《少年维特之烦恼》其实是根据歌德本人的真实经历所写的。

1771年,歌德结束了他的旅行,又回到了法兰克福;1773年,24岁的歌德因公去韦茨拉尔时,在出席一次舞会的途中,偶然认识了一个叫夏绿蒂的少女并对其一见钟情。夏绿蒂是歌德的朋友凯士特南的未婚妻,时年15岁,而凯士特南却已有31岁。歌德为夏绿蒂倾倒,便不顾一切地向她表白。这使夏绿蒂惊惶失措,她把歌德的表白告诉了未婚夫,凯士特南对此表现得无所谓。歌德知道这个情况后,感到十分震惊。为了自己,也为了夏绿蒂,他立即逃回了法兰克福,斩断了这不合适的情丝。回到法兰克福之后,歌德为了抚平自身的心灵创伤,就将这段经历写了出来,也就是《少年维特之烦恼》。

1776年,在经历了诸多感情波折后,歌德开始对这种随自身所欲而动的人生感到厌倦,便作为枢密公使馆参赞为萨克森-魏玛-埃森纳赫公国服务,一做就是10年。在担任魏玛首相期间,他养成了务实的作风,对早年的激情和自由信念产生了动摇,这是歌德世界观与文学观发生转折的重要时期。1784年的一个黄昏,他在自己的书房留下一封请辞信后,独自离开了魏玛,来到罗马,因为他认为他新产生的世界观只有在古希腊文化中才能得到真正印证。

1785年到1794年,又是10年,歌德沉浸在古希腊文化中,真正找到了与自己的人生观相符合的表达形式。他说,在罗马他通过古希腊文化学会了"按照一切事物的本来面目观察和识别它们"。

1795年,他重返魏玛,并在那里结识了终身挚友——席勒。两人在简短的交流后,取得了"意想不到的一致"。1794年到1805年,两人的合作创造了德国文学史上的古典主义文学高峰。两人以古希腊、古罗马艺术为楷模,贯彻自由和人道主义精神,在艺术上追求古典主义。歌德在这一时期创作了《威廉·麦斯特的学习时代》(*Wilhelm Meisters Lehrjahre*),叙事长诗《赫尔曼·窦绿苔》(*Herrnann und Dorothea*)以及《浮士德》第一部。

进入19世纪后,世界文化的频繁交流进一步开阔了歌德的眼界,也进一步激发了他的创作欲望,他于此时提出了"世界文学"的预言。此后,《威廉·麦斯特》第二部《漫游时代》(*Wilhelm Meisters wanderjahre*)完成,《浮士德》第二部完成。

1832年,歌德病逝。他的临终遗言是:"给我更多的灯吧!"同年3月26日葬于诸侯墓地。

二、《少年维特之烦恼》的两个"故事"

歌德的《少年维特之烦恼》写于1774年,这部流传广远的名著其实包含着两个"故事",一个故事是作品本身的"维特故事",另一个则是有关作者的"歌德故事"。

先来看这部作品的创作背景,即"歌德故事"。1772年春,歌德从法兰克福来到韦茨拉尔,在一个乡村舞会上与夏绿蒂·布芙邂逅相识,两人一见钟情,互有好感,歌德向夏绿蒂表白了心意,但随后得知夏绿蒂已经有了未婚夫。歌德无法撇舍夏绿蒂,但夏绿蒂对歌德说,"除了友谊,你不能再期望别的什么了"。最后,绝望中的歌德只好独自离开了韦茨拉尔,他说:"我现在又成了孤身一人,这让我禁不住潸然泪下。"1774年,为了平复内心的创伤,他写出了这部《少年维特之烦恼》,这就是"歌德故事"。

再来看"维特故事",也就是《少年维特之烦恼》的情节:出生于小康之家的维特天性聪敏,容貌俊美,他在城市中感到压抑,决意迁居乡下。成行的那一天,他说:"我真高兴自己终于离开了!"他来到了偏僻小城瓦尔海姆,说:"在这天堂般的环境里,孤独是医治我心灵的一剂良药。"在一次乡村舞会上,他邂逅并遇上了夏绿蒂·布芙。作品中写了维特第一次见到夏绿蒂·布芙的场景:维特与朋友一起驾着马车来接夏绿蒂共赴舞会,正看见夏绿蒂与自己的弟弟妹妹在一起,"一幅我未曾见过的最动人的场景映入了我的眼帘。在前厅里,六个孩子,从两岁到十一岁,正蜂拥在一个俊秀的姑娘身边"。两人一见钟情,但夏绿蒂告诉维特,她已有未婚夫,而她的未婚夫还是维特的好友。无奈之下,维特选择离开夏绿蒂,去王宫就职,但工作中又处处与人不合,在他看来,"到处是笨蛋"！于是,他只好再次回到夏绿蒂身边。绝望之中,维特用从夏绿蒂未婚夫处借来的枪在圣诞夜十二点自杀了。在最后给夏绿蒂的书信中,维特说:"我没有想到,我的结局会是这样！请镇静,我求求你,一定要镇静。"最后,维特死时,"没有任何教士为他送葬"。这是"维特故事"。

"歌德故事"与"维特故事"的故事情节基本是重合的,两者最大的不同在于结局。在"歌德故事"中,歌德在面对现实中的夏绿蒂的爱情时选择了"逃离";在"维特故事"中,维特则在绝望的爱情中选择了"自杀"。"逃离"与"自杀"看上去具有同样的性质,都是消极逃避。但"歌德故事"其实还有一个更深刻的结局:歌德在"逃离"之后,写出了《少年维特之烦恼》这样一部作品,即在"逃离"之后还进行了"写作"。"写作"是"歌德故事"的最终结局。

在"维特故事"中,维特的"自杀"是必然的,因为在他所处的那个时代,社会要求的循规蹈矩与人内心的狂热形成了相冲突的两股势力,维特正是两股势力相冲突的牺牲品。但于歌德而言,他虽与维特处于同样的环境之中,但他找到了解决这种冲突的一种办法,就是"艺术救赎",即将内心中的狂热艺术化、对象化,以此来平复自己。在此意义上,歌德《少年维特之烦恼》的写作本身就是重要的文化事件。

从"新人"的角度看,歌德本人的"故事"与《少年维特之烦恼》的"故事",其实是他提出的解决"新人"困境的方式。歌德曾经在《诗与真》中这样说:"就这样,使我不能摆脱的这个爱好便从此开始了,这爱好就是:把使我快乐或痛苦的,或者使我身心贯注的东西变成一幅画、一首诗,并借以安慰我自己,使我对外界事物的理解更加准确,从而也使我的内心平静下来。可能我比任何人都更需要这种本能,因为我的本性总是使我不停地从一个极端走到另一个极端。"事实上,"新人"的困境就是对美好事物的向往与现实行动之间的冲突。在歌德看来,人的艺术创作就是另一种意义上的行动,虽然不触及现实,但它能将人对于美好事物的向往变成艺术作品,使"新人"得到解脱。《少年维特之烦恼》中维特的"自杀"缺乏艺术的干预,而歌德本人将自己的失恋写为小说,则是将自己的困境进行了"审美化的救赎",其实是艺术救赎。

三、《浮士德》的故事情节

《浮士德》的创作开始于1768年,完成于1832年,前后跨度达60余年,是体现歌德最高创作成就的代表作,也是世界文学史上与《荷马史诗》、古希腊悲剧、《神曲》及莎士比亚悲剧等并肩的一流作品。

《浮士德》取材于德国民间流传很广的"浮士德博士"传说。在传说中,浮士德博士是一位科学家,据说他将自己的灵魂出卖给了魔鬼,以此换来科学发现的能力。因此,这是一个融汇了理性与非理性、科学与巫术、正直与邪恶的传说形象,这样的形象很难定位,却正符合歌德对人性的新看法。

《浮士德》的故事情节以主人公浮士德的人生探索为主线,可分为"书斋悲剧""爱情悲剧""政治悲剧""美的悲剧""事业悲剧"五个部分。

《浮士德》在开篇"天堂序曲"部分描写了一场对话——上帝与梅菲斯特之间的对话。在天上诸神的聚会中,梅菲斯特诋毁人间生灵一无是处、不值得怜悯,上帝则以人间的浮士德为例,指出"一个善人即使在他的黑暗的冲动中,也会觉悟到正确的道路"。两人意见相左,于是打赌:由梅菲斯特下界去引诱浮士德,如果浮士德最终屈服,灵魂归梅菲斯特所有;否则,灵魂则要归于上帝。这就是"天上的赌约"。

《约伯记》的开头与此相似。据说,一天耶和华对撒旦说:"世上再没有谁比约伯更敬我爱我虔心向善的了。"撒旦说:"不然,他的虔心向善爱你敬你,全是因为你使他和他一家平安富足。假定你让他倒霉,看他还信不信你?"耶和华于是允许撒旦去试探约伯。初步试探,夺去他的子女财富,约伯颇能坚持,但再度试探夺去他的健康,约伯信心动摇了。他想死,他向耶和华大发牢骚。《浮士德》中"天上的赌约"即取材于《约伯记》,不同之处在于上帝与魔鬼对赌的内容。

重新回到《浮士德》。"天上的赌约"之后,镜头转向中世纪浮士德博士的书斋。浮士德此时已年逾古稀,他哀叹自己治学一生却无从回答"人生活的意义"这个问题。正在他灰心丧气时,郊外传来复活节的钟声,他受引导来到了郊外的原野上,心情为之一振。在他回到自己的寓所后,化身哈巴狗的梅菲斯特跟进来并向他显形,说可以帮助他实现任何欲望,但要以他的灵魂为报偿。内心愁闷的浮士德爽快答应了梅菲斯特的提议。双方约定:梅菲斯特帮助实现浮士德的任何愿望,浮士德感到满足时就说一声"你真美啊,请停留一下",灵魂就归魔鬼所有。这是"天上的赌约"转到人间,成了"人间赌约";浮士德在书斋研究中穷其一生都没有找到人生的意义,这是"书斋悲剧"。

浮士德的第一个愿望就是重返青春,谈一场恋爱。在魔鬼的帮助下,他们来到女巫的丹房,浮士德偷喝了女巫的返生汤,恢复了青春。同样是在魔鬼的帮助下,浮士德遇见了平民少女玛嘉雷特并与之相恋。但就在两人沉浸在美好恋情中时,玛嘉雷特的母亲却被玛嘉雷特失手毒死,而她的哥哥也在与浮士德的决斗中死亡。人们将玛嘉雷特关进了牢房,此时玛嘉雷特已怀了浮士德的孩子,她承认自己的罪恶,因此在浮士德进来要救她走时,她选择留下来接受审判,忏悔自己的罪孽。浮士德与魔鬼只好匆忙逃走。这是浮士德的"爱情悲剧"。

浮士德与魔鬼逃到了皇帝的国度,这里正发生经济危机。浮士德在魔鬼帮助下挖出了地下的宝藏并发行假币,帮助皇帝渡过了危机并得到重用。爱情失败后的浮士德决定在政治上有一番作为,但他发现"一切都烂透了",对政治也日益灰心。有一次,昏庸的皇帝要求梅菲斯特将古希腊最美的海伦拘来一睹芳颜,魔鬼施展法术,海伦翩然出现在宫廷上,她的美使浮士德感到震撼,浮士德遂决心舍弃政治去追逐美。这宣告了浮士德的"政治悲剧"。

他们逃离了帝国,跨越阿尔卑斯山,穿越时空来到了古希腊,经过漫长的寻找终于找到了海伦,浮士德与之结下良缘,海伦生下了他们的儿子欧福良。浮士德在海伦的美中似乎找到了人生的结局,但欧福良天性喜欢跳跃,在一次跳跃中掉下来摔死了,海伦悲痛过度,在浮士德的怀抱中化为泡影消失了,只留下了一袭白袍让浮士德能凭此找到回家的路。浮士德的"美梦"也破灭了。

此时,浮士德接连经受悲剧,又已年近古稀,眼睛也瞎了,与梅菲斯特在海边徘徊。无意中,他们帮助一个领主打败了海盗并获得一块海边领地,年老的浮士德决心在此开创一番事业。他站在海边,虽然看不见,却感受到人们移山填海、改天换地的干劲,一股自豪之情油然而生,情不自禁地说出了"你真美啊,请停留一下",然后死去。梅菲斯特正要上前抓住浮士德灵魂时,上帝却派天使抢先将浮士德的灵魂带到了天堂。梅菲斯特与上帝理论,上帝说:"凡自强不息者,我辈均将之拯救。"浮士德以其自强不息的一生践行了上帝对人的肯定判断。

《浮士德》的故事情节中还隐藏着一条线索,即对歌德大半生经历的自传式的摹写:"书斋悲剧"是对其青年时求学经历的摹写,"爱情悲剧"是对其青年时期追求夏绿蒂经历的摹写,"政治悲剧"则是摹写其在爱情失败后到魏玛公国任枢密使的经历,"美的悲剧"是摹写其从魏玛公国来到罗马后沉浸在古希腊艺术中的经历,"事业悲剧"则是老年歌德对自己一生理想境界的最高追想。

四、《浮士德》中的"浮士德精神"或"浮士德形象"

《浮士德》中的"浮士德精神"可概括为"自强不息",具体可分为两个方面。

第一,浮士德是矛盾的化身。

启蒙时代的"新人"内心充满对自由的热望,却在现实中拘泥于道德规矩而无法自由地行动,最终变成了"泥足巨人",理想大于行动,最后只能以消极的逃避或自杀了事,卢梭的《新爱洛伊丝》中的"新人"形象是典型代表。

在《浮士德》中,浮士德博士不是简单的好人或坏人,而是一个好坏同体、亦好亦坏的形象,这是歌德从"浮士德博士"传说形象上汲取的特质,也是歌德对18世纪启蒙主义"新人"人格的理想式超越。

浮士德既是善良的又是邪恶的。作品中,浮士德一心追求人生的终极意义。在与玛嘉雷特的感情中,他同情玛嘉雷特的遭遇,忏悔自己给对方造成的痛苦,冒险要去监狱将恋人拯救出来,等等,这显示了浮士德的正直善良。然而,他又为了满足自己的欲望而不择手段:在"政治的悲剧"中,他为了帮助皇帝解决经济危机,不惜发行假币;在"事业悲剧"部分,他带领众人移山填海,但遇到了死守海岛不愿迁居的老夫妇,他下令将海岛连同老夫妇一同沉到海底,这又显示了他的邪恶。

浮士德是理性的又是充满欲望的,作品中有一段浮士德的自白能充分说明这一点:"在我的心中啊,盘踞着两种精神,这一个想和那一个离分!一个沉溺在强烈的爱欲当中,以固执的官能贴紧凡尘;一个则强要脱离尘世,飞向崇高的先人的灵境。"①这种对肉体的迷恋与对崇高境界的向往同时集中于一个人的心灵,显示了浮士德内心的矛盾。

第二,浮士德精神是永不满足的探索精神。

与卢梭笔下的众多"新人"不同,虽然浮士德同样面临心灵与现实的纠缠,但他在二者发生矛盾时,却取其一端,设计了心灵的救赎应以现实的实践为起点的先后顺序。他身上体现出了一种勇于实践、永不满足的探索精神。

在《浮士德》的"夜"部分,浮士德表达了对沉浸于玄虚之学的厌倦和渴望投身行动的愿望:"哦,团圆的月光,但愿你瞧见我的痛苦是最后一遍,我多少次中宵不寐,坐候你在这书案前。幽郁的朋友,然后我见你照临着断简残篇!唉!我但愿能在你的清辉中漫步山巅,伴着精灵在山隈飞舞,凭借幽光在草地上盘旋。涤除一切知识的浊雾浓烟,沐浴在你的清露中而身心康健!"②

当梅菲斯特出现在他面前并许诺能帮助他实现一切愿望时,他并没有表现出太多惊讶,而是爽快地答应与之同行。在他的人生探索旅程中,各个阶段基本都是以希望开始以悲剧结束的,但他从未屈服,总是充满希望地投身到下一段经历中,这是浮士德精神中最可贵的特征。终于,在他人生的最后时刻,在幻觉中他突然看清了自己的一生,这是勇敢、有为的一生,他对此甚感欣慰,所以才说出了那句"你真美啊,请停留一下",看似是满足了,其实是对永不满足、不断进取的人生的肯定。

浮士德最后这样吟唱道:"我为千百万人开疆辟土,虽然还不安定,却可以自由活动而居住……这是智慧的最后结论:人必须每天每日去争取生活与自由,才配有自由与生活的享受。所以在这儿不断出现危险,使少壮老都过着有为之年。我愿看见人群熙来攘往,自由的人民生活在自由的土地上。我对这一

---

① 歌德.浮士德[M].董问樵,译.上海:复旦大学出版社,1983:11.
② 歌德.浮士德[M].董问樵,译.上海:复旦大学出版社,1983:22-23.

瞬间可以说,你真美呀,请你暂停!我有生之年留下的痕迹,将历千百载而不致湮没无闻——现在我怀着崇高幸福的预感,享受这至高无上的瞬间。"[1]"人必须每天每日去争取生活与自由,才配有自由与生活的享受",这是浮士德对人生所做的精辟概括,也是歌德提出的启蒙主义人格的新的哲学。

如果我们将浮士德当作"新人"来看的话,我们会发现浮士德在解决"新人"困境时,提出了新的解决方案。在《浮士德》中,浮士德充满对人生的哲学化追问,对于人活着的意义是什么这一问题,他至死不能解决,充满遗憾。为了解决自己的疑惑,他毫不犹豫地与魔鬼订立了契约,然后一路跟随魔鬼去追寻人生的真意,这与《新爱洛伊丝》中的"新人"们、《少年维特之烦恼》中的维特截然相反,在浮士德身上体现的不仅是他对理想境界的追求,也体现了他在人世间勇敢斗争的勇气。"新人"们的人生困境,到了浮士德这里可以说找到了最终的答案,即无尽的斗争、无尽的自由。

第五节　18 世纪启蒙主义文学中的跨文体实践

一、18 世纪启蒙主义文学跨文体改编的现状

启蒙主义文学是 18 世纪欧洲文学的主流,也是文学跨文体改编的主要资源。这一时期文学作品的跨文体改编依然是将文学作品改编为影视剧。

《费加罗的婚礼》是莫扎特著名的喜歌剧,改编自博马舍的同名喜剧。2008 年,法国导演雅各布·韦伯又将其改编成了电影。

《汤姆·琼斯》(1963 年,托尼·理查德森执导)改编自菲尔丁的同名小说,是当时喜剧电影的代表。1997 年英国 A&E Television Networks Inc.拍摄了同名电视剧,改编延续了其喜剧的风格。

笛福的现实主义小说备受影视剧导演的青睐。《鲁滨孙漂流记》被多次改编成影视剧。1954 年由西班牙大导演路易斯·布纽尔执导和 2002 年由蒂埃里·夏

---

[1]　歌德.浮士德[M].董问樵,译.上海:复旦大学出版社,1983:667-668.

伯特(Thierry Chabert)执导的同名改编版本比较忠实于原著,而由中国台湾林正盛执导的《鲁宾逊漂流记》(又名《随心漂流》)则做了较大的改编。日本导演黑田昌郎的《鲁滨孙一家漂流记》和法国雅克·科伦巴特(Jacques Colombat)执导的《鲁滨孙漂流记》是改编的动画作品。此外,《鲁滨孙漂流记》还被多次改编成电视剧。笛福的另一部作品《摩尔·弗兰德斯》也在1996年被戴维·阿特伍德搬上了银幕。

《小人国历险记》(1996年,查理斯·斯特里奇执导)是取材自《格列佛游记》的动画作品,它以猎奇取胜,而原著的讽刺意味在电影中则消失殆尽。

在18世纪众多的跨文体改编作品中,《浮士德》是较为重要的一部,1926年德国茂瑙和2011年俄罗斯亚历山大·索科洛夫分别执导了同名电影。

二、电影《浮士德》分析

浮士德博士与魔鬼签订契约的故事是流传于中世纪德国的民间传说,曾多次被改编为文学作品和影视剧作品。其中以18世纪歌德改编的诗剧《浮士德》最为著名。而之后的影视作品改编,在参考民间传说的同时,主要依照歌德的《浮士德》进行。1926年德国的茂瑙执导的改编版本主要取材于歌德《浮士德》第一部后半部分浮士德与玛嘉雷特的爱情悲剧,同时又融合了民间传说的情节,重新诠释了这个故事。与原著相比,其跨文体改编主要体现在以下几个方面。

第一,在主题内涵上,原著通过浮士德五个阶段的生活表现了人孜孜不倦、努力求索的上进精神,而影片则通过对情节的选取和对人物的重新刻画表现了人身上不可动摇的神圣性及"爱"能使人获得救赎的主题。

首先,在情节上,一方面,影片通过瘟疫侵袭小镇来表现浮士德的无力和因此对上帝信仰的动摇,为之后其与魔鬼签订契约埋下伏笔。当一个女孩求浮士德救其母亲的时候,救人的浮士德却成为促其死亡的助力。由此,浮士德发现了信仰的无力,烧掉了写着"我的上帝,你是仁慈的,人是善良的"的书,并召唤出魔鬼。面对魔鬼,浮士德本能地逃避,然而当魔鬼答应他救助瘟疫中的小镇居民时,他与魔鬼签订了一天的契约。这最开始的契约是出于善的目的。而原著中的情节是晚年的浮士德发现自己所学毫无用处,但在复活节时从人群中受到鼓舞,渴望行动,在对自己不会懈怠的自信中与魔鬼缔结合约。由此,原著为之后刻画浮士德渴望行动、孜孜不倦的求索精神做好了铺垫。但在影片中,瘟疫部分是传说和歌德诗剧中都没有的情节,影片通过刻画世俗热闹的小镇在魔鬼黑色翅膀——瘟疫下的无力与渺小,来暗示浮士德对小镇居民的大爱,由此彰显其身上神圣性的一面。另一方面,在以恢宏的视觉效果交代了契约签订的背景之后,影片选取了歌德诗剧中浮士德与玛嘉雷特的爱情部分为表现重点,开始专心讲述一个爱情故事,将爱限定在爱情这一个方面。这是影片比较忠实于歌德原著的一部分,但影片在这里补充了大量的细节,凸显浮士德与玛嘉雷特爱情的纯真无瑕,使情节更加生动饱满。在马歇姨妈的花园,玛嘉雷特与浮士德在孩子们的包围中印证爱情的纯洁,这与马歇姨妈对魔鬼的追求形成鲜明的对比。另外,影片的结局将爱提升到一个至高无上的位置:天使出现,玛嘉雷特与浮士德因为爱而获得救赎。"一个在全世界都回响的字,一个带着悲苦和忧伤的字,一个化解人类所有罪恶的字,一个永恒的字"点明了影片的主旨。而原著凸显的是"凡不断努力的人,我们能将他搭救"这一努力向上的主题。

其次,"爱"的主题还通过人物形象的塑造表现出来。这主要体现在对玛嘉雷特这个形象的刻画上,影片通过玛嘉雷特与其母亲和哥哥的融洽关系来体现她的纯洁。电影中多次出现圣母像的特写,以此来衬托玛嘉雷特的纯洁。同时,影片在这部分的用光也柔和起来,象征着美好的爱情降临。为使人物形象更加丰满,影片增加了许多细节,比如对玛嘉雷特收到哥哥礼物时笑脸的特写。原著中,玛嘉雷特因溺死了与浮士德的孩子而获死刑,影片中则设计了孤苦无依的玛嘉雷特在暴风雪之夜产生幻觉而致使孩子冻死这一情节,凸显了玛嘉雷特身上的悲剧性,使其最终因爱被救赎更具合理性。与之相对应的,浮士德也完全被刻画成了一个深陷爱情的男人形象。他为玛嘉雷特着迷,但影片舍弃了原著中浮士德"你给我把那小姑娘弄来""可是已经过了14岁"(当时法律禁止与不满14岁的少女结婚或者发生性关系)等登徒子式的对白,而着重刻画其对玛嘉雷特的迷恋,影片所强调的是此时他对魔鬼的要求是"有知"的,而不是被魔鬼欺骗或者诱惑的。由此凸显了浮士德身上关于爱的本性。最后当其目睹玛嘉雷特被绑在火刑柱上时,他说"我真希望自己没有年轻,带来了这么一场悲剧",他对年轻的诅咒使其与魔鬼的契约终结,也显出了其身上的神圣性。

最后,在结构上,不同于原著的辩证性,影片选择了绝对的二元对立结构,作品的深度被解构,而爱的主题被凸显。影片开始是天使和魔鬼的赌约,这来自原著的"天上序曲",这一部分和合唱一起构成了揭示全篇主旨的点睛之笔。然而,影片和原著在这里确定的主题基调却是相反的。影片一开始就说"看,黑暗的大门敞开着,死亡的阴影遍布整个大地",然后天使与魔鬼开始了世界属于谁的争辩。这里出现了三重意义上的浮士德:天使眼中的浮士德具有神性和高尚性,而魔鬼眼中的浮士德是"鼓吹善良却无恶不作的流氓",在浮士德自己看来"有选择善良和邪恶的自由是最美妙的事情"。在这里,天使与魔鬼的性质是无可争议的,是光明与黑暗、善与恶的绝对对立。但在歌德的原著中,这一序曲所呈现的内容并非二元的,它刻意凸显了多元对立的复杂性和不确定性。这着重体现在对梅菲斯特这个形象的刻画上。影片将梅菲斯特刻画成了一个恶的代表。影片中有一个细节:当浮士德站在十字路口召唤魔鬼时,他先呼喊"spirit of darkness(暗之精灵)",继而呼喊"demon of evil(邪恶的魔鬼)",梅菲斯特是在第二次呼喊时才出现的。这两种称呼的意义是完全不同的,如果梅菲斯特是"暗之精灵",那就接近于歌德所创造的哲学化的朦胧晦涩的梅菲斯特,它是一个从混沌中的"一部分"生出的"否定的精灵",而并非"恶"的代表。但作为"邪恶的魔鬼"的梅菲斯特却是恶的符号。这就与影片绝对二元的结构相呼应,凸显了爱的主题。

第二,在艺术风格上,影片表现出鲜明的哥特式风格和表现主义特征。影片在拍摄上用光影的艺术营造出浓厚的哥特式风格。梅菲斯特的人物形象从服饰到表演都有极强的哥特式心理效果。他带领浮士德飞越山川河流的片段,将哥特式电影的运动和力量感发挥得淋漓尽致。神秘感贯穿整部影片,如突如其来的瘟疫、被召唤出的魔鬼等。同时,茂瑙作为表现主义电影大师,其《浮士德》也具有浓厚的表现主义特征。帕尔玛女公爵是原著中没有的形象,但她身上有明显的罗马帝国皇帝和海伦的影子。帕尔玛女公爵奢华的婚礼场面,与罗马皇帝奢靡的狂欢是相对应的,欢乐和富庶夹杂着贪婪和虚伪,影片用擅长布景的表现主义技术手段,渲染了带有明显意大利欢快色彩的狂欢场面。在影片中,小镇居民面对瘟疫时大喊"我们还活着,我们还能爱,我们应该死在舞蹈之中",尽情狂欢;浮士德借助魔鬼的力量驱散了瘟疫,小镇人民却责备他"与魔鬼为伍"而高呼"用石头砸死他,砸死他"。所有这些都透露着明显的表现主义气质,在绝望中喊叫。整个影片所表现的善与恶、天使与魔鬼的极端对立,也更符合表现主义内心激情的极端抽象与力量感。而这是原著所没有体现的。

此外,歌德在原著中采用了多样的诗歌形式和表现手段,如玛嘉雷特唱的是一支支淳朴的民歌,而海伦部分则运用古希腊悲剧的诗体,但在影片中,这种借助精致的语言所形成的艺术风格则被光影取代。作为一部默片,影片字幕也极其精简,是推动情节发展的助力。另外影片通过配乐来使情感表达更加充分,这也是作为声画光影艺术的电影与文学这种语言艺术的本质区别。

茂瑙的《浮士德》虽然有不少情节是从歌德的《浮士德》中演化而来的,也有一些是受到中世纪传说的极大启发,但是,它还是属于茂瑙自己所理解和创造的一个古老神秘的传说,他使原来的故事获得了新的生命力。瘟疫和狂欢的情节与中世纪的社会现实吻合,故事因此有了相对确定的时代背景。在帕尔玛女公爵那个片段中,梅菲斯特和浮士德的装扮都表现出明显的东方异域情调,体现了18世纪的西欧对东方情调的迷恋。同时影片的拍摄还借鉴了一些闹剧的手法,为梅菲斯特塑造出了小丑一样滑稽的一面,比如,用光和影表现梅菲斯特将浮士德变年轻的过程,在这个过程中魔鬼的表情丰富而夸张。当马歇姨妈让他喝爱情酒时,他推脱说"我胃不好"。影片借助影像的表现手段,在表现梅菲斯特恶的同时,也表现了其滑稽的一面。

当然,这种改编也不可避免地有一些局限性,情节的选取和主题的变化,都消弭了原著的宏大性。原著分为上、下两编,内容丰富繁杂,通过浮士德从求知、求爱情的小世界，到社会、政治的大世界，最后到事业的创建等五个生活阶段来表现欧洲文艺复兴以来300多年的思想历史的演变，而影片完全舍弃了这一部分，只择取了爱情一隅。原著某些情节具有现实批判意义，比如对封建朝廷和德国市民社会的描写，但在影片中，除了帕尔玛女公爵的部分隐约能体现出对奢华、贪婪的批判，其现实批判性与原著相比大大减弱。宏大的开场过后，影片一心一意地讲述了一个关于爱情的故事，"爱"的内涵在被具体化的同时也被局限了。在情节安排上，这两部分也出现了明显的断层，而帕尔玛女公爵在影片中不明不白地消失也着实令人费解。

三、电影《风月笺》分析

《危险的关系》（*Les Liaisons Dangereuses*，1782年）是18世纪末法国军人拉克洛（Pierre-Ambroise-Francois Choderlos de Laclos，1741—1803年）所著的书信体小说，出版后风行一时，引起巨大的社会反响。但在整个19世纪，该书却被法院以"内容淫秽、有伤风化"为由多次封禁，作者也因此声名不彰。直到20世纪中后期，该作品经过许多作家的推崇赞赏和戏剧、电影、剧集等的跨文体改编，方才重新受到人们的关注和重视，成为深受广大读者喜爱的、可和卢梭《新爱洛伊丝》相媲美的书信体小说。

作为一部书信体小说，《危险的关系》的最大艺术特征在于利用书信的书写、传递、延误、泄露等勾织出一场精彩纷呈同时又深蕴教益的情爱迷局。小说主人公德·梅尔特伊侯爵夫人和德·瓦尔蒙子爵是一对虽已分手但仍互相欣赏并保持密切联系的情人，他俩均是巴黎上流社会风月场中的老手。前者以自己的支配欲、占有欲和"爱"的伎俩将各路男性玩弄于股掌，后者则是一个流连"花丛"的情场浪子，不停勾引女性再将其抛弃，二者因对方在风月场中"玩得开""拿得起放得下"而彼此欣赏。梅尔特伊侯爵夫人之前的情人德·热尔库尔伯爵曾为了某总督夫人而抛弃她，而该总督夫人也为了热尔库尔伯爵抛弃了瓦尔蒙子爵，因此，在听说热尔库尔伯爵将与修道院女学生塞西尔·沃朗热结婚时，梅尔特伊侯爵夫人要求瓦尔蒙子爵去勾引塞西尔这个未经世事的女孩，以此来报复热尔库尔伯爵。故事由此开始,最终酿成了悲剧:梅尔特伊侯爵夫人和瓦尔蒙子爵设计陷害别人,却最终因妒忌和对对方的占有欲而毁掉了彼此,瓦尔蒙子爵在与塞西尔的情人——当瑟尼爵士的决斗中被杀死,梅尔特伊侯爵夫人因害天花而毁掉了容貌,一只眼睛失明,并最终破产。除此之外,被引诱而堕落的修道院女学生塞西尔、被瓦尔蒙子爵玩弄的都尔维尔院长夫人也都遭受了严重创伤。

这部书信体小说因复杂缜密、悬念丛生的故事情节和生动鲜明的人物形象而备受戏剧影视的青睐,一再被搬上舞台和银幕,比较著名的跨文体改编作品有:(1)电影:1959年法国的《风月笺》(*Les Liaisons Dangereuses*,或称《危险的关系》,罗杰·瓦迪姆导演),1988年美国的《孽恋焚情》(*Dangerous Liaisons*,斯蒂芬·弗雷斯导演),2003年韩国的《丑闻》(스캔들 - 조선남녀상열지사,李在容导演)(2)剧集:2003年法国导演荷赛·达阳所拍的三集迷你剧集《危险关系》(*Les Liaisons Dangereuses*),因具有比普通电影多出一倍时长的优势,所以重要情节都与原著吻合,被认为是最忠实于原著的改编;(3)戏剧:《危险的关系》曾多次被改编为歌剧、舞台剧等,其中1981年德国版舞台剧《危险关系四重奏》(*Quartet for Dangerous Liaiso*,或称《四人组合》,编剧海纳·穆勒)至今仍很受欢迎。

在这些改编作品中,1959年法国的《风月笺》作为最早的电影改编实践,对原著改动较大,如男女主角德·梅尔特伊侯爵夫人和德·瓦尔蒙子爵被设计成了一对法国中产阶级夫妇,故事场景也被移到了更为晚近时期的法国,当时火车已出现,电话、电报也部分取代了书信;但该影片历时长久而不衰,一直被认为是经典的改编作品,这与其在情节设置、语言运用等方面对小说文本的再创造有关。

第一,通过巧妙的情节削减和置换,影片清晰明了地呈现了主要戏剧冲突,较为完整地表现了原著"理性与情感当平衡统一"的道德训诫主题。

小说《危险的关系》在开篇之初就表明该作品是"为了教育别的社交圈子而发表的一个社交圈子的书信集",而若论"教育",如该小说的译者之一叶尊所认为的,"它(指小说)似乎作出这样的告诫,即头脑聪明的人不应低估他们内心的情感,而天真淳朴和本意善良的人应当行事小心,不要以为每个人都跟他们一样诚实、正派"。具体来说,德·梅尔特伊侯爵夫人和德·瓦尔蒙子爵是所谓"头脑聪明的人",他们善于利用各种伎俩来玩弄异性、达到目的,但最终却因内心中的妒忌和占有欲而走向毁灭;"天真淳朴和本意善良的人",如塞西尔·沃朗热和都尔维尔院长夫人,却因没有头脑而遭引诱,屈从于虚假的情感,最终受到伤害。由此观之,拉克洛在小说中所倡导的实为理性与情感的平衡、统一。

影片基本上也传达出了这一思想,这主要是通过抓住原著中德·梅尔特伊侯爵夫人和德·瓦尔蒙子爵这对风月老手"多行不义必自毙"的情节主线来实现的。书信体小说作为由书信建构起来的文本,情节推进缓慢、交流复杂冗长是其固有的缺陷,再加上《危险的关系》本身人物关系复杂,改编为影片具有较大难度。《风月笺》在抓住核心人物和情节主线的基础上,大刀阔斧地对原著情节进行了删减,简化了人物关系,从而使小说中的主要戏剧冲突得到了完美呈现。德·梅尔特伊侯爵夫人和德·瓦尔蒙子爵由小说中的旧情人化身为影片中的中产阶级夫妇朱丽特和瓦尔蒙,二人作为狼狈为奸、毫无廉耻的"亲密战友",情人身份本已让人咂舌,夫妻身份则显得二人更加荒淫无耻、空虚堕落,这不得不说是导演的神来之笔。

此外,小说中的梅尔特伊侯爵夫人和瓦尔蒙子爵在施行引诱塞西尔、报复热尔库尔伯爵这一阴谋的过程中,均与若干名女性或男性有过风流韵事,二者还就此交流、炫耀,形成原著中的一个个小高潮,这对塑造人物形象起到了极大作用;电影中则抹去了这些人物跑马灯般的出现,只用两三个情节巧妙地暗示出两人的"丰功伟绩"。如影片开始时,瓦尔蒙在卧房里问朱丽特是否已与某两位男性分手,朱丽特回答说"还没有",因为"分手的方式很重要";而在另一个镜头中,朱丽特在电话里帮瓦尔蒙摆脱了一个对他纠缠不休的旧情人,并谋划让自己的一个追求者娶那个女孩,帮助丈夫摆脱麻烦……影片通过简洁而又富含暗示的话语和画面交代了小说文本中繁杂的故事情节。

另有一个精彩的情节替换:小说中的梅尔特伊侯爵夫人最终因得天花而毁

掉了容貌,影片中却是她为了赶在警察搜捕之前烧毁信件,不小心引火上身,最终烧毁了容貌。这一替换将"得天花"这一类似于天意的惩罚转变为更具真实性的、因其罪恶的源泉和铁证——书信而遭受的惩罚,颇具深意。

第二,在表现形式上,小说文本烦琐冗长的书信语言被简洁流畅的电影语言取代,这使得影片易于被观众接受,但文本语言所构成的那种独特张力在影片中却也几近消失。

书信体小说的一个典型特征便是人物直白、强烈的情感倾诉,这种写在纸上的内心话语若改编为影片中的口头话语,听来便会让人觉得矫揉造作、拖泥带水,会大大削减情感倾诉的魅力。因此,影片借用了富含深意的画面、音乐等来展现人物内心。无论是塞西尔·沃朗热用炽热的情信向情人当瑟尼爵士表白,还是都尔维尔院长夫人写长信向瓦尔蒙倾诉自己的纠结和苦恼,在小说文本中均是长篇累牍的内心独白,但在影片中,小说人物的激烈情感被表现为动作先行,塞西尔一见当瑟尼爵士便紧紧拥抱他,她的热烈爱情被表现为主动地索吻和献身;都尔维尔院长夫人在即将向瓦尔蒙妥协时,小说文本中那一封封长信里的内心矛盾被表现为她躺倒在地,倚着沙发哀伤地哭泣。沉默代替了言说,彻底、直白的情感倾诉变成了眼神和动作,这便是电影语言对文本语言的转换。

此外,影片中的意象和音乐也是人物动作、眼神、表情之外的电影语言。影片片头即是一个不停变化的国际象棋棋局,这其实已对影片即将展开的故事情节进行了暗示——世事如棋局,情场如战场;待影片开始时,那副黑白格棋盘转变为朱丽特和瓦尔蒙家的黑白格地砖,直接把暗示引到了故事人物身上——这对男女主人必是这场"棋局"的关键人物,事实上,他们正是"下棋人"。

总体而言,书信体小说的影视改编可以规避小说文本语言烦冗、情节推进缓慢的缺陷,使其跳出古老的框架而被更多现代人欣赏;但小说文本中那种因书信的传递而形成的悬念丛生、精彩纷呈的故事情节,因具有对话性的书信语言而产生的相互展演、相互建构的语言张力,却是无法在影视改编作品中得到表现的。

课后题：

1. 结合作品，说明18世纪启蒙时代"理性"的特征是什么。

2. 结合作品，分析18世纪启蒙主义文学的特征。

3. 请解释什么是"狂飙突进运动"。

4. 简要分析卢梭的《爱弥儿》中的教育思想。

5. 结合作品，分析卢梭的《新爱洛伊丝》中爱情主题的深层内涵。

6. 结合作品，分析歌德的《少年维特之烦恼》中的"维特"形象。

7. 结合作品分析《浮士德》中的"浮士德"形象。

第八章 19世纪浪漫主义文学

学习提要：

本章在讲解19世纪浪漫主义作者群体现实命运的基础上分析浪漫主义文学的文化特征，以雨果的《巴黎圣母院》为个案总结19世纪浪漫主义文学的思想艺术特征，重点解读拜伦的《唐璜》、麦尔维尔的《白鲸》，并以电影《傲慢与偏见》展示19世纪浪漫主义文学的跨文体实践。

要　　求：

结合作品分析19世纪浪漫主义文学的整体思想艺术特征，掌握《唐璜》的情节与浪漫主义文学特征以及对《白鲸》三层内涵的解读。

第一节 19世纪浪漫主义文学产生的社会与文化背景

一、资产阶级的胜利与自由危机

1789年的法国大革命将革命的种子永远地撒播在欧洲大地上，大革命之后，即使封建复辟也无法阻挡民众对自由的信仰。1799年的"雾月政变"将拿破仑推到前台，他凭借自己伟大的才略将自由强行推广开来。进入19世纪，自由已经成为人们行动的法则。但就在自由被全面推广至整个欧洲时，自由的危机到来了，这与资产阶级的上升有关。

在欧洲文明的发展历程中,资产阶级人格形象很早就已出现。早在古希腊《荷马史诗》中,古希腊英雄阿基琉斯、奥德赛等人充满现实欲望并都具有实现欲望的能力,可被看作资产阶级人格的雏形。在罗马文学中,以现实事功为基本价值观的罗马贵族人格,可被看作资产阶级人格的进一步发展。在中世纪文学中,《列那狐的故事》中的"列那狐"自私自利、机智能干,信仰世俗成功,是资产阶级人格形象的真正确立。自此之后,在文艺复兴文学、古典主义文学与启蒙主义文学传统中,资产阶级人格形象越来越丰富、越来越明晰,但通常都是以文学形象存在的。1789年法国大革命,是资产阶级从文学形象变为社会掌权者的开始。

1789年法国大革命的起因是王室贵族与第三等级之间的矛盾激化。农民与手工业者走上街头,高呼打倒贵族、教士等特权集团和投机倒把者,声势日益壮大。但农民与手工业者要求打倒特权集团的行动却缺乏一个合理性论证,农民、手工业者凭什么可以将原先的主人们打倒?他们亟须进行合理性论证,资产阶级适时地搬出了启蒙主义思想家所提出的"人生而自由"的自由观念,为1789年大革命找到了合理基础。但是,自由也因此改变了性质:自由成了识别敌我的工具,从哲学家的自由变成了职业革命家的自由,从纯粹的自由变成了为实现某种目的而存在的自由。这是资产阶级革命因搬用自由而导致的"自由危机"。

进入19世纪,随着资产阶级在政治、经济与社会各方面掌权,"金钱拜物教"横行,整个欧洲大地都被资产阶级的城市、工厂与交易占据,人与人之间的社会关系全面物化,作为工具的"自由"大行其道,完全来自人的内在体验的纯粹自由无处安身。自此,在19世纪出现了为捍卫纯粹自由的逃避行为,这就是浪漫主义。

二、浪漫主义,为捍卫纯粹自由而逃避现实

19世纪浪漫主义的文化本质,是为捍卫纯粹自由而逃避现实。

就文学发展而言,19世纪浪漫主义文学有着悠久的传统。在中世纪,"浪

漫"指的是与学术语言——拉丁语相区别的新的口头语。在17世纪,"浪漫"一词含有夸饰情感的、不可能发生的、夸张的、不真实的意思,与旧传奇和骑士传说联系在一起,总之是些与清醒、理性的生活观完全相左的因素。① 直到18世纪,"浪漫"一词才从贬义变成褒义。

在18世纪,启蒙主义使人们向内去认识、肯定发生在内心的浪漫激情,并将其升华为人弥足珍贵的自由。在启蒙主义的文学创作中,浪漫的风格成为自由的象征,尤其是在卢梭的作品中,恣肆的情感、绚丽的意象与跌宕的人生构成了早期浪漫主义文学的典范。他的作品《新爱洛伊丝》写出了两个青年恋人为维护爱的自由而展示出的心灵奇观,他们为了捍卫纯粹的爱而摈弃世俗非议,言行举止带有鲜明的浪漫色彩。歌德早年创作的《少年维特之烦恼》更是早期浪漫主义的巅峰之作。一个青年人爱上了一个姑娘,虽然遭受世俗非议,但他仍以惊世骇俗的方式表达了对爱情本身的忠诚,最后在圣诞夜钟声敲响第十二下时结束了自己的生命。

在18世纪的英国,"感伤主义文学"是早期浪漫主义的代表。感伤主义文学得名于英国作家斯泰恩(Laurence Sterne,1713—1768年)的游记《感伤的旅行》(A Sentimental Journey Through France and Italy)。作品写了天性多愁善感的牧师约里克在法国和意大利的旅行,着重叙述他因小事情而不断产生的感觉和对这些感觉的诸多联想,抒发其感伤情怀。这部作品凸显了当时面对社会大变动的英国软弱的城乡中小资产者的情绪,他们痛感自己生活的失败,既不满贵族和资产阶级的暴虐,又不理解社会变革的原因,产生了感伤的情绪。作品中由个人感怀所产生的心灵与现实的游离形成了突出的浪漫风格,在当时,仿效者众多,产生了一大批具有相同叙事方式和浪漫风格的作品。

19世纪欧洲的浪漫主义,是对18世纪以来浪漫主义文学传统的传承,同时也在新的时代背景下产生了新的文化内涵:在纯粹自由被物化为工具化"自由"之后,浪漫主义者试图通过逃避现实来实现自我自由。在整个现实都已被资本主义的资本生产体系全面物化的大背景下,那些继承了18世纪启蒙主义自由

---

① 弗斯特.浪漫主义[M].李今,译.北京:昆仑出版社,1989:16.

第八章 19世纪浪漫主义文学

传统的人,大部分是对资产阶级革命持反对或保留态度的小资产阶级,为捍卫纯粹自由的传统,选择了逃避现实:逃向大自然,或者逃向神话世界,或者逃向自我的内心,从而形成了19世纪浪漫主义文学的整体轮廓。

下面以雪莱(Percy Bysshe Shelley,1792—1822年)的浪漫主义诗歌《无题》为例,来分析其中的"现实逃避"主题。原诗如下:

> 一:那时光已永远死亡,孩子!/淹没,冻僵,已永远死亡!/我们回顾以往不禁吃惊,/见到的是些希望的亡灵,/我和你在阴暗的生命之河上/消磨到死的那些希望的亡灵:/苍白,凄惨,哭得哀伤。
>
> 二:我们曾注目凝视过的河川/已经滚滚流去,再不回还;/而我们仍然站立观望/在这片荒凉的土地上,/像树立起两块墓碑,以纪念/在暗淡的生命的晨光里不断/消逝着的恐惧和希望。①

"那时光已永远死亡"中的"那时光"指的是过去的时光,结合诗人出生的时代语境,指的应该是启蒙时代或更早时代人所认定的人们能享有纯粹自由的时光,那时光已永远消失了,这是诗人对从纯粹自由变成工具性自由的判定。"淹没,冻僵,已永远死亡",是对上述判定的追加说明。"我们回顾以往不禁吃惊,/见到的是些希望的亡灵",这里的"以往"指的是曾经享有纯粹自由的过去时代,但从诗人所处的全面物化的时代看去,那些享有纯粹自由的人们,他们对纯粹自由的信仰无法传递到物化的现代,因此他们永远死去了,是些"希望的亡灵",这种断裂令人吃惊。"我和你在阴暗的生命之河上/消磨到死的那些希望的亡灵:/苍白,凄惨,哭得哀伤","我和你",是指诗人自己和同时代的另一个纯粹自由的追随者;诗人向物化时代纯粹自由的追随者指出,我们所视为希望的那些对纯粹自由的追寻注定是悲剧,在物化时代,它带给追寻者的是无尽的磨难与绝望。

在第一节中,诗人表达了对物化时代的纯粹自由的绝望。

---

① 雪莱.无题[M]//江枫.雪莱抒情诗钞.成都:四川人民出版社,1998:39-40.

在第二节中,"我们曾注目凝视过的河川/已经滚滚流去,再不回还","河川"指的是时间之流,在诗人的眼里,这条时间河流的流向是从今到古,它流向曾享有纯粹自由的过去,永远"再不回还",而我们因为只能停留在当下时间中,无法跨越时空去追寻有纯粹自由的古代,只好"仍然站立观望/在这片荒凉的土地上"。"我们"的呆立观望、无可奈何,本身就是一种说明,说明了纯粹自由在物化时代的死亡;因此,"我们"也就是浪漫主义诗人及那些追随纯粹自由的人的存在,就具有墓碑的意义,他们的存在标志着死亡。"像树立起两块墓碑,以纪念/在暗淡的生命的晨光里不断/消逝着的恐惧和希望"。"恐惧与希望"是纯粹自由的核心内容,是人们从自身真正的心灵体验中产生自由的通道,因此,"我们"作为"墓碑",一是标志纯粹自由的死亡,二是尝试说明纯粹自由的实质。

这首诗可被看作阐明浪漫主义文学本质的文学作品,它宣告了纯粹自由在物化时代的死亡,并将希望设定在了流向古代的时间深处,在对现时现代表达极度不信任的同时,提出了去古代追寻纯粹自由的指向。

第二节 19 世纪浪漫主义文学概况

一、雨果与 19 世纪浪漫主义文学的特征

雨果(Victor-Marie Hugo,1802—1885 年)是 19 世纪浪漫主义文学的伟大旗手。他出生于法国的贝尚松城,祖父是木匠,父亲是共和国军队的军官,曾得到西班牙国王的授衔。雨果从小跟随父亲在西班牙,少年时期即显露出不凡的文学才华。他在年轻时写过不少歌颂王室的诗歌,但在 1848 年革命之后,他开始对波旁王朝感到厌倦,而成为一名共和主义者。1827 年,雨果为自己的剧本《克伦威尔》(*Cromwell*)写了长篇序言,即著名的浪漫派文艺宣言。在序言中雨果反对古典主义的艺术观点,提出了浪漫主义的文学主张,这篇序言在法国文学批评史上占有重要地位。1830 年,雨果的剧本《欧那尼》(*Hernani*)在法兰西大剧院上演,产生了巨大的影响,确立了浪漫主义在法国

文坛上的主导地位。1831年发表的《巴黎圣母院》(Notre-Dame a Paris)是雨果最富浪漫主义色彩的小说。小说的情节曲折离奇、紧张生动、变幻莫测，富有戏剧性和传奇色彩。这部作品奠定了雨果作为著名小说家的地位。1843年，他写了剧本《卫戍官》(Les Burgraves)，但在上演时被观众喝倒彩，遭遇了失败，雨果为此将近10年没有写作。1851年，路易·拿破仑发动政变，宣布帝制，大肆镇压，雨果被迫流亡国外达19年之久。流亡期间，雨果的作品有诗集《街头与林际之歌》(Les Chansons des rues et des bois)，长篇小说《悲惨世界》(Les Miserable)、《海上劳工》(Les Travailleurs sur la mer)、《笑面人》(L'Hommequi rit)，文艺批评专著《论莎士比亚》(William Shakespeare)等。在后来的巴黎公社起义开始时，雨果对其并不热情，但在起义失败后，他又为营救公社社员四处奔走。1885年，雨果病逝于巴黎，灵柩被置于凯旋门下，供万民瞻仰，最后葬于巴黎伟人墓园。

雨果的《巴黎圣母院》是浪漫主义文学的杰出代表作。这部作品讲的是一个发生在想象中的巴黎的故事：愚人节的游行正在巴黎圣母院前的广场上进行，美丽的吉卜赛女郎爱斯梅拉达正在带着她的小山羊献艺。人群中的流浪诗人甘果瓦被爱斯梅拉达深深迷住了，情不自禁地跟随着她走到了夜晚。突然有两个人劫走了爱斯梅拉达，甘果瓦也被吓昏过去。醒来后，他误入巴黎地下的"乞丐王国"，除非有人愿意嫁给他，否则他将被处死，这时爱斯梅拉达突然现身，假意与他结婚，救了他一命。而她自己则是先前被人掳掠，又为骑兵队队长菲比斯所救。爱斯梅拉达爱上了菲比斯，不料就在两人约会时，菲比斯却被人刺伤，爱斯梅拉达被当作巫女抓了起来要被处死，这时奇丑无比的撞钟人卡西莫多冲进刑场，将爱斯梅拉达救到了不受世俗法律约束的教堂中。卡西莫多去向菲比斯求救，菲比斯却早已另结新欢，而教堂副主教克洛德垂涎爱斯梅拉达的美色，对之纠缠不已，多亏卡西莫多的保护，她才免于凌辱。法院判定逮捕爱斯梅拉达，流浪汉们组织了队伍攻打教堂却最终战败；副主教克洛德威逼爱斯梅拉达却未能成功，便把她献给了官兵。爱斯梅拉达被判处死刑，这时在钟楼上的卡西莫多看到克洛德现出阴险的笑容，他知道这一切都是克洛德所为，于是将之从钟楼顶上推了下去,自己则来到刑场上,抱着爱斯梅拉达的尸体遁入了墓地。几年后,人们发现了他们拥抱在一起的遗骸。

结合《巴黎圣母院》,19世纪浪漫主义文学的思想艺术特征体现在以下两个方面。

(一)浪漫主义文学在思想内容上的特征

第一,强调创作的绝对自由,反对任何清规戒律。

雨果在其《〈克伦威尔〉序》中曾这样阐述浪漫主义的自由原则:"现在,我们再来说些大胆的想法。时来运至,在这个时代,自由就好像光明一样到处风行,唯独没有进入思想界,而思想界本是世界上生来最为自由的。这种现象可以说是太离奇了,我们要粉碎各种理论、诗学和体系,我们要剥下粉饰艺术的门面的旧石膏。什么规则、什么典范,都是不存在的。或者不如说,没有别的规则,只有翱翔于整个艺术之上的普遍的自然法则、只有从每部作品特定的主题中产生的特殊法则。"这是雨果对浪漫主义文学绝对自由原则的强调,事实上也是19世纪欧洲浪漫主义文学的实践标准。

浪漫主义文学强调绝对自由,这表现在三个方面。

一是文学题材得到了极大扩展,超出现实世界。在17世纪古典主义文学传统中,故事发生的地方一般是宫廷与贵族府邸;在18世纪启蒙主义文学传统中,则转向了大自然。浪漫主义文学的题材则无拘无束、超越时空,得到了极大扩展。在《巴黎圣母院》中,故事发生在中世纪的巴黎。故事从巴黎街道上的"愚人节"狂欢开始,之后出现了形形色色的奇怪人物,整个巴黎也不是现实中的巴黎,而是分层的巴黎。另外,浪漫主义文学的故事情节跌宕起伏。这些都体现了浪漫主义文学在题材上的绝对自由。

二是人物形象多种多样。在《巴黎圣母院》中,人物形象繁多,更重要的是这些人物几乎没有重样的,都有着自己奇特的个性与特征。书中有最丑的撞钟人卡西莫多,有最美的吉卜赛女郎爱斯梅拉达;有无拘无束的流浪汉们,有墨守成规的隐修士们;有忠贞的爱情,如爱斯梅拉达对菲比斯的爱,也有无耻的背叛,如菲比斯在关键时刻抛下自己的恋人,等等。《巴黎圣母院》刻画了丰富的人物群像。

三是想象力丰富。丰富的想象力是浪漫主义文学的标志性特征。《巴黎圣母院》为人们呈现了无比惊人的想象世界。卡西莫多的丑、爱斯梅拉达的美、流浪诗人甘果瓦误入的"乞丐王国"的神秘、整个中世纪巴黎狂欢与惩戒相交织的独特气氛,这一切都没有现实对应物,都来源于作者丰富的想象力。

第二,抨击封建教会制度与贵族的罪恶,肯定下层劳动人民的反抗精神。

在《巴黎圣母院》中,作者对以克洛德和菲比斯为代表的封建贵族进行了抨击,对下层劳动人民的反抗精神则给予肯定和赞扬。在作品中,克洛德阴险凶狠,但他本身也是受害者。他爱爱斯梅拉达的美,但他副主教的身份使他不能和众人一样当众欣赏爱斯梅拉达漂亮的舞姿。抑制人性的教会制度使人不能欣赏美,只会逼着人去摧毁美。作品中的骑兵队队长菲比斯轻浮无情,体现了当时贵族阶级的劣根性。雨果在他的另一部杰作《悲惨世界》中,则通过冉阿让和珂赛特的遭遇抨击了资产阶级的冷酷血腥。

(二)浪漫主义文学在艺术上的特征

第一,强调个人情感的自由抒发和绝对的主观性。

浪漫主义文学在艺术上的首要要求,是以文学来表达主观体验。比如在《巴黎圣母院》的结尾,作者安排了一个令人意想不到的结局:撞钟人卡西莫多从法场抢夺了爱斯梅拉达的尸体,然后失踪了,"结束这篇故事的那些事件发生之后大约两年或者一年半,人们到鹰山地穴里寻找奥利维埃-公鹿的尸体(他是两天以前给绞死的,查理八世恩准移尸圣洛朗,埋葬于较为善良的死者中间),发现在那些丑恶的残骸中有两具骷髅,一具以奇特的姿态搂抱着另一具。这另一具是一个女人的,身上还有白色质料袍子的碎片,脖上套着一串念珠树种子做成的项链……"①这两具尸体正是消失了的卡西莫多与爱斯梅拉达。作者安排最丑与最美的人死后紧紧相拥,是强调一种强烈的欲望,即超越美丑而让纯洁的人性得以善终。

---

① 雨果.巴黎圣母院[M].管震湖,译.上海:上海译文出版社,2011:506.

第二,艺术上重视美丑对照。

《巴黎圣母院》中美丑对照的艺术手法非常明显。在作品中存在这样几组对照:外表美与内心丑的对照,如克洛德、菲比斯;外表丑与内心美的对照,如卡西莫多;外表美与内心美的对照,如爱斯梅拉达。这些复杂的美丑对照关系凸显了人的外表与心灵之间的微妙关系,其实是在内外对照中强调了人的内心与精神,就像雨果自己所说的:"丑在美的旁边,畸形靠近着优美,丑怪藏在崇高背后,美与恶并存,光明与黑暗相共。"①

二、19世纪浪漫主义文学在各国

德国是浪漫主义文学的发源地。18世纪启蒙文学的"狂飙突进运动"已确立了文学的主观性原则。进入19世纪,政治经济的落后、资产阶级的软弱以及唯心主义哲学的盛行,决定了德国早期浪漫主义文学具有浓厚的唯心主义和宗教色彩。② 施莱格尔兄弟创办了刊物《雅典娜神殿》来阐述浪漫主义的主张。诺瓦利斯的《夜的颂歌》和蒂克的《民间童话故事集》是这一时期德国浪漫主义文学的杰出代表。其后,格林兄弟的《儿童与家庭童话集》与霍夫曼的《金罐》《小查克斯》都是德国浪漫主义文学的名作。伟大诗人海涅(Heinrich Heine,1797—1856年)前期属于浪漫主义诗人,后期转向现实主义。

英国是最早出现浪漫主义文学的国家之一。英国浪漫主义作家不满于资本主义的发展,具有愤世嫉俗和向往大自然的倾向。③ 英国浪漫主义文学的真正代表人物是"湖畔派"三诗人——华兹华斯(William Wordsworth,1770—1850年)、柯勒律治(Samuel Taylor Coleridge,1772—1834年)与骚塞(Robert Southey,1774—1843年)。华兹华斯出生于律师之家,幼年时父亲去世,由他的舅父抚养长大,他对法国大革命心有好感。华兹华斯的作品主要是通过自然与人的关系展示他对纯洁人性的向往。他的代表作是《抒情歌谣集》(*Lyrical Ballads*),在这部作品中,华兹华斯写了大自然之美和对于自然仙乡的无限向

---

① 伍蠡甫.西方文论选:下卷[M].上海:上海译文出版社,1979:183.
② 郑克鲁.外国文学史:上[M].北京:高等教育出版社,1999:156.
③ 郑克鲁.外国文学史:上[M].北京:高等教育出版社,1999:155.

往,比如最著名的《致云雀》:"带我飞上去!带我上云端!/云雀呵!你的歌高昂强劲;/带我飞上去!带我上云端!/你唱啊唱啊,周围远近/天宇和云霓都悠然回响;/带着我飞升,领我去寻访/你那称心如意的仙乡!"① 与华兹华斯相比,柯勒律治则对神话和历史充满向往。柯勒律治出生于牧师家庭,他的代表作为《古舟子咏》《忽必烈》。骚塞出身于布商家庭,年轻时思想激进,中年后思想却趋于保守。他的代表作品包括《圣女贞德》《布伦海姆之战》等。

在"湖畔派"三诗人之后,拜伦(George Gordon Byron,1788—1824 年)与雪莱将英国浪漫主义文学推到了高峰。拜伦从小就敏感聪慧,他颇具神秘色彩的家族传统使他的创作为世人所关注,其代表作《唐璜》(Don Juan)写了一个永远在"远游"、在现实中无所适从的典型人物形象。

雪莱被誉为"诗人中的诗人",他 1792 年生于英国一个贵族家庭,12 岁被送进伊顿公学受教育,1810 年入牛津大学学习,第二年因发表《无神论的必然性》被牛津大学开除,不久之后到都柏林参加爱尔兰人民的民族独立运动;1813 年发表第一部长诗《麦布女王》(Queen Mab),抨击封建制度的专横无道和英国资本主义制度对劳动人民的剥削,反映劳动人民的悲惨境遇,引起了英国资产阶级的仇视,1818 年雪莱被迫侨居意大利;1818 年发表长诗《伊斯兰的起义》(The Revolt of Islam),借用东方的故事歌颂资产阶级革命,抨击欧洲反动的封建势力;1819 年完成诗剧《解放了的普罗米修斯》(The Prometheus Unbound of Æschylus),诗剧采用古代神话题材,表达了反抗专制统治的斗争必将获胜的信念和空想社会主义的理想。1822 年,雪莱于斯佩齐亚海湾溺水,时年 30 岁。

在英国浪漫主义文学作品中,雪莱的作品是最具浪漫气质的。比如,雪莱的《致云雀》:"你好啊,欢乐的精灵!/你似乎从不是飞禽,/从天堂或天堂的邻近,/以酣畅淋漓的乐音,/不事雕琢的艺术/倾吐你的衷心。/向上,再向高处飞翔,/从地面你一跃而上,/像一片烈火的轻云,/穿过蔚蓝的天心,/永远歌唱着飞翔,/飞翔着歌唱。/地平线下的太阳/放射出金色的电光,/晴空里霞蔚云蒸,/你沐浴着明光飞行,/似不具形体的喜悦/刚开始迅疾的远征。/淡淡的紫

---

① 华兹华斯.华兹华斯诗歌精选[M].杨德豫,译.桂林:广西师范大学出版社,2009:78.

色黎明/在你航程周围消融,/像昼空里的星星,/虽然不见形影,/却可以听得清/你那欢乐的强音——/那犀利无比的乐音,/似银色星光的利剑,/它那强烈的明灯,/在晨曦中暗淡,/直到难以分辨,/却能感觉到就在空间。/整个大地和大气,/响彻你婉转的歌喉,/仿佛在荒凉的黑夜,/从一片孤云背后,/明月射出光芒,/清辉洋溢宇宙。"① 与华兹华斯的《致云雀》相比,雪莱对云雀形象的浪漫主义展现更为精彩。在这首诗中,云雀的具体形象被淡化了,云雀的飞行与叫声成了宇宙大幕上的闪亮点,别具一种空灵玄妙的美韵。与之相比,华兹华斯的云雀形象则有着较为浓厚的主观欲望。

英国浪漫主义文学佳作还有济慈(John Keats,1795—1821年)的《夜莺颂》(Ode to a Nightingale)、《希腊古瓮颂》(Ode on a Grecian Urn),以及司各特(Walter Scott,1771—1832年)的《艾凡赫》(Ivanhoe)等。

法国浪漫主义文学具有更为鲜明的政治色彩,夏多布里昂(Francois-René de Chateaubriand,1768—1848年)和斯塔尔夫人(Madame de Stael,1766—1817年)是法国浪漫主义文学的早期代表。夏多布里昂是有名的拥皇派政治人物,他的作品《基督教真谛》鼓吹基督教的复兴,但对美洲丛林和大草原的奇异风光以及古代废墟富有抒情色彩的描写,成为浪漫主义文学营造异国情调和描绘"废墟美"的滥觞。② 雨果是法国浪漫主义文学的旗手,他的《〈克伦威尔〉序》阐明了浪漫主义文学的主旨,他的《巴黎圣母院》是其浪漫主义文学主张的出色实践。

乔治·桑(George Sand,1804—1876年)是法国浪漫主义文学的出色代表人物,她的作品从问题小说到社会小说再到田园小说,紧扣社会问题,以文学创作的形式给出了自己的解答。《魔沼》(La Mare au Diable)写了一天一夜之内的事,作品以英国传统的田野风光为背景,展示了田野世界所孕育出的健康灵魂,与当时城市扩张下人的"异化"形成了鲜明对比。缪塞(Alfred de Musset,1810—1857年)的《一个世纪儿的忏悔》(Confession d'un enfant du siècle)塑造

---

① 雪莱.致云雀[M]//江枫.雪莱诗选(珍藏版).长春:时代文艺出版社,2012:87-88.
② 郑克鲁.外国文学史:上[M].北京:高等教育出版社,1999:157.

了一个患"世纪病"的人的形象。奈瓦尔(G.de Gérard de Nerval,1808—1855 年)的抒情诗以奇诡深邃的想象、精美绝伦的形式,在诗坛占据独特的一角。他的小说《西尔薇》将回忆与想象、梦幻与生活连接起来,发掘了下意识活动,对 20 世纪文学产生了重要影响。另外,大仲马(Alexandre Dumas père,1802—1870 年)的历史小说也带有浓厚的浪漫主义风格。

在俄国,随着 1812 年反拿破仑侵略战争的胜利和 1825 年十二月党人的起义,浪漫主义文学出现了。俄国浪漫主义文学以诗歌为主,富有强烈的战斗精神,向往自由和民主。① 普希金(Александр Сергеевич Пушкин,1799—1837 年)是俄国浪漫主义文学的杰出代表。普希金 1799 年出生于莫斯科一个家道中落的贵族家庭,他一生坚持不懈地与沙俄专制斗争,曾两度被流放,最终死于敌人的阴谋。普希金创作丰富,他的小说与诗歌都是脍炙人口的作品。他的小说《驿站长》讲了一个令人心酸的故事:善良的老驿站长与女儿相依为命,一天,他收留了生病的骑兵上尉明斯基,并让自己的女儿冬妮娅照顾他,却没想到上尉根本没病,最后还骗走了冬妮娅。驿站长伤心欲绝,他来到莫斯科找寻自己的女儿,却被上尉推下了楼梯。驿站长重新回到了自己的小站,但却明显衰老了,几年后他就死了。又过了几年,一个年轻的贵妇人带着孩子来到老人墓前。这部作品写出了人的精神归属的悲剧。冬妮娅是驿站长的精神寄托,没有了冬妮娅,老人也就没有了灵魂,但女儿总是要被迎娶、离开他的,上尉的行骗只是一种特殊形式,这注定了驿站长将失去自己的精神寄托。这部作品带有浓厚的俄罗斯文化传统,精神反省的意味非常浓厚。

普希金之外,莱蒙托夫(Михаил Юрьевич Лермонтов,1814—1841 年)也是俄国浪漫主义文学的杰出代表。他的作品包括长篇叙事诗《童蒙》《恶魔》以及抒情诗《帆》等。他的小说《当代英雄》塑造了欧洲文学史上有名的"多余人"形象。《当代英雄》以主人公毕巧林为线索讲了五个并不相关的故事。在这五个故事中,毕巧林都想有所作为,他追寻爱情与人生的意义,但最终都以失败告终。作品深刻地刻画了他在当时社会中的"多余"身份。《当代英雄》可以与 18 世

---

① 郑克鲁.外国文学史:上[M].北京:高等教育出版社,1999:158.

纪启蒙主义文学的代表作《浮士德》进行比较：两者在故事情节、人物形象设定上都非常相似；二者的不同之处在于《浮士德》中的浮士德总是能从每一个人生悲剧中振作起来，最终实现了人生价值，《当代英雄》中的毕巧林却是四处碰壁，最终一事无成。通过对比，能够明显看出在从启蒙时代向浪漫主义时代过渡的时期，个体难以适应现实环境，这最终造成了浪漫主义时代的人们向非现实世界的逃离。

第三节　19世纪浪漫主义作家与作品（一）：拜伦的《唐璜》

一、拜伦的生平与创作

拜伦于1788年出生于伦敦，其祖父曾任海军中将，绰号为"暴风中将"。拜伦的父亲年轻的时候在法国陆军学校接受教育，毕业后当过英国陆军的近卫士官，参加过对美国的战争；因为性急、粗暴，总糊里糊涂地借债，所以被叫作"疯子杰克"。拜伦的母亲出身名门，其家族同样富有传奇色彩。从家族遗传来看，拜伦注定是不平凡的。

拜伦容貌漂亮、灵慧聪颖，是很多女性关注的对象，但不幸的是他从小就是一个瘸子，这使拜伦形成了自尊敏感的性格。拜伦和自己的母亲合不来，但对自己漫游在外的父亲却抱着莫名的眷恋之心。

拜伦上学时特立独行的性格与诗才就已显露，在19岁时他出版了自己的第一本诗集《闲散的时光》(Hours of Idleness)，这是一部充满讽刺意味的作品，作品出版后就惹恼了当时的市民。拜伦的诗为人们所认识是由于他杰出而尖刻的讽刺才能，但这些诗也给他带来了大量的非议，成为拜伦一生悲剧的重要导火索。在21岁时，他出版了给他带来声誉的《英格兰诗人与苏格兰批评家》(English Bards and Scotch Reviewers)，在书中他对当时的诗坛名人大加批判，导致树敌无数。

1809年，拜伦和朋友一行六人出发，要去向往已久的东方旅游。他们带着一百支笔、五升墨水和数册白纸出发了。在当时,拿破仑刚刚取得了胜利,拿破仑神话在整个欧洲流传,拜伦他们决心效仿拿破仑去开拓在欧洲大陆之外的遥远神秘的地方。他们去了希腊,在雅典滞留了很长时间。回到英国后,在1813—1816年,拜伦根据此次东方之行写出了他的《恰尔得·哈洛尔德游记》(Childe Harold's Pilgrimage)——一部让他声名鹊起的诗作。

在这部作品中,拜伦塑造了一个被称为"拜伦式英雄"的人物形象——哈洛尔德。他热爱大自然,渴望自由,但又厌倦现实、想逃离现实;他向往自由的远游,但在远游中却不满足,他孤独忧郁,迷失在旅途中。哈洛尔德其实是典型的"新人"形象,他与卢梭笔下的"新人"有同样的人生问题,但卢梭笔下的"新人"最终选择了逃避或自杀,而哈洛尔德这样的"拜伦式英雄"却缺乏面对难题的勇气,游荡、远去和追求人生中的非现实的浪漫境界是他们解决问题的办法。

同一时期,拜伦根据他在东方的游历,还创作了《东方叙事诗》。《东方叙事诗》是一系列以"东方"为题材、富有浪漫色彩的传奇诗,共包括六篇:《异教徒》(The Giaour)、《阿比道斯的新娘》(The Bride of Abydos)、《海盗》(The Corsair)、《莱拉》(Lara, A Tale)、《柯林斯的围攻》(The Siege of Corinth)和《巴里西耶》(Parisina)。在这些诗篇中,拜伦描写了美丽的异国风情,作品中的人物都热爱自由,但又孤单、忧郁,最终成为整个社会固有习俗的牺牲品,这其实是哈洛尔德形象的延续。

《恰尔得·哈洛尔德游记》给拜伦带来了巨大的名声,他说:"一觉醒来,发现自己已经成名,成了诗坛上的拿破仑。"《东方叙事诗》巩固了他的诗坛地位,他成为人们心目中的伟人,成了能够将神奇呼唤到人间的人物。

但拜伦的个性使他不能安享平静。他在伦敦上议院发表了为暴动工人辩护的演说,被指责为"思想危险分子";他作了赞美英国的敌人拿破仑的诗,人们攻击他"不爱国";他和姐姐两人同住在古堡内,人们说他"生活放荡"。伦敦民众对拜伦群起而攻之,他的名声一落千丈。拜伦像他笔下的人物一样,敏锐而尖刻地揭露现实,但又无法承受由此带来的现实重压,他选择继续流浪。

在漫游途中,他完成了他的传世名作《唐璜》。

拜伦35岁的时候，已经完成了《唐璜》，也厌倦了在漫游中逃避，他决心做些实际的事情。恰在此时，希腊发生了反对奥斯曼殖民统治的独立革命，伦敦组织了一个"支援希腊独立委员会"来帮助希腊完成独立事业。伦敦的委员会正式推选拜伦为代表，拜伦决定捐出自己的财产去援助独立军，他自己也从速准备，待命出发。1823年7月，拜伦去了希腊，参加当地人民反抗土耳其的民族解放斗争。1824年，拜伦在骑马巡视时受了风寒，4月19日死于寒热症。临死时，他还关心着希腊的命运，他说："不幸的希腊，为了你，我献出自己的时间、财产，现在把生命也献给你。希腊希腊，我还能为你做些什么？"

二、《唐璜》的情节与分析

《唐璜》开始创作于1818年，完成于1823年。在英国文学史上，拜伦的《唐璜》可与弥尔顿的《失乐园》、莎士比亚的悲剧并列。

《唐璜》是一部诗体小说，其故事情节概括如下：唐璜出生于西班牙加迪斯小城，他从小美貌但却身有残疾，聪慧、敏感而自尊。他与自己的母亲生活在一起，从16岁时开始恋爱，而恋爱的对象是母亲的朋友。后来他们的恋情被女方的丈夫发觉，唐璜在与其丈夫决斗过程中杀死了对方，于是被迫逃亡。他乘船到了海上，但船却在海上沉没了。后来他被风吹到一个小岛上，遇到了海盗的女儿海蒂，海蒂义无反顾地爱上了他，但却遭到了父亲的强横干涉。海盗一刀砍下去砍伤了唐璜，并将昏迷中的唐璜抛上了运奴船。运奴船将唐璜运到了君士坦丁堡。唐璜在船上恢复了健康，被绑到奴隶市场上贩卖。这时候，土耳其苏丹所宠爱的王妃派她的奴仆到市场上买奴隶。唐璜被买去了，王妃很喜欢他的美貌，但最后唐璜却因遭他人嫉妒而被抛到了秘密下水道里。唐璜大难不死，又遇到了俄国女皇叶卡捷琳娜二世，受到她的欣赏并被委以重任，作为外交使节被派到了英国。唐璜被招到贵族庄园内，在狩猎和宴会中过日子。长诗就此结束。

《唐璜》这部作品是19世纪欧洲浪漫主义文学的代表作品，鲜明地体现了浪漫主义文学的特点。

第一,在故事的展开上,体现"远游"叙事模式,背景充满"异域"风情。

《唐璜》的叙事模式是典型的"远游"模式。整部作品以主人公唐璜的行踪为线索,从西班牙小镇一直到俄罗斯皇宫,唐璜一路脚步不停,永远在路上。《唐璜》的背景充满了"异域"风情。整部作品展示了茫无人迹的大海、神秘的海盗海岛、传奇的土耳其后宫,这些故事发生的背景流传于19世纪伦敦等大城市人的传说与想象中,拜伦通过自己的作品第一次绘声绘色地将之呈现出来,对当时的人们产生了巨大的吸引力。

第二,在人物形象上,唐璜是典型的"拜伦式英雄"。

唐璜这一形象令人印象深刻。首先,他的正直、善良与聪敏使之具有启蒙主义"新人"的特征;其次,在他身上也有着启蒙"新人"们的局限,如身心矛盾、理想高于行动等,而且与卢梭笔下的"新人"相比,唐璜心灵中的时代病更加严重。比如,仔细分析唐璜的"远游",会发现他的"远游"并不是主动地去远方,而总是被迫的:在西班牙小镇,是因为杀了人被迫出走;在海盗的岛上是被人砍昏运走的;在奴隶市场,是被人买走的;在土耳其后宫是被人放在下水道冲走的。《唐璜》中主人公唐璜的被动命运,其实是"拜伦式英雄"的典型特征。

三、李白《梦游天姥吟留别》与《唐璜》的比较

李白的《梦游天姥吟留别》是中国浪漫主义文学的杰出代表,在"远游"叙事与"避世"主题上与拜伦的《唐璜》非常相似,但又有着本质不同,体现了中国浪漫主义文学与19世纪欧洲浪漫主义文学的差异。

第一,在"远游"的叙事模式上,《梦游天姥吟留别》与《唐璜》都是以空间移动为线索,但前者是在天上与人间的上下移动,后者则是由近及远的平面移动。在《梦游天姥吟留别》中,"远游"发生在梦境中,"我欲因之梦吴越,一夜飞渡镜湖月"。"远游"的轨迹是顺着地上的高山大川渐次向上,最终到达仙人之境,"青冥浩荡不见底,日月照耀金银台。霓为衣兮风为马,云之君兮纷纷而来下"。在《唐璜》中,则是从西班牙小镇一直到俄罗斯皇宫,永远平行移动,没有出现上下的立体运动轨迹。

第二,在"避世"主题上,《梦游天姥吟留别》与《唐璜》都追求脱离俗世,但前者是去而复回,后者则是一去不回。在《梦游天姥吟留别》中,作者在梦中到达了仙境,但就在这时,"忽魂悸以魄动,恍惊起而长嗟。惟觉时之枕席,失向来之烟霞"。突然醒来,原来是一场梦,又回到了现实,"远游"结束。不仅如此,在"避世"价值观上,《梦游天姥吟留别》并非全盘否定现实,而是对现实仍存希望:"世间行乐亦如此,古来万事东流水。别君去兮何时还?且放白鹿青崖间,须行即骑访名山。"中国浪漫主义诗人的浪漫并不是彻底地不要现实,而仅仅是在青崖下放一只白鹿,不得意时一走了之,得意时就在现实中勉力向前。在《唐璜》中,唐璜则是决绝地抛弃现实,整部作品中,所有可能成为现实的趋向都被作者切断了。

第四节 19世纪浪漫主义作家与作品(二):麦尔维尔的《白鲸》

一、麦尔维尔的生平与创作

麦尔维尔(Herman Melville,1819—1891年)1819年出生于纽约的一个商人家庭。在他的少年时代,父亲破产,12岁时,父亲又不幸去世,15岁时他便结束了仅仅4年的学校生活,挑起家庭的重担。他先后做过银行职员、农场工人、乡村教师,饱尝了人世间的冷暖。

18岁时,麦尔维尔怀着满腔的愤懑和对社会的抵触情绪,跳上了一艘帆船,开始了他的航海生涯。20岁时,他在一艘往返于美国纽约和英国利物浦之间的轮船上当服务员,开始了5年的海上生活。

32岁起,他开始登上捕鲸船做水手。在随后的3年间,麦尔维尔随着捕鲸船到了世界上的很多地方,大大开阔了眼界。不仅如此,他还和捕鲸船上的伙伴一起,同捕鲸船上的专制行为做了一定的斗争,还曾因暴动等原因被监禁。后来,麦尔维尔加入了美国军舰"美国号",在舰上服役,直到1844年他在波士顿上岸,结束自己的航海生涯。这些经历为日后他的创作提供了丰富的素材。

1844年,麦尔维尔35岁时,退伍回到纽约,开始了他的创作生涯。最初的长篇小说《泰比》(Typee)、《奥穆》(Omoo)、《马尔迪》(Mardi)都是以他在南太平洋的生活为依据写成的,另外两部长篇小说《雷德本》(Redburn)和《白外套》(White-Jacket)也是描写海洋生活的。这些作品给美国文学带来了崭新的领域和内容,在美国读者中广受欢迎,作者因此赢得了"海洋文学家"的称誉。

1851年,麦尔维尔发表了自己的代表作《白鲸》(Moby-Dick),但没有引起读者和评论界的重视,这使他十分失望。《白鲸》之后,麦尔维尔作品中比较重要的有小说《彼埃尔》(Pierre,1852年)、《伊萨雷尔·波特》(Israel Potter,1855年)、《骗子》(The Confidence-Man,1857年)、《比利·巴德》(Billy Budd,于1924年被整理发表)和短篇故事集《广场故事》(The Piazza Tales,1856年)。但是以上作品在当时都受到了读者的冷遇,麦尔维尔本人也几乎被人遗忘。

1891年,麦尔维尔在世人的漠不关心中逝世于纽约——他的出生地。他死后的第三天,《纽约时报》才在一个不起眼的位置刊登了这个不幸的消息。他的作品长期没有得到重视,直到20世纪20年代,麦尔维尔的价值才被美国文学界"重新发现",确立了他在美国文学史上应有的地位。西方评论家因此才对麦尔维尔的后期作品产生兴趣,尤其是《白鲸》,他们赞誉它为"一部美国文学经典著作"。

二、《白鲸》的三层解读

麦尔维尔的《白鲸》创作于1851年,又名《莫比·狄克》。《白鲸》是麦尔维尔根据自己的亲身经历写成的,其大背景则是美洲资本主义依靠捕鲸进行原始资本积累的历史事实。

《白鲸》的故事情节并不复杂,作品以主人公以实玛利的遭遇为线索,向人们讲述了一个复仇的故事:捕鲸船"皮廓德"号船长亚哈曾在一次海上作业中被一条名为莫比·狄克的白鲸咬掉了一条腿。为复仇而变得疯狂的亚哈，纠集了一批亡命之徒，驾船出海，搜寻白鲸。他们在茫茫大海里历尽艰险，终于发现了白鲸。于是，一场持续三天的恶战展开了，猎手们多次刺伤白鲸。受伤的白鲸则疯狂地反扑，咬碎了小艇，倾覆了大船。在这场殊死搏斗中，亚哈和他的水手最终与白鲸同归于尽，只有以实玛利幸免于难，回到陆上将这个惊心动魄的故事讲了出来。

关于《白鲸》，可以有由浅入深的三层解读。

第一层解读，从社会学角度来解读。按照文学社会学的解读方法，作品中的人物可按照"资产阶级"与"无产阶级"分为两大阵营，船长亚哈花钱雇用众人为其卖命，可被看作资产阶级的象征，而众多船员则可被看作受剥削的无产阶级，如果做这样的二元划分的话，那么整部《白鲸》就可被解读为资产阶级与无产阶级在具体的历史时刻与事件（"出海复仇"）中的遭遇与斗争。这种解读框架清晰，却有问题：按照这样的解读，作品中的一个重要角色莫比·狄克，也就是白鲸本身没有了地位。这表明此种解读是狭隘、有问题的。

第二层解读，从宗教的意义来解读。按照宗教文化的视角，可将基督教的基本教义"人人心中都有恶"作为切入点。船长亚哈被莫比·狄克咬断了一条腿，抱恨终生，要以自己的私仇拉众人殉葬；而其他人，每个人都怀着因现实生活所带来的种种不如意而产生的怨恨加入了亚哈的复仇队伍，这样一支复仇大军，最终在大海中沉没，实践了基督教教义中对人性恶的训诫。这种解读比文学社会学的解读更深刻，它使作品中的人物呈现出复杂化、内在化的趋势，但同样有问题：如果按照这样的解读，那么白鲸莫比·狄克的角色就是代上帝行使惩戒的道具，这虽然使白鲸的形象从无意义到有意义，但是意义单薄，同样不是最合适的解读。

第三层解读，从作品的象征意义来解读。上述两种解读，关键在于忽视了作品中真正的主角——莫比·狄克的存在，因此，我们要从白鲸深刻的象征意义上来理解。在《白鲸》这部作品中，麦尔维尔赋予了"白鲸"特别的含义。在作品前部有一份作者有意摘录的文献，这份文献看似客观地描述了白鲸的历史形象,但形象上的一致性显示出这其实是麦尔维尔对"白鲸"象征内涵的特别定位。

比如,"上帝就造出大鱼",出自《圣经·旧约·创世记》;"它行的路随后发光,令人想深渊如同白发",出自《圣经·旧约·约伯记》;"耶和华安排一条大鱼吞了约拿",出自《圣经·旧约·约拿书》;"利维坦,最大的生物,躺在海里像海岬,或睡或游,像活动的陆地,它的鳃吸进一个大海,一吐气又喷出一个大海",出自弥尔顿的《失乐园》;"啊,罕见的老鲸,生活在狂风暴雨中,强权即公理的大海是它的家,它就是代表强权的巨人,无边无际的大海之王",出自流传在美国西海岸的《大鲸之歌》。作品对白鲸形象的象征意义也给出了正面定位:"我深深感到,在鲸身上,我们看到了一种坚强独特的生命力之罕见的品质,坚墙厚壁之罕见的品质,胸怀博大之罕见的品质。啊!人们,赞美鲸,以鲸为表率吧!你也能置身冰雪之中而仍然浑身温暖?你也能生活在这世界上而不为这世界所左右?"①

从以上的作品文献摘录和形象描述来看,"白鲸"所象征的其实是先于人类的创世之源,是孕育人类的母体,是超越人类所有有目的行为的自然无意识;从人性结构而言,它是人类心灵中纯粹的、无目的自由的象征。以此象征内涵为考察基点,可这样理解船长亚哈等人的复仇:这并非简单伦理与宗教意义上的恶,而是人类因其欲望表达而体现出的功利化的、目的性的自由的象征。因此,整个作品的故事结构就是"人类有目的、功利性的自由与无目的、纯粹自由之间的斗争",而这两种自由的斗争,正是19世纪浪漫主义文学在人性自由探索中所提出的最大问题。《白鲸》的结局,是白鲸击毁了复仇的队伍,使之没入大海,这是作者对这两种自由的斗争做出了自己的裁判,即人类纯粹的、无目的自由必胜。

---

① 麦尔维尔.白鲸[M].罗山川,译.北京:中央编译出版社,2011:310.

第五节　19世纪浪漫主义文学中的跨文体实践

一、19世纪浪漫主义文学跨文体改编的现状

19世纪浪漫主义文学的跨文体改编，主要集中在从文学向电影的影视改编方面，产生于这一时期的文学作品成了影视改编的主要素材。

这一时期电影改编所参照的原著，主要是简·奥斯汀、维克多·雨果和大仲马的文本，如根据简·奥斯汀作品改编的《傲慢与偏见》（英国导演乔·怀特根据同名小说改编）、《理智与情感》（华裔导演李安根据同名小说改编）和《曼斯菲尔德庄园》（加拿大导演帕特里夏·罗兹玛根据同名小说改编）；根据维克多·雨果作品改编的《悲惨世界》（英国导演汤姆·霍帕根据同名小说改编）、《巴黎圣母院》（法国导演让·德拉努瓦根据同名小说改编）、《笑面人》（法国导演尚皮耶·亚莫斯根据同名小说改编）；根据大仲马作品改编的《基督山伯爵》（阿尔及利亚导演荷赛·达阳根据同名小说改编）、《三个火枪手》（美国导演理查德·莱斯特根据同名小说改编）、《玛戈王后》（法国导演帕特里斯·夏侯根据同名小说改编）。此外，还有《唐璜》（法国导演雅各布·韦伯根据拜伦的《唐璜》改编）、《胭脂虎》（匈牙利导演查尔斯·维多根据梅里美的《嘉尔曼》改编）、《弗兰肯斯坦的灵与肉》（英国导演丹尼·鲍尔根据雪莱的《弗兰肯斯坦》改编）等。

二、电影《傲慢与偏见》分析

简·奥斯汀的小说《傲慢与偏见》是最受欢迎的改编素材之一，小说自1813年诞生以来，曾分别在1938年、1952年、1967年、1980年和1995年被搬上电视荧屏，其中1995年BBC出品、由科林·费尔斯和詹妮弗·艾莉主演的剧集，被观众誉为最佳版本。电影改编方面，2005年的《傲慢与偏见》（乔·怀特导演，凯拉·奈特莉主演）是较为成功的一个版本。与原著相比，2005年的电影《傲慢与偏见》的文体改编表现在以下几个方面。

第一,在主题内涵上,电影将青年男女之间的爱情作为刻画的重点,而将原著中强调的正确的道德观和理性情感一笔带过,成为一部浪漫爱情电影。

奥斯汀的小说往往只关注乡村生活和日常琐事,用她自己的话说,只写"一个乡村中三四户人家"的事情,内容无非是请客吃饭、弹琴跳舞、择偶婚娶。可以说,奥斯汀是从微小的缝隙中看到广阔世界的。她的小说虽然只描写日常生活和琐事,具有一定的局限性,却是18世纪末19世纪初的英国社会的缩影,真实地反映了当时的社会、经济现实及妇女的社会地位等问题。《傲慢与偏见》描写了傲慢的单身青年达西与对他充满偏见的伊丽莎白、富裕的单身贵族彬格莱与贤淑的简之间的感情纠葛。作者借由几对青年男女的婚事,充分表达了自身的爱情观和婚姻观,即提倡爱情、金钱和道德合一的理性婚姻,赞美通过理智获得美满婚姻的女性。作品一开篇,就点出"凡有产业的单身汉,总要娶位太太,这已经成了一条举世公认的真理",即经济基础是幸福婚姻的基石。彬格莱、达西,乃至柯林斯,他们各自的婚姻生活得以顺利展开,首先是因为他们都有一份不小的产业,这在论及婚嫁时能够作为一个极具分量的筹码。

而在电影中,经济条件成了无关紧要的因素,爱情才是一段婚姻关系中不可或缺的部分。伊丽莎白和达西由开始的敌对到最后的两情相悦的变化过程,是二人逐渐互生的好感在起推动作用,而达西一年一万英镑的收入这一在原著中被反复强调的事实,则只是在电影开头提到过。电影在注重金钱利益保障的理性婚姻上倾注了爱情至上的浪漫主义情怀。

原著中对理性和资产阶级正确道德观的描写在电影中也被淡化了。原著中,达西的傲慢导致了伊丽莎白对他的偏见,即使他人一再确证达西的人格,伊丽莎白也固执己见。最终,两人能够解除误会、产生爱情,也是由于达西放低身段,摒除了自身的傲慢,表现出对女性的尊重,符合了伊丽莎白对资产阶级男性的期待。而在电影中,伊丽莎白对达西的好感始于两人之间误会的解除,达西低调帮助韦翰和莉迪亚的做法更进一步使伊丽莎白意识到他的正直和宽容,此刻,理性已经失去它原本的作用,因此而萌发的爱情更是与所谓"正确的道德观"无关。

第二,在文化倾向上,原著中人物遵循18世纪末19世纪初期的生活方式,而电影则以现代人的视角观照奥斯汀笔下的人物,使电影更具现代感。

电影以现代人的眼光观照18世纪的女性,更加注重思考她们的出路问题。原著中,无论是属于哪一阶级的女性,都遵从当时社会的习俗,通过社交活动来寻找一门门当户对的婚事。这在并不富裕的班内特一家身上体现得尤为明显。事实上,班内特的女儿们必须嫁出去,否则将面临破产。在五个女孩中,奥斯汀着力描写了独立的伊丽莎白。面对社会上"大凡家境不好而又受过相当教育的青年女子,总是把结婚当作仅有的一条体面的退路"的婚姻观念,她在选择伴侣的态度上与世俗相悖,是对现实的一种反抗。伊丽莎白的与众不同,还体现在她对待好友夏绿蒂的婚事上。在听说夏绿蒂答应了柯林斯的求婚之后,奥斯汀对伊丽莎白的心理活动做了这样的描写:"她一向觉得,夏绿蒂关于婚姻问题方面的见解,跟她颇不一致,却不曾料想一旦事到临头,她竟会完全不顾高尚的情操,来屈就一些世俗的利益。夏绿蒂竟做了柯林斯的妻子,这真是天下最丢人的事!她不仅为这样一个朋友的自取其辱、自贬身价感到难受,而且她还十分痛心地断定,她朋友拈的这一个阄儿,绝不会给她自己带来多大的幸福。"①

反观电影,以现代人的眼光来看,班内特家的女孩们看上去并不迫切需要通过婚姻改变生活现状——她们衣食无忧,还有马车和仆人。电影力图传递这样一个信息:如果她们不出嫁,就只能在贫困中度过余生,这正是电影引起人们思考的方式。在描述夏绿蒂和柯林斯的关系时,电影更是让夏绿蒂首先在舞会上对柯林斯产生兴趣,这取代了柯林斯向伊丽莎白求婚失败后转向夏绿蒂的情节,为后来二人的结合埋下伏笔。这一改动放大了女性的自我意识,使夏绿蒂除了"给她自己安排了一个最可靠的储藏室"之外,也成为一位勇于主动争取个人幸福的女性。这完全是从女性意识觉醒和社会地位上升的角度出发而做出的更改。

电影通过放大细节使原著中带有讽刺笔调的描写具有娱乐效果。这一点集中表现在班内特姐妹的表兄柯林斯先生身上。原著中,柯林斯是一个满嘴礼

---

① 奥斯汀.傲慢与偏见[M].王科一,译.上海:上海译文出版社,2010:144.

教、自负又依附权贵的年轻牧师,奥斯汀以讽刺的口气活灵活现地描绘了他的种种可笑行径。在电影中,柯林斯则成了十足的丑角。舞会上他刻意讨好达西时两人身高和体态的对比,直观地展示出他趋炎附势的小人嘴脸。另外,柯林斯向伊丽莎白求婚时献上了一朵小花,这种刻意的浪漫使得反讽的意味尤其明显。而原著中柯林斯是个毫无浪漫可言的人,并且认为浪漫不是必需品,他向伊丽莎白求婚的原因不外乎"第一,我认为凡是像我这样生活宽裕的牧师,理当给全教区树立一个婚姻的好榜样;第二,我深信结婚会大大地促进我的幸福;第三(这一点或许我应该早点提出来),我三生有幸,能够侍候一个这样高贵的女施主,她特地劝告我结婚,特别赞成我结婚"。作为面向大众的娱乐电影,其无法在有限的时间内完全忠实表达原著内涵,而其娱乐性也决定了电影中需要这样的娱乐效果来让观众放松情绪。这样我们也就不难理解,为何讽刺效果会以娱乐的方式出现了。

第三,在艺术形式上,电影通过精美的画面呈现出奥斯汀笔下18世纪英国乡村的田园风光。

原著中,对情节的推动和事件的发展主要通过对话完成。奥斯汀的语言技巧备受赞扬,她刻画人物主要靠传神的对话,而对相貌、服饰并不作过细的描写。她也很少用隐喻,对滥用想象力持怀疑态度,文笔流畅,从不故作高深。奥斯汀的作品最大的吸引力就在于她对人世、人性的准确把握。在这一点上,电影忠实再现了原著,对白大多直接引用原文。

奥斯汀在这部作品中很少描写自然景色,而电影则以不小的篇幅展现了浪博恩的自然风光和田园生活以及其中的细节,比如桌上的面包、花瓶里的鲜花等,画面犹如静物绘画。电影还采用了大量的特写镜头,如在伊丽莎白参观达西家里的艺术陈列室时,镜头多次给艺术品特写,这些唯美画面构成了情节推进的背景,也使影片在表达上更加丰满。

值得一提的是,电影非常善于运用长镜头,这一点主要表现在对几场舞会场景的处理上:镜头在舞会大厅中沿环形路线运动,各个主要人物随着镜头的运动依次出现和退场,这巧妙地展现出各个人物的行动和他们之间的关系。比如在尼日斐花园举办的舞会,以伊丽莎白出现在舞厅开始,柯林斯、简、班纳特太太等人依次出场,最终镜头回到正在跳舞的青年男女和与夏绿蒂交谈的伊丽莎白身上,从而完成一次对舞会的全景叙述。这些长镜头以直观立体的方式呈现出原著中舞会的画面,巧妙地从"零聚焦"叙述视角转换到"内聚焦"叙述视角,使观众产生一种切身感,从而弥补了原著中以语言描写舞会所造成的空白。另外,原著中很多发生在室内的谈话场景在电影中都被转移到了风光明媚的室外,营造出一种浪漫宁静的田园氛围,为展现人物关系提供了更广阔的空间。

课后题:

1. 结合雨果的《巴黎圣母院》,分析19世纪浪漫主义文学的思想艺术特征。
2. 什么是"湖畔派"?
3. 结合作品,分析"拜伦式英雄"的形象特征。
4. 结合作品,分析《唐璜》的浪漫主义文学特征。
5. 简要论述麦尔维尔的《白鲸》中的多重象征内涵。

第九章　19世纪现实主义文学

学习提要：

本章是西方文学史的学习重点,主要在分析工业革命中小资产阶级历史命运的基础上概括19世纪现实主义文学的文化特征;以对巴尔扎克《高老头》的解读总结19世纪现实主义文学的思想艺术特征,展示了现实主义文学在欧洲各国的发展;重点解读司汤达的《红与黑》、福楼拜的《包法利夫人》,以电影《包法利夫人》为例展示19世纪现实主义文学的跨文体改编。

要　　求：

能够结合作品分析19世纪现实主义文学的思想艺术特征;掌握现实主义在各国的代表作家及其作品;了解《高老头》的故事情节与人物形象特征,《红与黑》的故事情节、人物形象特征与作品结尾的复杂内涵,《包法利夫人》的故事情节与作品主题。

第一节　19世纪现实主义文学产生的社会与文化背景

一、工业革命与小资产阶级的产生

第一次工业革命推动了社会生产力的发展,更重要的是因为生产力的发展而产生了新的生产关系与社会关系,这进一步影响到上层意识形态的建构,催生了资本主义时代特有的文化与文学。第一次工业革命是19世纪欧洲文学产生的最重要的背景。

第一次工业革命的产生与发展,经历了漫长的过程。工业革命的萌芽出现于15世纪的荷兰,但由于地理与社会传统等诸多原因,荷兰的工业革命并未对全欧洲产生影响。英国工业革命在经过了将近两个世纪的漫长准备后,终于在1750年左右全面开始。在很长一段时间中,英国工业革命被局限在英伦三岛之内,其对整个欧洲的影响和拿破仑入侵英国有关。拿破仑在攫取了法国大革命的领导权后,曾先后于1801年和1803年试图入侵英国,虽然最终未能如愿,但使封闭的英国遭受了巨大的外力冲击,英国与欧洲大陆之间的贸易往来日益频繁,而机器大生产技术也随之流入欧洲大陆,首先是在法国,然后向欧洲大陆内部辐射,引发了整个欧洲的工业革命。

在欧洲文明发展史上,资产阶级从一开始就不曾缺席,但在信仰与伦理为主的时代,他们的金钱拜物教本性一直被视为一种罪恶,因此,在文学与艺术作品中,他们通常被塑造为反面形象,比如莎士比亚的《威尼斯商人》中的夏洛克等。但资产阶级势必成为历史的主人,因为这个阶级是当时先进生产力的代表。1789年法国大革命使资产阶级真正登上历史的舞台,并成为主角。1830年"七月革命"和1848年"二月革命"之后,法兰西第二共和国成立,法国资产阶级得以掌权。在英国,1832年英国实行了议会改革,确立了英国资产阶级的统治地位。资产阶级是相当特殊的阶级,他们的阶级认同与价值观都建立在攫取金钱与占有物质这些简单的行为上,因此他们掌权的时代,是人类物质生产获得极大增长的时代,马克思说:"资产阶级在近百年所产生的物质相当于人类有史以来所产生的所有物质的总和。"

工业革命产生了若干重要结果,这些结果就是19世纪西欧现实主义文学产生的背景。

结果之一是小资产阶级诞生。工业革命的到来,使资产阶级凭借对先进生产力的掌握成了社会的主人,随之产生了资产阶级的真正掘墓人——无产阶级。无产阶级的诞生,是资本主义发展的必然结果。为了获取更多的生产资料与劳动力,资产阶级需要大量的土地与赤贫的劳动力;他们通过法令,运用国家机器大肆掠夺农民的土地,破坏城市手工业行会组织,完全剥夺了农民和城市手工业者手里仅存的生产资料。同时,通过设立工厂,招揽失去生产资料的农民和城市手工业者进厂当工人,由此产生了无产阶级。

这样,就产生了资产阶级与无产阶级两大对立阶级。但与此同时,在当时社会上,还有许多人没有办法归类。比如有这样一部分人,他们本身不占有生产资料,但也不会到工厂中当工人出卖自己的剩余劳动力来过活。他们谋生的方式是进行文学或艺术创作,通过当时已相当成熟的出版市场与现代报刊,他们也能挣得生活费用,而且随着人们对这一群体的关注度日益增加,他们中的不少人完全可以凭着文学与艺术名声一夜暴富。这些人占有的其实是特殊的生产资料,在阶级本质上应属于资产阶级,但是应当被归于小资产阶级。

小资产阶级如何确立其在资本主义社会中存在的合理性?资产阶级占有生产资料,无产阶级反抗资产阶级,两者之间的斗争关系使得他们在社会中能够确立自己的存在合理性。那么小资产阶级呢?在资本主义社会中,小资产阶级存在的意义在于通过文学或艺术创作客观记录时代并对此做出评判;他们的客观记录与评判为人们提供了现实的时代认同,他们就是凭借"现实主义"而获得自己的存在合理性的。19世纪欧洲现实主义文学的创作主体就是这些在资产阶级与无产阶级之外的小资产阶级。

这些作为作家或艺术家的小资产阶级,有知识、有能力、有激情,他们对自身创造新世界的能力充满自信,但因为资本家已用资本主义生产关系先行占有了这个世界,所以他们只能寻找别的途径来发挥创造新世界的天赋,即通过文学或艺术来客观地"反映"现实,其实就是通过文学或艺术来"占有"或"创造"现实。他们借由文学创作,绘出一幅与现实同等大小的文学地图,实现对世界的占有,这是19世纪欧洲现实主义文学作家群在文学之外的雄心壮志。欧洲现实主义文学的巨匠巴尔扎克在拿破仑雕像上刻了一句话:"他用剑没有完成的,我要用笔来完成。"巴尔扎克的气概就来自这种以文学实现"占有"或"创造"现实的初衷。他说"我要做巴黎的书记官",也是表达了这个意思。

二、工业革命与人的物化

工业革命产生的结果之二是物质的极大丰富导致了人的"物化"(异化)。

人类生产活动的对象,除了作为"第一自然"的大自然外,还有人类生产活动的制成品,即"物",也是人类生产活动的"第二自然"。

在原始社会,人类所生产出来的"物"(包括各种生活必需品与生产资料等)无法完全满足人们的正常生活所需,人积极地创造"物",操控对"物"的分配。到了封建社会,随着生产力水平的提高,人类生产的"物"刚好能满足人类日常所需,人们同样可操控对"物"的分配。但在进入资本主义社会后,人类生产"物"不再是单纯地满足生活必需,主要还是为获取更多剩余价值,因此就出现了"物"的生产的爆发式增长,这直接导致了人和"物"关系的不平衡:不再是人操控"物"的分配,而是人被自己生产出来的"物"包围了,失去了主动性,只能循着"物"的逻辑行动。人被"物化"(异化)了。

在资本主义生产关系中,最典型的人造物就是"金钱",因此人的"物化"就是金钱"异化",这成为19世纪欧洲现实主义文学揭示的核心主题。金钱"异化"不仅使人变成了生产机器,也将现实世界本身贬为仅具有交换价值的商品,现实本身所具有的深度与神秘属性荡然无存,显现出了粗粝的"物"的特征。比如《高老头》中这样描写一处公寓:"公寓的房子是伏盖太太的产业……这两座建筑投下一片黄澄澄的色彩,两个穹顶投射出肃穆的阴影,使四周的一切都暗淡无光。街面上的铺路石干巴巴的,阴沟里没有污泥浊水,杂草沿墙丛生。最无忧无虑的人到了这里,也会像所有的过路人一样,变得怏怏不乐。一辆马车的辚辚声在这里也会惊动周围街坊;街面上的房子死气沉沉的,墙垣全带有几分牢狱气息。一个迷路的巴黎人在这里看到的,只不过是一些膳宿公寓或者私立学校,苦难或者烦恼,气息奄奄的老人和不得不用功的生性活泼的年轻人。巴黎城中没有比它更可怕,甚至可以说,没有比它更不为人知的街区了。"①

---

① 巴尔扎克.欧叶妮·葛朗台　高老头[M].王振孙,译.上海:上海译文出版社,2010:178.

三、工业革命与城市、人口的爆炸式增长

工业革命产生的结果之三是工业革命导致了人口爆炸式增长与城市"内爆"。

在工业革命之前,欧洲人口虽持续增长,但非常缓慢,瘟疫、战争、饥荒与落后的医疗水平使得人口无法实现大规模增长。工业革命兴起、资产阶级政治地位确立之后,出现了相对稳定的政治局面与社会秩序,医疗科技的发达极大地降低了人口死亡率,物质生产的极大丰富使得饥荒不再能构成巨大威胁,诸种因素促使欧洲人口在19世纪后出现了爆炸式增长。同时,随着资本主义生产关系的调整,工厂与生产资料交换的中心基本都是在城市,农民破产,大量的人口涌向城市,人口爆炸式增长直接带动了城市的"内爆"。比如雨果在《巴黎圣母院》中这样描写他观察到的巴黎人群:"人越挤越多,像水流满溢一般,开始沿着墙壁上涨,向柱子周围膨胀,漫上了柱顶、檐板、窗沿;建筑物的、雕塑物的一切突出部位上都是人。"[①]随着人口潮水一样地涌入,城市也像决堤的河水一样急速向旷野扩张。

人口爆炸式增长与城市"内爆"对文学产生了直接影响。在18世纪之前,欧洲人口稀少,很多地方旷无人烟,作者的创作常常是在孤独冥想状态中进行的,缺少人际交往使得那些特异的人物能引起更多关注。在这样的生活前提下,作品中的人物形象都是有个性、有特点的人物。但在19世纪,潮水一样的人群在城市中涌动,作家们身处喧嚣躁动的城市环境中,很难仅仅关注一个或几个有特点的人物,而且资本主义大生产减弱了人的个性,造成千人一面,因此作家们开始尝试刻画"人群"的特征。进入19世纪之后,文学作品中的人物形象从"个人"转向了"人群",这也是19世纪现实主义文学的重要特征。

四、从科学技术到科学主义

工业革命产生的结果之四是科学技术的发达使得科学成了新的"信仰",由此产生了科学主义。

---

① 雨果.巴黎圣母院[M].管震湖,译.上海:上海译文出版社,2011:10.

从17世纪以来,科学在欧洲文明发展中的意义越来越重要。在17世纪,科学发现使人们认识到神的虚妄,并进一步体认到自我的虚无,这引发了人们对君权的膜拜。18世纪,科学技术成为人们撬动大自然的杠杆,产生了改造自然的巨大能量,进一步引发了人们对人性的深入反思,参与了重要的对人性"自由"的设定,因此成为启蒙主义产生的重要内因。进入19世纪,科学技术改造世界的巨大力量在继续喷发,科学技术所造成的"人类伟大"的幻觉达到了高峰,在此时,人们对科学技术的"信仰"也到了顶点,由此产生了普遍的作为世界观的科学主义。

所谓科学主义,即将整个世界看作一个科学存在的事实,世界由客观的科学规律构成,它不以任何主观认识为前提。科学主义,一方面造成了上帝、君权神授、贵族门第等封建观念的消失,扫除了封建社会的残余;另一方面,也造成了"人"本身的消失,因为科学主义将一切视为客观存在,其实就是间接否认了人性结构中的主动性与自由性,人成了巨大的社会机器中的一个齿轮。科学主义所造成的现实与个体的纯粹客观化,为19世纪现实主义文学提供了合适的世界观基础。

第二节　19世纪现实主义文学概况

一、巴尔扎克与19世纪现实主义文学的特征

下文将结合巴尔扎克(Honoré·de Balzac,1799—1850年)的《高老头》来分析19世纪现实主义文学的特征。

巴尔扎克1799年出生在多瓦河畔的都尔小城。父亲希望他做律师,但他说:"我的前程由我自己选定,决不为父母所左右!"① 巴尔扎克执意要进行文学创作。为了争得从事文学创作的机会,他与父亲协定:他要在一年之内创作一部作品,父亲请人评判,如果获得肯定他就继续进行创作,否则就要听从父亲的

---

① 张玲霞.巴尔扎克[M].海口:海南出版社,1993:6.

安排。巴尔扎克用一年时间创作出了诗剧《克伦威尔》,但遭到了否定。但他仍然执意创作,于是和家庭决裂。巴尔扎克曾做过书商,最后一败涂地。为了维持生计,巴尔扎克会为当时的报纸写一些纯粹为了迎合读者、格调不高的"应景小说",从1818年到1828年,一写就是十年。这段写作经历虽然没有让他创作出杰作,却使巴尔扎克掌握了抓住大众读者的诀窍。1829年,巴尔扎克的历史小说《舒昂党人》出版,这部作品体现了典型的现实主义特色,结果大受好评,也使巴尔扎克找到了适合自己的创作道路。从此之后,巴尔扎克的创作完全转向,从继承浪漫主义的文学传统转向了面向现实、书写当时的大时代,"做巴黎社会的书记官"。1829年到1849年,巴尔扎克用20年的时间,以不懈的努力和惊人的才华创作了90多部小说,共计上千万字,合称《人间喜剧》。1850年,巴尔扎克在和相恋十余年的韩斯卡夫人结婚三个月后因病去世。

巴尔扎克的《人间喜剧》共包含91部长篇小说和中、短篇小说,分为"风俗研究""哲学研究""分析研究"三个部分。"风俗研究"是其中的主要部分,又分为"私人生活场景""外省生活场景""巴黎生活场景""政治生活场景""军人生活场景""乡村生活场景"六个方面。在内容上,《人间喜剧》反映了资产阶级的上升,封建贵族的没落,以及在金钱社会中人间的现实悲剧,对当时经济情况做了如实反映。马克思认为,它"提供了巴黎上流社会的现实主义历史"。

巴尔扎克是19世纪现实主义文学的丰碑。奥地利作家茨威格曾这样评价他:"他的一生是短暂的,但却非常充实,他的作品比数不清的日子还要丰富。悲哉!这位力量惊人、从不疲倦的工作者,这位哲学家,这位思想家,这位作家,这位天才,在我们中间经历了所有伟人都不能避免的那种充满风暴和斗争的生活。今天,他在平和宁静之中安息了。现在,他超脱了一切争吵和仇视。在同一天,他进入了坟墓,但也进入了荣誉境界,他将继续在飘浮于我们头顶的云层上面,在我们祖国的众星中间闪耀光芒。"① 巴尔扎克的人生体现了在大革命后盛行于欧洲的"拿破仑神话",他的努力和才华是世所罕见的,他的文学创作包含着超出文学的雄心壮志,这是巴尔扎克文学创作中特别值得被关注的地方。

---

① 茨威格.巴尔扎克[M].米尚志,谭渊,译.合肥:安徽文艺出版社,2000:512.

巴尔扎克的《高老头》是其代表作,也是最能体现19世纪现实主义文学特征的作品。

《高老头》的故事围绕拉斯蒂涅的巴黎奋斗经历展开。作品中,一名来自外省的青年人拉斯蒂涅带着母亲和妹妹省吃俭用积攒下的费用来到巴黎,决心凭着自己的努力和正直出人头地。他寄宿在破旧的伏盖公寓中,在那儿见到了各式各样的人,其中被众人背后叫作"高老头"的高里奥引起了他的注意。人们说他年老不正经,经常带年轻女人回来过夜,过得也很窘迫。拉斯蒂涅拜访了他的远房表姐——贵妇人鲍赛昂夫人,她在大革命前属于巴黎上流社会,但在大革命后,金钱成了新的主人,贵族一文不值,她失去了往日的荣耀,未婚夫也因为贪慕丰厚的嫁妆离开她而娶了银行家的女儿。她对拉斯蒂涅说,在巴黎要出人头地,就要有钱、无情和利用别人。拉斯蒂涅回到公寓,同公寓的神秘房客伏脱冷找上门来,和他商议一桩买卖,要他勾引同住在公寓的富商的私生女,他自己负责杀死女孩的哥哥,所得的富商遗产二人平分。拉斯蒂涅拒绝了伏脱冷,伏脱冷趁机给他上了一课,说在巴黎"钱就是一切"。渐渐地,拉斯蒂涅对高老头的了解加深了一层:原来高老头在大革命前做面粉投机生意发了一笔财,他有两个女儿,为了让两个女儿嫁得好,他将自己的全部家产给她们做了嫁妆,而他指望着能在女儿们身边安享下半生。但等他钱财用尽,他便被赶出了女儿们的家门,只好来到伏盖公寓。但他对女儿们仍心存幻想,他鼓励拉斯蒂涅追求二女儿,所求的无非是让拉斯蒂涅经常向他说说女儿们的生活。拉斯蒂涅在巴黎的所见所闻使他意识到,仅仅凭努力和正直是不能成功的。高老头生病将死,他让拉斯蒂涅去告诉自己的女儿们他想见她们最后一面,但两个女儿都以忙为借口拒绝前来。最后,是拉斯蒂涅用借来的钱安葬了高老头,同时他也下定决心,要让自己从"人"变成"狼",一定要成功。

下文将结合这部作品分析19世纪现实文学的艺术特征。

(一)现实主义文学的思想特征

第一,文学成为认识社会的主要手段。

现实主义文学把文学作为认识社会、分析社会的手段,为人们提供了特定时代下丰富多彩的社会历史画面,具有很高的认识价值。现实主义对于社会的如实展示体现在两个层面。

一是表层认识,即对社会现实细节的描写。文学反映现实,首先是对现实细节的准确把握。在《高老头》中,巴尔扎克复现了同时代巴黎的真实细节。比如在作品一开始,就是对故事发生的主要地点"伏盖公寓"的描写。这段描写前后大约两万字,从伏盖公寓的建造年代开始说起,详细介绍了这座建筑的变化,以及公寓中房客们的身份、特征等,甚至对公寓大厅中的气味都进行了绘声绘色的复现,达到了细节上的高度真实。

二是深层认识,即对社会发展规律的揭示。现实主义文学反映现实,不仅仅是反映真实细节,更重要的是反映真实的社会发展规律,以此引导人们认识历史真理。巴尔扎克本人在情感上倾向保皇党,但在《高老头》中,他通过拉斯蒂涅的巴黎经历客观地写出了资产阶级逐渐成为社会主流、贵族日渐没落的社会发展规律,这就是现实主义文学对社会发展真理的尊重。恩格斯说:"不错,巴尔扎克在政治上是一个正统派……巴尔扎克就不得不违反自己的阶级同情和政治偏见;他看到了他心爱的贵族们灭亡的必然性,从而把他们描写成不配有更好命运的人……这一切我认为是现实主义的最伟大胜利之一,是老巴尔扎克最重要的特点之一。"①

第二,文学成为批判社会现实的有力武器。

现实主义不仅停留在对现实的客观反映上,还要批判现实本身。

在《高老头》中,巴尔扎克对人被金钱"异化"这一现实进行了淋漓尽致的揭示,比如作品中没落贵族鲍赛昂夫人对拉斯蒂涅说的一番话:"现在,我全明白了,您越是有心计,您就越升得快。您要毫不留情地打击别人,人家才会怕您。您只要把男男女女都看成是驿站的马,把他们骑得精疲力竭,每到一站您就可扔下不管,这样,您就能达到欲望的最高峰。您看出来么,倘若这里没有一个女人对您感兴趣,您将一文不值。您需要一个年轻、富有、漂亮的女人;不

---

① 恩格斯.致玛·哈克奈斯[M]//董学文.马克思恩格斯论美学.北京:文化艺术出版社,1983:107-108.

过,倘若您是真心的,那就要把她像宝贝一样藏起来,永远别让人猜到,否则您就完蛋了!这样,您不但做不成刽子手,反而会被别人开刀。如果您爱上了谁,千万要守住秘密!在没有弄清楚对方的底细之前,千万别掏出自己的心来。您现在还没有得到爱情,可是为了保住将来的爱情,先得学会提防人家。"①

拉斯蒂涅本来是想凭借努力与正直出人头地的,但最后他在无情的现实面前投降了,他决定抛掉良心,为了成功而让自己变成"狼"。作品最后,拉斯蒂涅用借来的钱埋葬了高老头:"拉斯蒂涅独自待在那儿,他向公墓的高处走了几步,眺望着远处蜿蜒曲折地横卧在塞纳河两岸的巴黎城,那里已开始亮起点点的灯火。他的贪婪的目光死死地盯在旺多姆广场的柱子和残废军人院的穹顶之间,那是他向往已久的上流社会的所在地。他向这个喧嚣纷繁的'蜂窝'扫了一眼,仿佛想提前吮尽其中的蜜汁,并且不可一世地说道:'现在让我们俩来拼一拼吧!'然后,他走下高岗到纽沁根夫人家的晚会去了。"②拉斯蒂涅的堕落,体现了作品对人性"异化"的深刻揭露。

第三,反思人文传统在金钱社会中的失落。

现实主义文学体现了作家对社会的认知与批判,如果缺乏人文传统关怀,其就失去了自身的文学特征。19世纪欧洲现实主义文学对人文传统在金钱社会中的失落进行了深刻揭示与反思。

《高老头》整部作品的故事其实是围绕两个人物的命运展开的,一个是拉斯蒂涅在巴黎的堕落,另一个则是高老头的人生悲剧。拉斯蒂涅的堕落,体现了现实主义文学通过这个青年人的经历与命运,完成了对社会的认识与批判;高老头的悲剧则表现出现实主义文学并非客观冷漠的,对人文传统必然失落的哀悼也是其题中应有之意。高老头是一个无私的父亲,他为了两个女儿嫁得好,将自己的全部家产都分给她们;在被赶出女儿们的家门后,还对她们念念不忘,总想着能父女相见。但就是这么一位慈爱的父亲,他的悲剧却是必然的,因为他对别人的爱成了别人利用他的把柄。在《高老头》中,如果没有"高老头的故

---

① 巴尔扎克.欧叶妮·葛朗台·高老头[M].王振孙,译.上海:上海译文出版社,2006:236.
② 巴尔扎克.欧叶妮·葛朗台·高老头[M].王振孙,译.上海:上海译文出版社,2006:405-406.

事"与"拉斯蒂涅的故事"并行,那么整部作品就变成了一部社会学报告,有理无情。

作品中有一个场景特别感人:高老头几乎身无分文了,这时他的女儿又来向他要钱,他只好将唯一剩下的妻子的陪嫁——一对银器折旧变卖,但他好面子,怕别人说他穷得要卖家当,于是他趁夜晚无人时,将两个银盘故意做旧,作品中这样写道:"突然,在静悄悄的夜里,传来了'唉'的一下叹息声,欧也纳听了以为是垂危病人临终前的喘气声。他轻轻地开了门,走到过道上,看见高老头的房门底下有一缕亮光;他担心他的邻居身体不适,便把眼睛贴在锁孔上往房内张望,看到老头在干的事情非常可疑,很有犯罪的可能;因此,他觉得为了公众的安全,应当把这个自称为面粉商的人深更半夜干的勾当看个明白。他看到高老头在一张翻倒的桌子的横档上缚了一个镀金的银盘子和一个像碗一样的镀金银器,用粗绳子绕着这两件雕刻精细的银器拼命拉紧,像是要把它们绞成条状。老头不声不响,用强健有力的胳膊,靠绳索帮助,像捏面团一样,扭着镀金的银器。"①这里描绘了一个失去了力量却要拼命护卫孩子的可怜父亲。

(二)现实主义文学的艺术特征

第一,现实主义文学强调反映客观"真实"。

现实主义文学强调反映客观"真实"。"真实"观是文学的基本价值观,但不同的文学传统有不同的"真实"观。以浪漫主义文学为例,其所强调的"真实"即内在体验的真实,而现实主义文学则强调眼睛所看到的客观的真实,正如19世纪法国浪漫主义作家乔治·桑对现实主义作家福楼拜所说的:"你描绘人类如你眼所见,我按照我希望于人类的来描绘。"②福楼拜自己也说:"艺术家在他的作品中,应当像上帝在造物中一样,销声匿迹,而又万能;到处感觉得到,就是看不见他。"③

现实主义文学所强调的客观"真实",包含两个层次:一是社会环境的真实,二是历史规律的真实。在《高老头》中,社会环境的真实体现在对巴黎社会的细

---

① 巴尔扎克.欧叶妮·葛朗台·高老头[M].王振孙,译.上海:上海译文出版社,2006:199.
② 勃兰兑斯.法国作家评传[M].侍桁,译.上海:上海国际文化服务社,1951:1-2.
③ 福楼拜.致尚特比[M]//魏建.著名文学家书信鉴赏.济南:泰山出版社,1996:172.

节描写之中,历史规律的真实则是指写出了资产阶级必然上升、封建贵族必然没落的历史真理。

第二,现实主义文学注重塑造典型环境中的典型人物。

恩格斯说:"据我看来,现实主义的意思是,除细节的真实外,还要真实地再现典型环境中的典型人物。"①所谓"典型环境"就是既有真实的细节,又能体现具有时代普遍性特征的社会环境;"典型人物"就是既有鲜明的个性特征又具有群体共同性的人物形象。在《高老头》中,作品对伏盖公寓的描写非常翔实,细节突出。伏盖公寓是一栋独一无二的建筑,但伏盖公寓的破败及公寓中人们的尔虞我诈又是巴黎整个金钱异化社会的普遍代表,这就是"典型环境"。同样,拉斯蒂涅是独特的,但他堕落的命运又是整个资本主义社会中人性必然遭受"异化"的普遍写照,因此他是"典型人物"。

(三)现实主义文学的地方性特征

现实主义文学本质上是世界性的,但现实主义又是一种富有传统和地方性的文学,不同文化传统对于"真实"的理解不同,因此产生了不同的现实主义文学传统。以巴尔扎克、福楼拜等为代表的欧洲现实主义文学注重客观真实,但在中国传统文化中,"真实"作为价值观包含了浓厚的伦理内涵,因此,中国传统语境中的现实主义文学体现为较为浓厚的入世情怀。在俄罗斯文化传统中,"真实"包含了有浓厚宗教意味的价值观,因此俄国现实主义文学传统中存在非常深刻的内省与救赎意味。在拉美文化传统中,"真实"在原始巫术文化的语境中含有幻觉的意义,因此拉美的现实主义文学传统中包含了浓厚的魔幻成分。

二、19世纪现实主义文学在各国

19世纪时,现实主义文学在欧洲各国都有发展,其中法国、英国与俄国的现实主义文学的成就最高。

---

① 马克思,恩格斯.马克思恩格斯选集:第1卷[M].中共中央马克思恩格斯列宁斯大林著作编译局,编译.北京:人民出版社,1995:462.

第九章 19世纪现实主义文学

法国是19世纪现实主义文学的发源地。19世纪三四十年代出现的现实主义文学作品,以揭示封建贵族与新兴资产阶级之间的矛盾为主题,在情感上较为明显地体现出对没落贵族传统的惋惜之情。司汤达(Stendhal,1783—1842年)与巴尔扎克是代表人物。司汤达的《红与黑》描写了一名"青年野心家"——于连用尽心机以获取成功,但因为抵挡不住封建势力的攻击,最终失败。作品结局写于连在狱中拒绝营救,要通过死亡来实现自我救赎,这体现出一种没落的骑士风度;在艺术手法上,作品也多用主观视角,具有浪漫主义向现实主义过渡的特征。巴尔扎克是欧洲现实主义文学成就的代表人物。他著述丰富,以鸿篇巨制完整地呈现了一个时代。在他的作品中,严峻准确的现实描写与对人文传统异化、失落的哀叹并存,既有现实主义文学的力度,又有人文主义文学的深度。这一时期的梅里美(Prosper Merimee,1803—1870年)的作品也具有很强的代表性,他的《嘉尔曼》塑造了一个追求"绝对自由"的女性形象,带有很强的浪漫主义特色。19世纪中后期的法国现实主义创作,逐渐地倾向追求纯粹客观,福楼拜(Gustave Flaubert,1821—1880年)的《包法利夫人》创作于1851年,可以被视为法国现实主义文学的转折点。《包法利夫人》以"材料派"的纯粹、客观写了一名追求浪漫的女性的悲剧。其他如小仲马(Alexandre Dumasfils,1824—1895年)的《茶花女》、都德(Alphonse Daudet,1840—1897年)的《小东西》也是这一时期的优秀现实主义文学作品。

英国现实主义文学呈现出较为浓厚的宗法伦理观念。英国是欧洲资本主义发展最迅速的国家,但英国本身的民族传统意识特别浓厚,两者冲突,就产生了现实主义文学中浓厚的宗法道德传统。英国现实主义文学于19世纪30年代兴起,到四五十年代达到繁荣,在这一阶段出现了马克思所称赞的"一派出色的小说家",他们是狄更斯、萨克雷、夏洛蒂·勃朗特、盖斯凯尔夫人等。[1]

狄更斯(Charles John Huffam Dickens,1812—1870年)是英国现实主义文学的杰出代表,他的作品描写了19世纪上半叶英国社会的广阔图景,是当时拥有广泛读者的著名小说家。狄更斯有一个快乐而辛酸的童年,他12岁开始做

---

[1] 郑克鲁.外国文学史:上[M].北京:高等教育出版社,1999:200.

童工,15 岁时进律师事务所当职员,24 岁时出版第一本书《博兹特写集》(Sketches by Boz),然后成了职业写作人。狄更斯的创作可分为三个阶段:第一阶段,以《匹克威克外传》(The Pickwick Papers)为代表,这一时期的作品中充满了乐观主义精神,相信善必胜恶;第二个阶段的代表作是《大卫·科波菲尔》(David Copperfield),这时作品开始把对恶的反思与社会、法律联系在一起,善、恶较量出现微妙变化;第三个阶段的代表作是《双城记》(A Tale of Two Cities),作品中充满悲观情调,善战胜恶要经过很长的时间,并且有时不惜采用恶的手段。《双城记》以法国大革命为背景,但与法国现实主义文学作品的描写角度迥然不同,狄更斯以一种人道主义的悲悯情怀来观照这场革命,并对大革命中的暴力之恶进行了深度揭示。

夏洛蒂·勃朗特(Charlotte Bronte,1816—1855 年)是英国文学史上著名的勃朗特三姐妹中的大姐,代表作是《简·爱》(Jane Eyre)。这部作品描写了一个独立自主的女性形象,体现出浓厚的对"小人物"命运的关怀之情。夏洛蒂·勃朗特说:"我要写的是一个新型的女主人公,她同我一样矮小和丑陋,但是我相信她将能同你们塑造的任何一个漂亮的女郎媲美,在读者中引起极大的兴趣。"①

从 19 世纪 70 年代开始,英国逐步进入垄断资本主义阶段。英国后期现实主义文学的代表作家有哈代、萧伯纳、高尔斯华绥,其中后两位作家属于 20 世纪作家。② 哈代(Thomas Hardy,1840—1928 年)出生在有着浓厚的农业氛围的英格兰西南部。他 16 岁开始做建筑学徒,后为建筑师助理,主持教堂修复;25 岁写诗,1866 年开始小说创作,第一部小说《穷人与贵妇》未获出版。他随后创作了一部以爱情、阴谋、凶杀、探案为内容的情节小说《计出无奈》,出版后得到肯定性评价。在妻子的鼓励下,他连续创作了《绿林荫下》《一双湛蓝的秋波》《远离尘嚣》等。哈代的作品深入探讨了由资本主义生产关系向传统乡土社会的推进所带来的传统的破灭,以及这种传统破灭引起的人性悲剧,因此被称为

---

① 郑克鲁.外国文学史:上[M].北京:高等教育出版社,1999:246.
② 郑克鲁.外国文学史:上[M].北京:高等教育出版社,1999:200.

"性格环境小说"。哈代的作品通常以英国西南部的威塞克斯农村为背景,因此又被称为"威塞克斯小说",其作品主题是反思宗法制农村在资本主义浪潮中的破落,代表作包括《远离尘嚣》、《德伯家的苔丝》(Tess of the D'Urbervilles)、《还乡》(The Return of the Native)、《无名的裘德》(Jude the Obscure)、《卡斯特桥市长》(The Mayor of Casterbridge)等。

哈代的《德伯家的苔丝》讲了一个农村少女苔丝遭受资本家恶势力的迫害,从忍耐到奋起反抗的故事。这部作品就其悲剧性而言,可分三个层次:社会悲剧,展示了资本主义对宗法制社会的侵入以及整个宗法制社会本身的罪恶,这体现在作品中恶棍少爷克莱对苔丝的伤害上;性格悲剧,这体现在作品主人公苔丝忠诚于传统宗法伦理并为之殉命上;命运悲剧,这是作者在反思苔丝悲剧时所附加在作品上的主观氛围。

俄国现实主义文学形成于19世纪30年代,在五六十年代不断发展,70至80年代达到鼎盛阶段,20世纪初逐渐衰落。① 俄国现实主义文学的发展受到其民族文化传统的影响。俄国的资本主义发展较为缓慢,但东正教的宗教传统在俄国却根深蒂固,浓厚的宗教氛围使19世纪俄国现实主义文学总体呈现出内省与救赎的精神化倾向。

普希金(1799—1837年)是俄国现实主义文学的奠基人,他的《叶甫盖尼·奥涅金》塑造了俄国文学史上第一个"多余人"形象,他的短篇小说《驿站长》开了俄国文学作品中描写"小人物"形象的先河。在19世纪五六十年代,俄国现实主义文学大踏步向前发展,出现了一大批卓有成就的作家。亚历山大·罗维奇·冈察洛夫(1812—1891年)是重要的现实主义作家,他的小说反映了俄国社会的变化。他的代表作《奥勃洛摩夫》塑造了俄国文学史上最后一个"多余人"——奥勃洛摩夫。从普希金的"奥涅金"到冈察洛夫的"奥勃洛摩夫","多余人"的形象是俄国现实主义文学的独特产物。"多余人"形象的真正意义,不仅仅在于反映了其社会身份的失落,更重要的是,这其实是一群为适应时代剧变而选择封闭心灵以期获得内心平静的"精神落伍者"形象。19世纪60年代,进

---

① 郑克鲁.外国文学史:上[M].北京:高等教育出版社,1999:202.

步作家屠格涅夫(1818—1883年)创作的《父与子》写出了"多余人"形象向"新人"形象的转变。同时代的车尔尼雪夫斯基(1828—1889年)写了《怎么办?》副标题为"新人的故事",塑造了与"多余人"截然不同的"新人"形象。

19世纪七八十年代,俄国现实主义文学达到了鼎盛时期。陀思妥耶夫斯基(1821—1881年)在这一时期完成了《群魔》《少年》和总结性的《卡拉马佐夫兄弟》等作品。陀思妥耶夫斯基的现实主义创作达到了俄国文学成就的最高峰。他在作品中创造了一系列奇谲的灵魂形象。他们在现实社会中往往过得贫穷艰难,这体现了资本主义与俄国宗法制冲突所带来的物质危机现实,但陀思妥耶夫斯基往往能从他们身上反思出更深层次的"精神危机",这些"精神危机"的实质其实是资本主义的世俗价值观对人之内在神圣性的冲击。比如在《罪与罚》中,大学生拉斯科尔尼克夫为了证明自己的"价值",用斧头砍死了放高利贷的老太婆,却无法忍受自我的精神审判。陀思妥耶夫斯基的作品在最深刻的意义上揭示了资本主义对人性的可怕影响。

第三节　19世纪现实主义文学作家与作品(一):司汤达的《红与黑》

一、生平与创作

司汤达,原名亨利·贝尔,1783年生于法国的格勒诺布尔。对于自己的故乡,司汤达没有什么好感,他说:"在我的印象中,格勒诺布尔中产阶级风格中的每样东西都是偏狭的和资产阶级化的……每样东西都是低劣的和下贱的。"[①]司汤达的父系家族是具有贵族传统的资产阶级大家庭,拥有善于算计与自律的家庭传统,但他的母亲则有意大利人的血统,聪明、活泼。因此,司汤达的性格中其实包含理性算计与自由冲动两种因素,这两种因素相互冲突融合,形成了司汤达独特的人格结构,并反映在他笔下的人物中。

---

① 约瑟夫森.司汤达传[M].包承吉,译.南昌:江西人民出版社,1989:2.

司汤达7岁时丧母。司汤达的少年时期,正是法国大革命风起云涌的时期,在这种由革命所引起的恐怖氛围中,少年司汤达却感到了由衷的欢喜,这与他的整个家庭对王室的忠诚形成了鲜明对比,因此他倍受排挤。在这种孤独和长期被边缘化的环境中,充满自由气质的司汤达形成了激愤与冷峻的处世哲学,他曾说:"如果我的家长知道如何教育我,他们也许很可能将我成功地训练成这些笨蛋中的一个,在外省有如此之多的这种傻瓜……这种我在童年时就感到的义愤,不顾他们的反对,创造了我现有的性格。"①作为对被剥夺的自由的补偿,司汤达沉醉于书海,尤其是热爱读那些浪漫骑士小说,以此来慰藉自己,这培养了他丰富的想象力。

1799年,司汤达16岁时来到巴黎寻求发展。同年11月拿破仑发动了著名的"雾月政变",司汤达在拿破仑身上看到了实现人生理想的希望。1800年,他参加了拿破仑的军队,以拿破仑军中骑兵少尉的身份首次来到意大利——他母亲的故乡,在这里他觉得真正找到了回家的感觉。在随后的岁月里,司汤达随同拿破仑四处征战,直到滑铁卢战役中拿破仑战败。1814年,拿破仑下台,司汤达侨居米兰。他对意大利始终怀有精神故乡的感情,他说:"当我旅居在无与伦比的意大利时,我有种幸福的感觉……在这个国家里,我感到一种妙不可言的魔力;它就像爱情;然而我并没爱上任何人……常常在深夜,我回到在米兰的住处,会经过那些高大的城门,我心里迷恋着刚才所见到的美丽的眼睛,我看着浓密阴影中的宫殿,明亮的光勾画出它们硕大的轮廓,有时我兴奋得说不出话来,只是对自己大声嚷道'它多美呵!'……我到意大利来是多么正确。"②

在意大利期间,司汤达开始创作并将作品寄往法国发表。渐渐地,司汤达在文坛上有了名气。1830年,他发表了他的代表作《红与黑》。《红与黑》在当时没有引起人们多大的关注,但在这部作品中,他向人们揭示了隐藏在他个人及当时几乎所有青年人内心中的对拿破仑的崇拜之情。1833年在巴黎度假时,他结识了著名作家乔治·桑和阿尔弗雷德·德·缪塞。1839年出版的《帕尔玛修

---

① 约瑟夫森.司汤达传[M].包承吉,译.南昌:江西人民出版社,1989:36.
② 约瑟夫森.司汤达传[M].包承吉,译.南昌:江西人民出版社,1989:241.

道院》是他最后发表的作品,同时也是他的第一部真正获得成功的作品。1841年,司汤达第一次中风。一年后,晚上散步时他又一次中风。他的朋友碰巧发现,把他带回了旅馆。他再没有恢复意识,次日清晨在那里去世。1842年,他被葬在蒙马特墓地。他一直梦想着被埋在意大利,墓碑上写着:米兰人阿里戈·贝尔长眠于此,他活过,写过,爱过。

二、《红与黑》情节与人物形象分析

《红与黑》创作于1830年,在发表时并未引起太大注意,但随着对拿破仑的偶像崇拜的日益加深,人们逐渐认识到这部作品的非凡魅力。

《红与黑》的故事围绕着"青年野心家"于连·索雷尔的奋斗史展开。作品中,在法国的维里埃尔城,年轻人于连·索雷尔与其父兄共同经营着一家木器厂。于连身体羸弱,整天埋头读书,无心干活,因此经常遭到父亲的责打,但见过于连的人都对这个年轻人眼中透露出的强烈成功欲印象深刻。市长德瑞纳恰巧需要聘请一名家庭教师,于连的才华吸引了他,于是他请于连来到了自己家中。市长妻子德瑞纳夫人出身名门,性格温和,但与自己的市长丈夫在一起并不幸福。于连的到来给这个家庭带来了生气。有一次,市长全家与于连到乡下别墅避暑,晚上于连与德瑞纳夫人的手无意中碰到了一起,德瑞纳夫人试图闪开,于连却主动伸过去紧紧抓住了她的手,两人成了情人。就在于连借位德瑞纳夫人要走向成功时,他和德瑞纳夫人的事却传得满城风雨,于连在那儿待不下去了。在别人的介绍下,他来到了贝尚松,结识了复辟派人物木尔侯爵。凭着自己的聪明能干,他很快成了木尔侯爵的心腹,并猎获了侯爵的女儿——玛特尔小姐的爱情。于连眼看就要成功了,但有人向木尔侯爵告密,将他与德瑞纳夫人的前情抖了出来,他被赶出了侯爵家。于连认为这一切都是德瑞纳夫人所为,于是他带着手枪来到了教堂,打伤了正在忏悔的德瑞纳夫人。于连被捕,他的两任女友都试图拯救他,此时于连才真正认识到自己的私欲给别人带来的痛苦,他决心等待惩罚以赎罪。最后,于连被处死,玛特尔小姐为他收殓。

《红与黑》有着很强的自传性,其中的于连·索雷尔有着司汤达的影子,两者最大的共同点就是都信奉以个体成功为核心价值的拿破仑崇拜。

第一,于连形象的核心特征就是个体成功意识。

在作品中,于连的形象是这样的:"他是一个身材矮小的年轻人,十八九岁,看上去身体相当弱,相貌虽然不够端正,但是很清秀,长着一个鹰钩鼻。一双又大又黑的眼睛,平静的时候,闪耀出沉思和热情的光芒,在这一瞬间里却流露出最凶狠的憎恨表情。深褐色的头发,长得很低,使他的额头变得狭小,因此在发怒的时候,有一股凶相。人类的相貌不计其数,各不相同,但是具有惊人的个性而与众不同的相貌,也许除了他再也不会有了。"①于连形象中的"凶相"令人印象深刻,这种"凶狠"其实来自他内心世界中征服的欲望和对成功的渴望。

在于连的人生中,所有的行为都要以个体成功为目标,都是可算计、征服的猎物,这种猎获意识明显地体现在他与两位女友的关系上。在乡下的夏夜,当于连与德瑞纳夫人的手碰到一起时,后者避开了,但于连的反应是:"要使这只手在他碰到时不缩回去,这是他的职责。想到有一个职责需要履行,想到这个职责如果不去履行,他就会成为笑柄,或者不如说,会产生自卑感,他满心的欢乐顿时便完全化为乌有了。"②于连将使女性倾心于自己上升为"职责",这个"职责"的指向就是"个体成功",因此,从"个体成功"的内在要求出发,他必须做出行动,他强行抓住了德瑞纳夫人的手并强行占有了她的感情。在与玛特尔小姐的恋情中,玛特尔小姐同样具有强烈的征服欲,于连所采取的方式是比对方更加高傲、更加极端,终于有一天玛特尔小姐跪倒在于连脚下请求他说他爱她。

于连的"个体成功"意识,其实质是产生于不公平环境中的自我抗争,缺少人文理性的考虑,在很大程度上是一种宣泄,就像是一场热病,因此很难确切地说应以什么标准衡量所谓的"成功",这在很大程度上注定了于连们的奋斗只能是一场悲剧。

第二,在于连身上体现着对资产阶级价值观的反思性升华。

---

① 司汤达.红与黑[M].郝运,译.上海:上海译文出版社,2003:17.
② 司汤达.红与黑[M].郝运,译.上海:上海译文出版社,2003:49.

《红与黑》有一个非同寻常的结尾：在于连锒铛入狱后，玛特尔小姐出力营救；在有希望出狱时，于连却拒绝了，甘愿接受惩罚，忏悔往昔的所作所为。这个结尾非同寻常，如果考察19世纪时的现实语境，会发现在正处于上升期的资产阶级的价值行为中，对自己的作为主动表示忏悔是很罕见的。因此，《红与黑》作为一部现实主义作品，其实给出了一个"不现实"的故事结尾，而这体现了司汤达本人借助于连这个文学形象对"个体成功"价值观进行的自我反思，具有很强的人文关怀特征。

　　于连在法庭上做了这样的陈述："我决不请求你们宽恕，死亡在等着我：它是公正的。我竟然企图杀害最值得受到尊敬和钦佩的女人。德瑞纳夫人曾经像慈母一样对待我。我的罪行是残酷的，而且是预谋的。因此我该当判处死刑，各位陪审官先生。但是，即使我的罪比较轻，我看到有些人也不会因为我年纪轻可能值得怜悯，就此停住，他们还是借着惩罚我来杀一儆百，使这样一种年轻人永远丧失勇气，他们出生在一个卑贱的阶级里，可以说是受着贫困的煎熬，但是他们有幸受到良好的教育，并且大胆地混入有钱人高傲地称为上流社会的圈子里。这就是我的罪行。"①于连的忏悔控诉了社会的不公，认为社会的不公戕害了出身低微的年轻人的才华；这还不够深刻，于连所在的资本主义社会及其价值体系的真正罪孽，是将社会不公正地划分为三六九等，然后又蛊惑人们说机会均等，让千千万万于连这样的"青年野心家"的欲望和活力成为掌权者成功的铺垫。

　　从18世纪"新人"的角度来看，于连为解决"新人"们的困境提供了另一种解答。于连所渴望的是金钱和崇高的社会地位，这其实就是于连的"理想"，在此意义上，于连与"新人"们有相通的地方。然而，在《新爱洛伊丝》《少年维特之烦恼》中，主人公都选择了自杀来成全自己的"理想"，但于连没有自杀。于连对实现自己的"理想"有着清醒的认识，他先是勾引市长夫人，在失败之后勾引侯爵的女儿，虽然最后仍然失败了，但于连的实干精神是令人佩服的。在这一点上，于连与浮士德颇有相似的地方。然而，于连与浮士德又有不同：浮士德跟随

---

① 司汤达.红与黑[M].郝运，译.上海：上海译文出版社，2003：448.

魔鬼,一生不停地追求,在他死亡前的一刻,他也没有觉悟,他所领悟的仍然是"永恒的斗争",但于连在被判刑前的一刻,产生了悔意,认为自己对他人造成了不良的后果,这种想法在浮士德身上是不会产生的。于连的忏悔,其实是进入19世纪后资产阶级知识分子对自己罪恶文化的反思,反映出资产阶级文化逐渐进入高级阶段。

第四节　19世纪现实主义文学作家与作品(二):福楼拜的《包法利夫人》

一、生平与创作

福楼拜于1821年出生在法国卢昂的一个主任医师家庭。福楼拜的青年时代,正是法国大革命后的19世纪三四十年代,资产阶级革命神话从巴黎传向外省,滋生了一种遍布法国的虚假浪漫主义。

这种虚假浪漫主义的实质是资产阶级革命神话所唤起的狂热情绪。在1789年法国大革命后,资产阶级与封建阶级之间决战的"英雄主义"随着拿破仑崇拜的高涨而达到顶峰;但在拿破仑失败之后,资产阶级的政治地位与经济地位日益稳固,资产阶级发现已无处施展他们的野心,但"成为拿破仑"的欲望不可遏制,于是就出现了从"成为拿破仑"到"想象成为拿破仑"的转变。因为仅仅是内心操练,所以会激发更强烈的狂热迷乱,虚假浪漫主义由此形成了。青年福楼拜对这种虚假浪漫主义充满厌恶,一生与之抗争。

1840年,福楼拜去巴黎攻读法律专业,但却患上了一种奇怪的精神病,只好返回老家休养。1843年,他放弃了法律研习。1844年,他的父亲在卢昂附近购置了克罗瓦塞别墅,福楼拜随同父亲住在那里,写出了《情感教育》的初稿。1846年父亲去世后,他在此定居,埋头于文学创作,除偶尔到巴黎拜会一下文艺界的朋友外,终其一生一直独身。

1848年的法国革命对福楼拜产生了巨大冲击,此前弥漫在法国的虚假浪漫主义氛围日益浓厚,而反浪漫主义的现实主义力量也同时崛起,福楼拜在日益尖锐的两种文化冲突中找到了文学创作的位置。这之后的二十年间,他完成了自己最重要的三部作品——《包法利夫人》(1857)、《萨朗波》(1862)与《情感教育》(1869年完成第二稿)。《包法利夫人》发表之后,给福楼拜带来了巨大名声,同时也带来了巨大麻烦:他受到当局指控,当局认为这部作品败坏道德、诽谤宗教。

1871年发生的巴黎公社起义并未对福楼拜产生多大影响,他潜心修改自己的古代题材的旧作《圣安东尼的诱惑》。福楼拜接连经历大革命后的几次资产阶级革命,对世界产生了深深的失望。在此期间,他与浪漫主义作家乔·治桑发生了争执,后者认为他太过冷漠、客观,这促使福楼拜写出了艺术性极高的《三故事》(《圣·玉连外传》《希罗底》《一颗简单的心》)。

福楼拜在其人生的最后十年,一直在创作《布法与白居谢》,临终时还有一章没有完成。这部作品被认为是《情感教育》的姐妹篇,主要描写1848年革命在法国外省引起的反响。布法和白居谢是两个抄写员,白居谢得到巨额遗产后,便同他的莫逆之交布法到乡下定居,两人研究了农业、化学、地质学、史学、文学等,然后又逐一摒弃。1848年二月革命的消息传到乡间,他们又转向哲学、神学、教育学、法学的研究,但最后一事无成,又回到他们的老本行。据说,福楼拜为创作这部作品,和他作品中的主人公一样读了将近2,500本书。

福楼拜的创作艺术,将19世纪西欧现实主义对文学客观化的要求推到了极端,他主张文学创作的绝对客观化。他曾说"一个小说家没有任何权利对任何事物发表自己的见解",秉持极端的客观主义观念。"他深深地藏匿自己,像木偶戏演员那样小心翼翼地遮掩着自己手中的提线,尽可能不让观众觉察出他的声音。"[①]福楼拜的创作又被称为"材料派",他在创作之前要对写作对象进行大量的调查研究,像真正的历史学家和社会学家一样积累素材,他写出来的作品几乎摒弃了所有主观意见,倾向于以客观材料说话,因此被称为"材料派"。但福楼拜作品中的"材料"并不是被简单地堆砌,而是经过了作者不计其数的修改后完成的。福楼拜甚至要求作家对作品中的每个段落、句子与词语进行坚持

---

① 福楼拜.包法利夫人[M].张道真,译.北京:北京外国文学出版社,1989:3.

不懈的打磨,像从事一项艰苦的体力劳动一样,要学会在长期的自我否定和坚忍中磨炼自己。福楼拜的作品在艺术上具有极高的造诣,几乎无法删改一字。

二、《包法利夫人》情节与作品主题

《包法利夫人》(*Madame Bovary*,1857)创作开始于1851年,完成于1857年,这部作品是福楼拜的成名作,同时也给他带来了一场官司。

《包法利夫人》讲的是一个女性为追求所谓的浪漫而酿成悲剧的故事。军医的儿子查理·包法利,虽然没什么天资,但靠着踏实勤奋,也子承父业。包法利成年后,由父母包办与当地一个有钱的老寡妇结了婚。有一天包法利接到了一封求医的信件,要他到拜尔斗去医治一名病人。他来到了拜尔斗,见到了病人卢欧老爹和他的女儿爱玛,爱玛的单纯打动了难得动情的包法利,从此他频频光顾卢欧老爹的农场,为的是能与爱玛多见面。后来此事被嫉妒的妻子知晓,她要包法利向她发誓再也不去拜尔斗了,包法利唯命是从,但就在这时他妻子的财产保管人携带她的财产潜逃,包法利的父母因为她不名一文与她大吵一通,结果她被活活气死了。丧妻的包法利终于与爱玛结了婚。爱玛曾在一所修道院里受教育,老师是一位大革命前出身于贵族世家的老姑娘,她每月到修道院做一星期女工,向女孩子们讲浪漫故事,而且衣袋里总有一本传奇小说。在她的影响下,爱玛满脑子都是对浪漫爱情的想象。在和包法利结婚后,爱玛却发现自己的丈夫根本不是想象中的浪漫丈夫,无可奈何的爱玛只好长吁短叹。有次他们去一位贵族的庄园做客,富贵华丽的场景与爱玛想象中的一样,但舞会结束后重归现实的失落让爱玛无法忍受。为了能让妻子快活起来,包法利将自己的家从老家搬到了永镇。在永镇,爱玛先是遇见了与自己颇谈得来的法律实习生赖昂,两人打得火热,但赖昂实习期满很快离开她去了巴黎。万分苦恼的爱玛在一次农业展览会上遇到了情场老手罗道尔夫,罗道尔夫的谈吐很快吸引了爱玛,两人开始幽会。慢慢地罗多尔夫厌倦了爱玛,找了一个借口离开了她。此后,她生了一场大病。病好后,她想痛改前非,但她在巴黎遇到了赖昂,两人很快姘居在了一起。爱玛再一次把自己的全部热情倾注在赖昂身上,沉溺在恣情的享乐之中。为了应付花销,她背着丈夫向商人勒乐借债。但赖昂对爱玛同样是逢场作戏,他很快厌倦了,同样找了一个借口向爱玛提出分手。就在这时,她向勒乐借的高利贷也到期了。眼看还债无望,加上情感失意,爱玛吞下砒霜结束了生命。而包法利毫不知情地沉浸在丧妻的悲痛中,直到他清理妻子遗物时才发现了妻子和罗道尔夫的情书,这个老实人开始时是愤怒的,但最后竟原谅了自己的情敌,认为"错的是命"。

《包法利夫人》的主题是对在资产阶级占据主流地位以后,市民们失去进取活力而展现出平庸本性的情况的批判。

福楼拜所在的年代,正是1789年法国大革命之后,资产阶级通过斗争逐渐获得政治与经济地位的历史时期。自12世纪以来,资产阶级借助不断发展的生产力,在神权与君权的双重压迫下持续斗争。正是在反抗压迫的不断奋斗中,资产阶级获得了自身存在的合法性与文化内涵。1799年"雾月政变"使拿破仑神话传遍欧洲,将资产阶级以奋斗为核心的成功价值观推向了高潮。但随着拿破仑兵败滑铁卢,拿破仑神话破灭,而大资产阶级也在拿破仑三世称帝后成为社会实际掌权者,社会整体秩序从动乱趋向稳定,大量的小资产阶级失去了奋斗的目标与机会。这些"没有了战场"的资产阶级,只能通过"想象"来勾画出一个奋斗的目标。但这些目标在资产阶级的资本结构中绝对不可能实现,因此只是一种虚假的浪漫。这种虚假的浪漫消弭了人们在资本主义社会现实中的斗争与实践,而仅仅满足于想象出来的好生活,缺乏实现的可能与契机,因此在本质上是趋向于寂灭的绝对平庸。平庸成为1848年之后资产阶级生活的主调,人们在装潢精致的资产阶级的客厅中模仿革命前贵族的风雅谈论,追求所谓有格调的物质生活,这在福楼拜生活的外省蔚然成风。福楼拜对此深恶痛绝,终其一生都在通过作品揭示并批判这种标志资产阶级文化没落的平庸文化,《包法利夫人》是代表作。

在《包法利夫人》中,真正的主角是沉浸在浪漫幻想中的爱玛。爱玛对生活充满幻想,比如:"爱玛以为,她一生最美好的日子莫过于所谓蜜月了。饱尝蜜月的滋味,自然应该游历远近闻名的地方,在那里愉悦而悠闲地度过新婚后无比美妙的时光。他们应当坐在长途马车里,头上是蓝绸活动车篷,面前山道陡峭,车夫的歌声在山中回荡,四周还有山羊脖子上的铃声叮当,远处隐隐传来瀑布的喧响。当红日西沉,人置身于大海岸边,呼吸着柠檬树的香味,等到天黑了,只有他们两人,站在别墅平台上,手牵着手,一边眺望星空,一边计划着美好的未来。她觉得世界上应当有什么地方,专门给人幸福,就像因地而异的植物一样,换了地方,就不会开花结果了。她曾经看好瑞士的山间小木屋,在那里倚窗远眺,或者满怀幽思待在苏格兰的一所草房子里,丈夫身穿青绒燕尾服、头戴尖顶帽、脚穿软皮长筒靴,陪伴在她的左右。"①

最后,爱玛为自己的浪漫付出了代价。她在和赖昂姘居时,坚持自己负担开销,这让浪漫的幻想遭遇了真正的资本现实,浪漫很快破产了。她发现自己债台高筑,在她以前的浪漫设想中,钱从来不是问题,但在浪漫幻想与现实的遭遇中,钱是要命的现实。她四处求告,却一无所得;她看清了现实的资本属性,也看清了她以前浪漫幻想的本质。最后,她喝砒霜自杀,死亡的不仅是肉体还有她的精神上的虚无,因此,福楼拜在小说最后描写爱玛死亡的情形时,写出了肉体与精神的双重溃灭。

作品最后对爱玛的死是这样描写的:"这时夏尔走了进来,走到床边,徐徐把帐子拉开。爱玛头偏向右肩,口张开着,看上去就像脸上的一个黑窟窿;大拇指紧紧掐着手心;睫毛上仿佛撒着一种白色的粉末,眼睛已经开始消失,上面覆盖着一层细纱一样的白色黏膜,就像蜘蛛在上面织的一层网。从胸脯到膝头,床单陷下去,快到脚趾尖处又上升起来。夏尔感到有无限大的东西和极其巨大的重量压在她身上似的。"②在这个死亡场景中,最突出的特点在于它写出了纯粹的生理意义上的死,而对于精神上因肉体死亡而产生的升华或堕落等意义不着一笔,其实是对爱玛死亡中精神虚无性的揭示。爱玛的死亡,是真正的现实主义意义上的死亡。

19 世纪法国现实主义文学,从《高老头》(1834)、《红与黑》(1830)到《包法利

---

① 福楼拜.包法利夫人[M].张道真,译.北京:外国文学出版社,1989:46-47.
② 福楼拜.包法利夫人[M].张道真,译.北京:外国文学出版社,1989:386.

夫人》(1857),在时间上跨越了19世纪30年代到50年代,都描写了"青年野心家"形象,展现了一部资产阶级文化史。

马克思曾认为,资产阶级是伴随着"血和火"发展起来的阶级。早在古希腊、古罗马时代,资产阶级人格就已出现,捷足的阿基琉斯、列那狐等形象,具有强烈的个人意志而且具备实现个人意愿的能力,资产阶级人格一直存在于西方文化的脉络中。1789年发生的法国大革命使资产阶级登上了历史舞台并逐渐成为主流。

在西方文化史上,资产阶级一直以"复仇者"的面目示人。在莎士比亚的《威尼斯商人》中,作为商人的夏洛克的一番话很能说明问题:"安东尼奥先生,好多次您在交易所辱骂我,说我盘剥取利,我总是忍气吞声,耸耸肩膀,没有跟您争辩,因为忍受迫害,本来是我们民族的特色。您骂我异教徒、杀人的狗,把唾沫吐在我的犹太长袍上,只因为我用我自己的钱博取几个利息。好,看来现在是您要来向我求助了。您跑来见我,您说:'夏洛克,我们要几个钱。'您这样对我说。您曾把唾沫吐在我的胡子上,用您的脚踢我。好像我是您门口的一条野狗一样;现在您却来问我要钱,我应该怎样对您说呢?"[1]夏洛克是早期的资产阶级。资产阶级是在与宗教和贵族的斗争中发展起来的,资产阶级在成为社会的领导阶级之前,几乎总被打压和侮辱,因此在他们身上具有天然的"复仇艺术"。

这在巴尔扎克的《高老头》中有所反映。高老头在革命前通过投机发达了,他的精神传人拉斯蒂涅开始也想通过自己的辛劳获取成功,但当他目睹了高老头的悲剧后,他改变了想法,决心像狼一样生存下去。作品最后拉斯蒂涅站在巴黎外的高岗上说了一句"巴黎,让我们来斗一斗吧",这就是拉斯蒂涅"狼性"的写照。

在《红与黑》中,这种资产阶级的"复仇意识"仍然存在。作品中的于连,从小就非常清楚地有出人头地的意愿,因此,他先是勾引市长夫人,然后再勾引侯爵女儿。然而,与《高老头》不同的是,作品最后的结局是于连良心发现,拒绝出狱,要为自己伤害两个女人的行为赎罪。

---

[1] 莎士比亚.威尼斯商人[M].朱生豪,译.北京:人民文学出版社,1994:389.

1789年，法国大革命胜利后，资产阶级从原先被打压的阶级一下子变成了社会的主人，他们身上的"狼性"消失了，这导致了资产阶级文化的变化。法国大革命后，资产阶级在文化上开始认同他们的敌人——贵族，不管是在生活方式还是其他方面，资产阶级都在努力使自己"贵族化"。同时，成为主人的资产阶级也丧失了现实的战斗力与开拓力，这导致了资产阶级全面的"平庸化"，就是他们想的比做的多，沉溺于梦想而缺少行动。在《包法利夫人》中，包法利医生是平庸的典型代表，他从上学到当医生，不好也不坏；爱玛似乎是"青年野心家"，但她所知道的英雄事迹都是在修道院中从别人那里听来的。"爱情"是她所追求的东西，但她并不能真正地明白"爱情"是什么，她要的是自己想象出来的浪漫主义的"爱情"，最后她破产自杀了。因此，可以说《包法利夫人》洞察了资产阶级成为领导阶级后的"平庸"现实。

第五节 19世纪现实主义文学作家与作品（三）：狄更斯的《双城记》

一、生平与创作

查尔斯·狄更斯，是19世纪英国的杰出小说家，在英国古典作家中，其成就仅次于莎士比亚。狄更斯生于英国朴次茅斯，父亲约翰·狄更斯是海军部的一个小职员，聪明活跃，待人热情。他很会讲故事，一点儿小事在他那里都能变成一个有趣的小节目。这一点对狄更斯日后的文学创作无疑有潜移默化的影响。狄更斯的母亲伊丽莎白·白柔受过一定的教育，但持家能力不强。由于孩子多，父母对孩子也就不够重视，作为长子的狄更斯很少受到父母的关怀，这使他从小就渴望与追求家庭幸福。

狄更斯小时候家里比较贫困，为了替家庭减轻一点负担，在12岁生日那一天，他被父母送进一家皮鞋油厂当童工。长大之后，狄更斯先后做过律师事务所的抄写员、新闻记者等。但他最喜欢的还是文学。1836年，狄更斯与自己上司的女儿凯瑟琳·霍加斯结婚,但由于性格、天资等的差异,两人的婚姻生活并不和谐,并从 1858 年开始长期分居。婚姻生活的不幸,对狄更斯产生了一定的影响。晚年的狄更斯为了维持家庭的开支、保证家人的生活水平,并达到与自己的读者直接交流的目的,于 1858 年开始了长达 10 年的公开朗诵,面对听众朗读自己作品中的精彩片段。他从小就有表演才能,长大后又一直热心于戏剧,因此朗诵取得很大的成功,达到了增加与读者交流的机会和收入的目的,但也耗费了他大量的时间与精力。

1870 年 7 月 9 日,狄更斯因脑溢血去世,终年 58 岁。

狄更斯一生共写作了百余篇短篇小说、几十篇中篇小说、15 部长篇小说,还有大量的散文、特写、游记、剧本、演讲、书信等。他的创作可分为三个时期。

第一个时期是 1841 年以前。从 1837 年到 1841 年,狄更斯接连发表了《匹克威克外传》(1836—1837 年)、《雾都孤儿》(1838 年)、《尼古拉斯·尼克尔贝》(1839 年)、《老古玩店》(1841 年)、《巴纳比·拉奇》(1941 年) 5 部长篇小说。这一时期作者正青春年少,事业蒸蒸日上,对社会的认识还比较肤浅。第二个时期从 1842 年到 1858 年。这一时期时间跨度最大,作品也最多,共创作了《马丁·朱述尔维特》(1844 年)、《董贝父子》等 6 部长篇小说。就创作密度看,作者的创作速度明显放慢了,但质量却有所提高。特别是《大卫·科波菲尔》(1850 年)、《荒凉山庄》(1853 年)、《艰难时世》(1854 年)、《小杜丽》(1855—1857 年)等,部部都是杰作。第三个时期从 1858 年到作者逝世。这一时期共创作了《双城记》(1859 年)、《远大前程》(1860 年)、《我们共同的朋友》(1865 年)、《艾德温·德鲁德的秘密》(1870 年) 4 部长篇小说,最后一部没有完成。由于对社会黑暗的认识进一步深入,加上年龄的增长、婚姻爱情生活的不幸等,狄更斯思想中抑郁的一面有所增强,反映在创作中就是乐观的基调被大大削弱。在狄更斯的作品中,善仍然战胜了恶,但会经历一个曲折的过程,有时甚至不得不采取某些"恶"的形式。

狄更斯小说的思想内容是丰富而复杂的,但有三个基本的侧面。首先,是对维多利亚时代英国资本主义社会的批判;其次,是对伦理道德的提倡与弘扬;最后,是对人性的广泛而深入的探索。而贯穿这三个方面的则是作者的人道主义思想。人性是狄更斯人道主义的基础与出发点,道德是狄更斯人道主义思想的主要内容,对社会的批判是狄更斯从人道主义出发对社会进行观察和评价的结果。在人道主义思想的统率下,三个方面既各自独立,又互相联系、配合,共同组成一部复杂而又和谐的三重奏。

在创作方法上,狄更斯虽是个现实主义者,但他不是像福楼拜那样严格地按照现实生活的本来面貌进行描写,而是侧重描写自己感受到的生活和自己生活中的感受,可以称之为感受型的现实主义。

在内心描写方面,狄更斯一般不直接展示人物的内心世界。他不像意识流作家那样,把人物微妙复杂的内心活动直接展示在读者面前。他善于通过人物的外部表现如表情、行动、语言,以及作者的叙述等,把人物的内心世界暗示出来。这种方法可以被称为内心世界的外化,它所反映的人物的内心世界仍是丰富多彩、千变万化的。这也并不意味着狄更斯小说中没有心理描写。《大卫·科波菲尔》对儿童心理的出色描写,可以与任何心理大师笔下的心理描写相媲美。

二、《双城记》的情节与主题

《双城记》(1859)以法国大革命为背景,以巴黎和伦敦作为故事的发生地。法国贵族厄弗里蒙地侯爵兄弟为了霸占一个农妇,几乎虐杀了这个农妇全家。医生梅尼特写信向朝廷告发此事,却反被侯爵兄弟关进巴士底狱达18年之久。获释后,神智失常的医生被女儿露茜接回伦敦。露茜有两个追求者,代尔那和卡尔登,她嫁给了代尔那。代尔那为厄弗里蒙地家族的成员。法国大革命中,代尔那在法国被捕,受到梅尼特过去的仆人得伐石夫妇的控告,被革命法庭判处死刑。露茜带着女儿和父亲一起去巴黎营救,未果。深爱着露茜的卡尔登冒名顶替,救出代尔那。医生一家怀着希望返回英国。

梅尼特医生是小说的主要人物,也是人道主义的典型。卡尔登是小说的另一个重要人物,他聪明,有才气,然而不善钻营,缺乏在当时社会生存必不可少的"精明",因而总是被人利用,自己却默默无闻。厄弗里蒙地侯爵是反动贵族的代表。得伐石太太是革命群众的代表,她就是被侯爵兄弟虐杀的农妇的小妹妹,由于这样的出身,她与贵族阶级有着不共戴天的仇恨。作者对这个人物的态度,前后有变化,但内在出发点是一致的。作者赋予她的性格特点是坚定、冷峻、没有仁慈、不讲怜悯。她最后在与露茜的女仆普洛斯的扭打中,被自己的手枪打死。

《双城记》是一部历史小说,但处理的却是现实问题。作者虽然肯定了法国大革命的必然性与正义性,却反对革命暴力和大规模的群众运动。在作者看来,大规模的群众运动是可怕的,运动中的群众是疯狂的、盲目的、丧失理智的。在小说中,他通过大量的描写表达了这一观点,如群众跳卡尔马纽尔舞的场面、法庭审判的场面。在法庭审判中,群众对法庭的每一个判决都做出狂热的反应。作者既肯定革命的必然性和正义性,又反对群众运动和革命暴力,这里明显存在着矛盾,因为一场翻天覆地的变革只能通过群众的暴力革命运动才能实现。狄更斯宣扬个人的道德修养和道德感化。在他看来,只要大家的道德水准提高了,人人讲究仁爱、宽恕,社会就会美好起来。

《双城记》在艺术上取得了很高的成就。小说采用多元整一结构,严谨有序。小说由5个叙事单元组成:梅尼特一家的故事,得伐石夫妇的故事,厄弗里蒙地家族的故事,卡尔登的生活与献身,克朗丘的生活与经历。5个单元之间虽有紧密联系,但并不互相包含或隶属,而是互相独立、平行发展的。

《双城记》体现了狄更斯侧重描写感受世界的现实主义创作方法。为了如实地反映法国大革命,狄更斯阅读了大量的原始材料,所以关于大革命的描写才那样真实具体。

《双城记》成功地运用了悬念与象征的艺术手法。小说中不仅有大的悬念,如梅尼特与厄弗里蒙地家族的关系以及他在狱中写下的那份文件,而且有不少小的悬念,如克朗丘的盗墓行为。在小说中,随着主要悬念的逐渐解开,过去的事件也一件件被翻起,情节一步步向前发展。到梅尼特医生被关进巴士底狱的原因与经过被彻底揭出时,情节也就急转直下,最后,以卡尔登的从容就义收束全书。在小说中,作者常采用象征手法暗示某种意象或预兆,渲染气氛。小说

第五章对流淌在圣安东尼区的狭窄街道上的酒的描写是很有名的。酒是红的,它染红了地面,染红了前来喝酒的人的手、脸、脚,以及他们的衣服与鞋子。一个高大的戏谑家,"用手指蘸起酒浸过的污泥在墙上涂了一个大字——血"。这里的象征意味是明显的:鲜红的酒象征着鲜红的血,它暗示着法国大革命即将到来,象征着狂暴的群众运动即将开始。

第六节　19世纪现实主义文学作家与作品(四):陀思妥耶夫斯基的《罪与罚》

一、生平与创作

费多尔·米哈伊洛维奇·陀思妥耶夫斯基,是19世纪中后期杰出的俄国作家。

1821年秋天,陀思妥耶夫斯基出生在莫斯科,父亲是玛丽英济贫医院的平民医生,后获贵族称号。1834年,陀思妥耶夫斯基入切尔马克寄宿学校读书。此时,俄罗斯文学正冲破重压,即将迎来它的黄金时代。1838年,他进入彼得堡军事工程学校学习,军校生活乏味痛苦,他越来越沉浸在自己的精神世界中。1843年夏,军校毕业后,他成了彼得堡军事工程局绘图处的一名公务员。1846年1月,他发表中篇小说《穷人》,描写了沉重的抒情氛围和细腻的内心感受。时隔不久,陀思妥耶夫斯基又发表了中篇小说《两重人格》。小说涉及的双重人格主题、腐朽思想对小人物心灵的侵蚀、"不做奴隶就做统治者"的"拿破仑主题"等,都与他后来的创作有联系。19世纪40年代后期,陀思妥耶夫斯基创作了《别人的妻子》《脆弱的心》《波尔宗科夫》《诚实的小偷》《圣诞树和婚礼》《白夜》《涅托奇卡·涅兹瓦洛娃》(未完成)等多部小说。中篇小说《白夜》(1848)是其中最出色的一部。

1849年4月,陀思妥耶夫斯基因参与以进步青年知识分子为主体的彼得拉舍夫斯基小组的活动而被捕,在经过半年多的审讯和一场精心策划的假死刑的闹剧之后，他被判苦役和流放，从此开始了在西伯利亚"死屋10年"的生活。

1859年年底，陀思妥耶夫斯基获准返回彼得堡，并重新开始创作。陀思妥耶夫斯基回来后最先发表的作品是中篇小说《舅舅的梦》(1859)和《斯捷潘奇科沃村及其居民》(1859)，作品分别讽刺了外省上流社会的庸俗和地主庄园中食客的病态。《被欺凌与被侮辱的》(1861)是作家完成的第一部长篇小说。《死屋手记》(1861—1862)产生了较大的影响，艺术虚构和特写手法的结合使它既有高度的艺术价值又有珍贵的文献价值。

19世纪60年代中期，陀思妥耶夫斯基又遭遇了一系列人生悲剧，亲人去世、债主紧逼、疾病缠身、孤独贫困，都无时不在困扰着他。1868年，长篇小说《白痴》问世。小说在揭示金钱势力的渗透导致的道德感情的沦丧、家庭纽带的断裂、健全个性的退化、美被亵渎和毁灭等诸多方面，无与伦比。

1871年初，《俄国导报》开始刊发长篇小说《群魔》。陀思妥耶夫斯基晚年的重要作品还有:《作家日记》，长篇小说《少年》和《卡拉马佐夫兄弟》。

1881年12月，陀思妥耶夫斯基去世，被安葬在彼得堡的齐赫文斯基公墓。

二、《罪与罚》的情节与主题

《罪与罚》的故事发生于彼得堡的贫民区，这里住着一个穷大学生拉斯柯尔尼科夫。他在一座公寓的5层斗室里进行着一场痛苦而激烈的思想斗争——他要确定自己是属于"不平凡的人"还是属于"平凡的人"。他原在法律系就读，因交不起学费而被迫辍学，现在靠母亲和妹妹从拮据的生活费中节省下来的钱维持生活，已经很久没交房租了。这时他遇见了因失业而陷入绝境的马尔美拉多夫，马尔美拉多夫的长女索尼娅被迫当了街头妓女。拉斯柯尔尼科夫不愿这样让人宰割，他决定用"试验"来证明自己是一个"不平凡的人"，于是他杀死了心狠手辣的放高利贷的老太婆(慌乱中又杀了老太婆的妹妹)。事发后，他病倒了，几天不省人事，后病情有所好转，但内心却处于更痛苦的矛盾冲突中。马尔美拉多夫遭车祸身亡，拉斯柯尔尼科夫将身上仅有的钱接济孤儿寡母。律师卢仁因骗娶拉斯柯尔尼科夫的妹妹未成而怀恨在心，企图以诬陷索尼娅偷他的钱来证明拉斯柯尔尼科夫的行为不端——将母亲的血汗钱送给坏女人。拉斯柯尔尼科夫当众揭穿了卢仁的无耻行为，索尼娅十分感激他。杀人事件尽管没露痕迹，但是拉斯柯尔尼科夫却无法摆脱内心的恐惧，他觉得自己原先的一切美好感情都随之泯灭了。他怀着痛苦的心情来到索尼娅处，受到她的宗教思想的感召，并在她的劝说下，向警方自首。拉斯柯尔尼科夫被判8年苦役，来到西伯利亚。不久，索尼娅也来到那里与他相聚。他们决定以忏悔的心情承受一切苦难，获得精神上的新生。

小说的主题是深刻的。在这部作品中，陀思妥耶夫斯基真实地展示了19世纪中叶俄国城市贫民的悲惨境遇。作者怀着满腔的激愤和巨大的同情将俄国可怕的社会贫困和穷人走投无路的状况无情地展现在读者面前。

但是，小说触及了更深层次的东西。作者试图通过主人公的悲剧强调一个人如果无视传统和社会准则，就会导致道德的堕落和精神的崩溃。最高的审判不是法庭的审判，而是道德的审判；最严厉的惩罚不是苦役，而是良心的惩罚。作者对这一"理论"的批判始终停留在伦理道德和宗教思想的层面上，并把拉斯柯尔尼科夫的犯罪行为归结为他抛弃了对上帝的信仰。作者为他安排的一条"新生"之路，实际上就是与现实妥协的道路，也就是"索尼娅的道路"。作者把索尼娅看作人类苦难的象征，她身上体现了虔信上帝、承受不幸、通过苦难净化灵魂的思想。

小说的重点是主人公的双重人格围绕着实践他的"理论"而展开的尖锐冲突，或者说作者将激烈冲突中的主人公的两重人格构成的"心理对位体"作为小说的结构中心，以此来制约小说的总体布局。"心理对位体"本身除了始终处在尖锐冲突状态外，还随着对位双方平衡的破坏表现出阶段性的变化。主人公拉斯柯尔尼科夫在对自己的"理论"的肯定与否定之间不断摇摆。犯罪前，肯定渐占上风；犯罪后，两者呈紧张的相持状态；在残酷的现实和道德惩罚面前，主人公终于否定了自己的"理论"。"心理对位体"的几个发展阶段大体决定了小说的布局。由于作者着力于拓宽人物内在的心理结构，因此小说的情节结构相对处在了从属的地位。就情节主线而言,马尔美拉多夫情节线和拉斯柯尔尼科夫情节线曾经分别属于作者计划写的两部长篇小说。经过作家重新构思,《罪与罚》使两条情节线交融了。

巴赫金认为陀思妥耶夫斯基"创造了一种全新的艺术思维类型——复调型的艺术思维",作家在小说中描述了多种声音和多种音调,这使小说具备了一种新的品格。在《罪与罚》里,几乎所有的重要人物都有自己的声音,如拉斯柯尔尼科夫的"哲学"、索尼娅的"东正教观念"、预审员波尔菲里的"生活求实和法律的观念"、卢仁的极端个人主义和同样极端的"边沁主义"以及地主斯维德里加依洛夫的无耻哲学,等等。它们好像是众多的地位平等的意识,连同它们各自的世界,结合在某个统一事件中,但互相之间并不融合。每一个人物都成了直抒己见的主体,作品人物的意识成了一种可以被称为"他人意识"的东西。这就是"复调小说"的内涵和表现形态。这种艺术上的创新具有十分深远的意义。

《罪与罚》的发表标志着陀思妥耶夫斯基艺术风格的成熟。

第七节　19世纪现实主义文学中的跨文体实践

一、19世纪现实主义文学跨文体改编现状

19世纪现实主义文学跨文体改编主要集中在对法国与英国现实主义小说原著的改编上。19世纪的法国与英国的现实主义小说和戏剧为电影改编提供了丰富的题材。

在对19世纪法国现实主义文学作品的影视改编方面,《红与黑》这部作品多次被搬上银幕,但是最忠实于原著的是1954年由杰拉·菲利普主演的老版本《红与黑》。福楼拜的《包法利夫人》也是被多次改编的作品之一,其中最忠实于原著的是蒂姆·费威尔导演的《包法利夫人》,影片中的英国演员奔放热情,将爱玛心中的那团火焰充分地展现给观众。还有根据巴尔扎克小说原著改编

的《高老头》《欧也妮·葛朗台》《夏蓓尔上校》以及《贝蒂表妹》等。

对19世纪英国现实主义文学作品的影视改编多集中于狄更斯的小说,他的很多作品多次被改编为电影,比如《可怜的乔之死》改编自狄更斯最早的长篇小说《荒凉山庄》,《斯克鲁奇》改编自狄更斯的短篇小说《圣诞欢歌》,《双城记》改编自同名长篇小说,还有《小杜丽》《老古玩店》《远大前程》《大卫·科波菲尔》等,它们都改编自狄更斯的同名长篇小说。

二、电影《包法利夫人》分析

在由19世纪现实主义文学改编的作品中,电影《包法利夫人》(2000年,蒂姆·费威尔导演,弗兰西丝·奥康纳主演)被认为是比较忠实于原著的改编作品。尽管是比较忠实于原著的电影改编,蒂姆·费威尔导演的《包法利夫人》无论是在人物的塑造方法上,还是在情节的安排上,仍有多处不同于原著。

第一,在主题上,与原著相比,电影凸显了包法利夫人(爱玛)勇敢追求内心的渴望与爱情的主题。在影片当中,爱玛就像是一口井,她在现实生活中所拥有的东西永远满足不了她内心的需要。她总是在寻找一种生命本来就应该有的欲望与追求。爱玛身上,表现的不是一个女人是如何走向堕落的,而是一个女人的欲望与追求是如何在残酷的现实下被扼杀的。

在人物的塑造方面,与文学原著相比,电影通过塑造众多扁平的人物来凸显包法利夫人这个角色。但是,在福楼拜的《包法利夫人》原著中,福楼拜不仅刻画了包法利夫人这个人物,而且还用很多笔墨描写了小说中的其他人物。比如在原著中,作者对查理·包法利的描写是从他小学五年级的课堂上开始的,一直到考取医生资格的考试。从童年到成为医生的这段时间里发生的几件事影响了包法利的性格。他在五年级的时候,因为发音不清楚而遭到同学的嘲笑和老师的惩罚,就算在平时上课的时候,"在两个钟头之中,新学生坐得规规矩矩。尽管隔一会儿就有人用笔尖扔个小纸团打到他脸上,他却只用手把脸擦一擦,身子一动也不动,眼睛仍然瞧着书"[①]。他的母亲梦想高官厚禄的时候,便把

---

① 福楼拜.包法利夫人[M].张道真,译.北京:外国文学出版社,1989:6.

所有希望寄托在他身上，希望他能当医生，还给他找了一个一年有一千二百法郎收入的寡妇当妻子。在原著中，查理·包法利逆来顺受的、懦弱的性格是在学校与家庭的影响下形成的，因此，他对妻子出轨行为的一声不吭就可以理解了。在原著中，查理懦弱的性格体现在当他最终发现妻子与罗道尔夫私通的证据时，他并没有气愤，而是希望成为妻子眼中的罗道尔夫；甚至当他面对罗道尔夫的时候，他说："我不生您的气。"他甚至说了他这辈子唯一"伟大"的话："错的是命。"

而电影一开始就是查理·包法利被一个小男孩引导到卢欧先生家里帮他看腿伤，对他在当医生之前的环境与生活没有做任何介绍，只是在影片当中略微提到。比如，当爱玛嫁给查理·包法利之后，第一次来到楼上的房间的时候发现了书桌上有一束用白绫扎的花，这时包法利才解释说这是与前妻结婚时的捧花。那些可以塑造包法利性格的情节都被删减了，只剩下包法利这个扁平的人物。导演有意这样安排，是为了凸显爱玛这个主要角色，从而达到突出爱玛对欲望的追求的目的。

在情节安排方面，电影通过删减或者加强原著中的情节来获得凸显爱玛追求与众不同的欲望与爱情的效果。比如在原著中，对爱玛举行婚礼那天参加婚礼的宾客有细致的描写，甚至对酒席也展开了细致的描画。电影中省去了对这些宾客的描写，甚至删减了举办酒席的场面，但是对爱玛去教堂行礼的这一路却进行了精心的安排。在这一路上，无论是婚礼的音乐，还是爱玛的礼服，处处都可见爱玛的精心安排，她不允许别人破坏她的安排。电影里面有一幕，当爱玛的礼服被路边的树枝钩住时，包法利想过去帮忙，没想到被爱玛一口给拒绝了，爱玛说："我来弄就好，你只会坏事。"

电影当中增加了很多原著里面没有的情节，这些新的情节凸显了爱玛所追求的东西与现实世界的格格不入。在新婚不久的一个晚上，爱玛在卧室摆了浴缸，并且点亮了蜡烛。当包法利走进房间的时候，他说："现在十点了，家里十点就熄灯睡觉。"爱玛回答道："查理，习惯就像承诺与派皮，都是用来给人破坏的。"包法利表示无法理解爱玛的行为后，自己一人走出了卧室。爱玛与包法利新婚不久,一天晚上包法利半夜醒来发现爱玛不见了,于是他循着灯光来到了屋子外面的树下,看到爱玛穿着一身仿照巴黎最新设计样式的粉色礼服,爱玛深情地看着他,说道:"我在苹果树下叫醒你,就在你父亲家附近,拒绝所有爱情,只接受我,别爱上别的佳丽,因为爱情同死亡一般激情。"包法利再一次表示无法接受爱玛的胡闹,他无力地说:"我只是小镇的医生。"

这两个情节在原著中是不存在的,但是在电影中出现则很好地表现了爱玛与包法利之间的分歧,爱玛当初嫁给包法利并不是因为喜欢包法利,而是喜欢有了爱情的这种激情。一旦激情褪去,爱玛必须在她枯燥的生活中制造各种各样的激情,但是她并没有成功。因为查理·包法利是一个木讷的小镇医生,他并不了解爱玛渴望的风花雪月的小说中的爱情生活。爱玛正是在对这种爱情的失望之下,才会喜欢跟罗道尔夫与赖昂偷情的激情,因为这种激情跟爱玛所追求的相一致。

第二,在文化主题上,因为原著是经典的19世纪现实主义文本,所以爱玛历来被解读为爱慕虚荣的"堕落"女性形象。而在电影中,更多表现的是爱玛为了追求激情的生活所展现的勇气,爱玛在原著中那种爱慕虚荣、暴戾的性格在电影中得到了净化。

在电影中,导演巧用意象来肯定爱玛内心深处对欲望的追求。在包法利夫妇应邀到安德维利侯爵家参加舞会与餐会的那天,爱玛陶醉地跟子爵跳华尔兹是她人生中最完美的时刻。而在电影当中,街边一个盲人摇音乐盒,音乐盒上是一对情侣在跳华尔兹,就像爱玛和子爵跳舞一样。盲人摇音乐盒这个画面在电影中一共出现了三次:第一次是爱玛和赖昂在马车上偷情;第二次是爱玛因为经济窘迫而被迫当掉女儿的吊坠;第三次是在影片快结束的时候,爱玛的尸体被人们送走,音乐盒的音乐与爱玛和子爵跳舞时的音乐重合到了一起,爱玛说:"这是我一生中最完美的时刻。"这个音乐盒似乎是一种暗示,暗示着爱玛终其一生的追求其实只不过是一瞬间的激情、一瞬间的幸福。而世人的不理解与现实的残酷造成了爱玛的悲剧。

在爱玛去世之后,查理·包法利给她置办了最体面的葬礼。当小镇上的人们来送爱玛最后一程的时候,电影特意安排了几组镜头来凸显爱玛敢于追求幸福的勇气。第一组镜头描写的是查理·包法利,这组镜头是包法利在送葬的这一路上对爱玛的回忆,从他刚刚认识她到结婚初夜。它既描写了包法利最后失去爱玛的悲伤,也表现了爱玛独特的气质让包法利产生了深情的爱。第二个镜头是描写罗道尔夫的,电影中的罗道尔夫坐在街边的马车上,他装作若无其事地摇动手中的草杆子,但是眼睛却目送着爱玛的尸体。他甚至回想起了爱玛写给他的信中提到过的诗句:"我已经劈开天空,激情决堤而出。"最后的镜头是描写赖昂的,赖昂走在人群的最后,脸上带着忏悔的表情;镜头过渡到盲人摇音乐盒的画面,似乎也在告诉我们,赖昂跟爱玛在一起的那段时光,是赖昂人生中最美好的时光。在电影的最后,有意安排这几组画面,实际上是通过描写查理·包法利、罗道尔夫以及赖昂他们失去爱玛后的悲伤,从侧面衬托出爱玛对他们的重要性,以及他们对爱玛那种像小孩子般的天真追求的敬佩,最后达到凸显主题的作用。

在艺术表现形式上,电影以视觉上的古典唯美取代了自然主义语言上的写实与细致。

原著《包法利夫人》在语言艺术上彰显了19世纪现实主义的客观冷静与全面。在原著文本中,无论是对场景的描写、情节的叙述,还是对人物性格的塑造,都体现了现实主义的写实风格。比如在作品中对侯爵家里舞会的布置的描写:"走进餐室,爱玛感到热烘烘的,空气里弥漫着肉味、蘑菇味及鲜花和漂亮桌布的香味。塔形烛架上的点点烛焰,映在菜盘的银罩上,显得长了许多。雕花的水晶杯,蒙着一层水汽,反射出微弱的光线。桌上从这头到那头,一束束的花排成一行。在宽边的盘子里,餐巾折叠得像主教的帽子矗立着,每个下面扣着一块小巧的椭圆形面包。海蟹赤红的腿一直伸到盘子外边。在一些敞口篮子里,大个的水果一层层垒在篮底衬垫的青苔上。鹌鹑还带着羽毛,腾腾地冒着热气。侍席的男仆穿着花边衬衫和齐膝盖的裤子和丝袜,戴着雪白的硬领,严肃得像一位法官。他在客人的肩背间端上盛菜的盘子,在切好的菜里,他把你挑选的那一块用勺子递到你盘子里。在那高大的镶有铜条的细瓷火炉上,立着一个女人的雕像,从下巴往下都用布裹着,静静地望着这坐满了人的厅子。"①这段细致的场景描写表现了现实主义客观全面的语言特点。

在电影中,画面的古典精致取代了文字上的客观死板。尽管电影是忠实于原著改编的,但是电影所带来的画面体验是在文字中体会不到的。造成这种差别的原因是文字与画面是两种不同的载体,它们给观众与读者带来的体验效果是不一样的。在原著中,语言上的冷静客观给我们的体验是:我们就如旁观者一般冷眼观看。而在电影《包法利夫人》中,人物的着装、场景的布置,都高度忠实于原著,是根据19世纪时法国的社会风情而精心策划安排的。再加上演员们都是来自英国的,他们率性的演技自然与原著中法国人的内敛形成了强烈的反差。演员们的奔放本真的表演与还原的社会风情,令观众不自觉地就进入了电影之中。观众与电影之间的距离不再像读者与文本之间的距离那么远,也就是说,电影直接拉近了观众与故事的距离,提供了一种很好的观影体验。

课后题:

1. 结合巴尔扎克的《高老头》,分析19世纪现实主义文学的思想与艺术特征。
2. 如何理解俄国现实主义文学中的"多余人"形象?
3. 结合作品,分析司汤达的《红与黑》中"于连"的形象。
4. 如何理解福楼拜的《包法利夫人》中的"平庸"主题?

---

① 福楼拜.包法利夫人[M].张道真,译.北京:外国文学出版社,1989:56.

附录:西方文明史发展历程

公元前 500000—公元前 8000 年,旧石器时代。

公元前 8000—公元前 3000 年,近东出现新石器文化,传播至欧洲、亚洲与非洲。

公元前 3000 年,美索不达米亚与埃及出现文明社会。

公元前 3000—公元前 2300 年,埃及的古王国时期。

公元前 2800—公元前 2400 年,埃及出现金字塔。

公元前 2800—公元前 2400 年,印度河谷文明。

公元前 2500—公元前 1400 年,克里特岛的米诺斯文明。

公元前 2350 年,阿卡德的萨尔贡征服美索不达米亚与叙利亚的大部分地区。

公元前 2050—公元前 1800 年,埃及的中王国时期。

公元前 1800 年,巴比伦的汉谟拉比统一美索不达米亚的大部分地区。

公元前 1750—公元前 1550 年,第一次民族大迁移:喜克索斯人入侵埃及;赫梯人入侵小亚细亚;喀西特人与米坦尼人入侵美索不达米亚;迈锡尼人入侵希腊;雅利安人入侵印度。

公元前 1600—公元前 1100 年,迈锡尼文明。

公元前 1400 年,腓尼基人发明字母文字。

公元前 1400—公元前 1150 年,埃及人与赫梯人争夺叙利亚的统治权;两大帝国因争战被削弱了,最终崩溃。

公元前1375年,埃及法老阿肯那吞试图推行阿吞教。

公元前1250—公元前1050年,第二次民族大迁移,文明中心被入侵:多利安人入侵希腊,进入"黑暗时代";弗里吉亚人入侵小亚细亚;米底人与波斯人入侵伊朗;希伯来人入侵巴勒斯坦。

公元前1025—公元前930年,迦勒底人入侵美索不达米亚;阿拉伯人入侵叙利亚;扫罗、大卫与所罗门统一希伯来王国。所罗门死后王国分裂成以色列王国与犹太王国。

公元前800年,腓尼基城市提尔建立。

公元前753年,建立罗马的传统日期。

公元前750—公元前539年,希伯来先知时代。

公元前745—公元前612年,亚述帝国称霸近东。

公元前745—公元前727年,亚述国王提格拉特帕拉沙尔三世征服并建立了亚述王国。

公元前705—公元前688年,亚述国王辛那赫里布对埃及与犹太的进攻失败。

公元前约700年,希腊人引进字母文字。

公元前约621年,德拉古制定雅典律法。

公元前612年,米底人与迦勒底人推翻亚述帝国。

公元前594—公元前593年,梭伦重组雅典政体。

公元前586年,尼布甲尼撒征服犹太王国;巴比伦之囚。

公元前约560—公元前510年,庇西特拉图实行僭主统治。

公元前550—公元前334年,波斯帝国称霸近东。

公元前539年,居鲁士征服巴比伦;允许犹太人返回巴勒斯坦。

公元前521—公元前484年,波斯国王大流士大帝,征服印度河流域部分地区、中亚地区与欧洲的色雷斯。

公元前512年,大流士大帝进攻色雷斯;波斯帝国扩张到欧洲。

公元前510年,斯巴达人推翻雅典僭主希庇亚斯。

公元前 508 年,克里斯提尼重组雅典政体。

公元前 499 年,希波战争;埃斯库罗斯在雅典的戏剧生涯约在这时开始。

公元前 493 年,拉丁城邦联盟成立。

公元前 490 年,波斯远征军对抗埃雷特里亚与雅典;马拉松战役。

公元前 484—公元前 465 年,波斯国王薛西斯远征古希腊。

公元前 479 年,普拉提亚、米卡尔战役;雅典在希腊占据领导地位。

公元前 466 年,最后的波斯驻军被赶出爱琴海地区。

公元前 461 年,斯巴达被送回雅典远征军;埃菲阿尔特斯与伯里克利削弱战神山议事会的权力;民主派在雅典占上风;陶片放逐客蒙。

公元前 460 年,雅典人远征埃及。

公元前 457 年,第一次"伯罗奔尼撒"战争:斯巴达及其盟友对抗雅典。

公元前 456 年,埃斯库罗斯去世。

公元前 458—公元前 28 年,尼希米与以斯拉在耶路撒冷推行改革。

公元前 448 年,波斯与雅典签订《卡里亚斯和约》;希波战争结束。

公元前 442 年,诗人品达去世。

公元前约 431 年,《俄狄浦斯王》演出。

公元前 334—公元前 323 年,马其顿国王亚历山大大帝征服波斯帝国全境。

公元前 332 年,哲学家第欧根尼去世。

公元前 323 年,亚历山大大帝去世。

公元前 300 年,几何学家欧几里得的《几何原本》出版。

公元前 250 年,诗人忒奥克里托斯去世。

公元前 237 年,在哈米尔卡与汉尼拔带领下,迦太基征服西班牙。

公元前 227 年,西西里成为第一个罗马行省。

公元前 222 年,罗马征服波河流域。

公元前 218 年,第二次布匿战争:汉尼拔入侵意大利。

公元前 215 年,马其顿腓力五世与迦太基结盟:第一次马其顿战争。

公元前 212 年,数学家、物理学家阿基米德去世。

公元前200年,第二次马其顿战争;马其顿领土缩减。

公元前197年,西班牙被分成两个行省。

公元前159年,喜剧诗人泰伦提乌斯去世。

公元前149年,第三次布匿战争;迦太基覆灭。

公元前146年,希腊战争;科林斯覆灭;马其顿成为一个行省。

公元前112年,非洲的朱古达战争。

公元前103年,西西里奴隶起义。

公元前44年,恺撒遇刺。

公元前43年,后三头同盟:安东尼、屋大维与雷必达对抗刺杀恺撒者;后三头派人刺杀西塞罗。

公元前42年,腓立比战役:安东尼与屋大维战胜布鲁图斯与卡西乌斯;后三头瓜分了罗马世界。

公元前31年,屋大维与安东尼争战;亚克兴角战役;屋大维称霸。

公元前19年,诗人维吉尔去世。

公元前8年,诗人贺拉斯去世。

6年,奥古斯都采取不侵犯政策;罗马帝国的快速扩张进程停止。

17年,历史学家李维去世;诗人奥维德去世。

30年,耶稣受难。

43年,罗马军队入侵不列颠。

64年,罗马城大火;基督徒第一次被迫害;圣彼得与圣保罗可能在罗马城去世。

66年,巴勒斯坦的犹太人叛乱;圣殿被毁。

70年,圣马可写下最早的福音书《马可福音》。

120年,历史学家塔西佗去世;传记作家普鲁塔克去世。

132年,犹太人叛乱;巴勒斯坦的犹太共同体瓦解。

138年,诗人尤维纳利斯去世。

180年,文学家、历史学家阿里安去世。

193年,塞维鲁、克洛狄·阿尔比努斯、培森尼乌斯·尼日尔为争夺皇位爆发内战。

200年,医学作家盖伦去世;《新约》正典确定下来,逐渐为基督徒所接受。

212年,罗马帝国的所有自由民成为罗马公民。

235—285年,罗马帝国处于无政府状态;帝国的统一暂时崩解。

313年,米兰敕令:基督教成为合法宗教,君士坦丁在自己统治的帝国地区优待基督教。

324年,君士坦丁统治整个帝国。

325年,君士坦丁召开尼西亚会议,解决基督徒之间的教义纷争。

330年,君士坦丁堡成为罗马帝国首都。

337年,君士坦丁去世。

340年,该撒利亚主教、基督教历史学家优西比乌去世;圣安布约罗斯与圣哲罗姆出生。

354年,圣奥古斯丁出生。

361年,罗马皇帝叛教者尤利安试图恢复异教的官方宗教地位。

376年,西哥特人在罗马帝国境内作为蛮族盟友定居。

379年,狄奥多西成为东部帝国皇帝;394—395年整个帝国在他治下再次统一;他去世后,东部帝国与西部帝国永久分裂。

393年,狄奥多西下令异教非法;基督教成为帝国官方宗教。

395年,狄奥多西一世成为罗马皇帝,将帝国分与两个儿子继承。

397年,米兰主教圣安布罗斯去世。

415—419年,西哥特人入侵西班牙,驱逐汪达尔人,在西班牙与高卢南部建立王国。

420年,将《圣经》翻译成拉丁文的圣哲罗姆去世;罗马在不列颠的统治终结。

450年,盎格鲁-撒克逊人开始入侵英格兰。

451年,卡尔西顿公会议;利奥一世确保了他的基督论为人所接受;匈奴人阿提拉被高卢的罗马人与西哥特人击败。

452年,匈奴人入侵意大利,在教宗利奥率团议和后从罗马城撤退。

453年,阿提拉去世;匈奴帝国崩溃。

455年,汪达尔人洗劫罗马。

456年,圣帕特里克去世。

476年,奥多亚塞废黜罗慕洛·奥古斯都。

481—511年,法兰克人国王克洛维建立墨洛温王朝。

486年,克洛维击败高卢北部的罗马统治者,将此地区并入法兰克王国。

493—526年,东哥特人狄奥多里克在意大利建立东哥特王国。

500年,克洛维击败勃艮第人,勃艮第王国成为进贡国。

524年,哲学家波爱修斯去世。

527年,东罗马皇帝查士丁尼从蛮族人手中收回意大利、北非与西班牙部分地区;编纂罗马法。

529年,圣本笃制定《圣本笃会规》。

533年,查士丁尼收复阿非利加,毁灭汪达尔王国。

535年,拜占庭与东哥特人长期作战;东哥特王国覆灭,东罗马帝国兼并意大利大部分地区。

561年,克洛维最后一个儿子去世,法兰克王国分裂为纽斯特里亚与奥斯特拉西亚,边缘地区脱离王国。

568年,伦巴第人入侵意大利,与拜占庭势力长期争斗。

570年,穆罕默德出生。

597年,圣奥古斯丁(并非希波主教)到英格兰传教。

711年,阿拉伯人征服西班牙;西哥特王国覆灭。

714—741年,法兰克王国宫相查理·马特重新确立法兰克王国的统一控制;奥斯特拉西亚入侵。

741年,矮子丕平继承父亲查理·马特的官职成为宫相。

751年，丕平加冕为法兰克人国王；墨洛温国王被废黜。

753年，"日耳曼使徒"圣博尼法斯去世。

754年，教宗为丕平加冕；教宗与法兰克王国结盟。

756年，在两场与伦巴第人的战争后，丕平在意大利中部建立教宗国。

768年，丕平去世；查理曼继位。

772—804年，查理曼对抗萨克森人；在苦战后征服了萨克森人，并使他们皈依基督教。

774年，查理曼征服伦巴第人；夺取伦巴第的铁王冠。

796年，法兰克军队击溃阿瓦尔人势力。

800年，教宗利奥三世为查理曼加冕；理论上，西方又出现了罗马帝国。

843年，《凡尔登条约》签订；加洛林帝国三分为洛泰尔尼亚、法兰西与德意志。

871—899年，韦塞克斯国王阿尔弗雷德大帝在位。

910年，克吕尼修道院建成。

911年，加洛林王朝在德国的统治终结；诺曼底被授予赫罗尔夫领导下的诺曼人。

919—1024年，德意志萨克森王朝。

936—973年，奥托一世成为德意志国王。

955年，奥托在莱希费尔德击败匈牙利人。

962年，奥托一世加冕为罗马皇帝。

987年，加洛林王朝在法国终结。

1024年，德意志萨利王朝建立。

1056年，亨利四世成为德意志国王。

1059年，拉特兰宗教会议；红衣教团成立；教宗与阿普利亚和卡拉布里亚的诺曼人结盟。

1066年，黑斯汀斯之战；诺曼人征服英国。

1073年，教宗格里高利七世（希尔德布兰）被推举为教皇。

附录:西方文明史发展历程

1077年,亨利四世在卡诺莎忏悔。

1091年,诺曼人完全征服西西里。

1096年,第一次十字军东征。

1122年,《沃尔姆斯条约》签署。

1138—1254年,德意志霍亨施陶芬王朝。

1147年,第二次十字军东征。

1152—1190年,腓特烈·巴巴罗萨成为德意志皇帝。

1154年,英国金雀花(Angevin)王朝建立。

1162年,成吉思汗成为蒙古大汗。

1176年,莱尼亚诺之战。

1180—1223年,腓力·奥古斯都成为法国国王。

1189年,理查一世成为英国国王;第三次十字军东征。

1190年,亨利五世成为德意志皇帝。

1198年,教宗英诺森三世。

1202—1204年,第四次十字军东征。

1204年,君士坦丁堡的拉丁帝国建立。

1209年,阿尔比十字军征伐。

1211—1250年,腓特烈二世成为德意志国王和皇帝。

1214年,布汶之战。

1226年,圣方济各去世(生于1182年)。

1226—1270年,路易九世(圣路易)成为法国国王。

1228—1229年,第六次十字军东征(腓特烈二世)。

1229年,条顿骑士开始征服东普鲁士。

1241年,(西里西亚的)利格尼兹之战;蒙古人攻入欧洲的最远处。

1258年,蒙古人占领巴格达;哈里发王国覆灭。

1272—1307年,爱德华一世成为英格兰国王。

1273—1291年,哈布斯堡的鲁道夫成为德意志皇帝。

255

1274年，圣伯纳文图拉去世（生于1221年）；圣托马斯·阿奎那去世（生于1225年）。

1291年，阿克雷（十字军在圣地的最后一个要塞）陷落；瑞士邦联成立。

1321年，但丁·阿利吉耶里完成《神曲》创作；但丁去世（生于1265年）。

1328年，法国卡佩王朝终结。

1336年，乔托去世（生于约1276年）。

1338年，百年战争开始。

1346年，克雷西之战。

1347年，欧洲爆发黑死病。

1353年，乔万尼·薄伽丘创作《十日谈》。

1354年，奥斯曼土耳其人第一次侵略欧洲。

1356年，《金玺诏书》确立了帝国的选帝制度；普瓦捷之战。

1374年，彼特拉克去世。

1381年，英国农民起义。

1384年，约翰·威克里夫去世。

1386—1400年，乔叟创作《坎特伯雷故事集》。

1399—1460年，英国兰开斯特王朝。

1400年，乔叟去世（生于约1340年）。

1414—1417年，康斯坦斯会议；重建罗马教宗。

1431年，圣女贞德被处以火刑；巴塞尔会议。

1434年，柯西莫·德·美第奇掌控佛罗伦萨。

1438年，奥地利、波西米亚和匈牙利首次统一在一个哈布斯堡君主之下。

1453年，奥斯曼土耳其人征服君士坦丁堡。

1455年，玫瑰战争。

1456年，古登堡印刷的《圣经》问世。

1461—1485年，英国约克王朝。

1462—1505年，俄国伊万三世大帝；推翻蒙古统治。

1477年,法国、奥地利划分勃艮第领地。

1479年,斐迪南和伊莎贝拉统一阿拉贡和卡斯提尔。

1485—1603年,英国都铎王朝。

1486年,葡萄牙探险家环行好望角。

1492—1503年,哥伦布发现美洲。

1494年,法国夏尔八世入侵意大利。

1497年,瓦斯科·达·伽马抵达印度。

1500年,葡萄牙人发现巴西海岸。

1509年,埃德蒙·斯宾赛的《仙后》出版。

1509—1547年,亨利八世在位。

1513年,巴尔博亚发现太平洋;葡萄牙探险家到达广州。

1517年,路德发表《九十五条论纲》。

1518年,科尔特斯征服墨西哥。

1519年,列奥纳多·达芬奇去世(生于1452年);德意志国王和皇帝查理五世即位;第一次环球航行(麦哲伦)。

1520年,拉斐尔去世(生于1483年);路德发表《一个基督徒的自由》。

1521年,路德出席沃尔姆斯会议。

1524年,德意志农民战争。

1527年,马基雅维利去世(生于1469年);查理五世的军队洗劫罗马。

1529年,土耳其人包围维也纳。

1532—1564年,拉伯雷的《巨人传》出版。

1533—1584年,俄罗斯伊凡四世在位。

1540年,教宗批准成立耶稣会。

1543年,哥白尼逝世(生于1473年);哥白尼的《天体运行论》出版。

1545—1563年,特伦特会议。

1546年,路德逝世(生于1483年)。

1558年,英国女王伊丽莎白即位。

1559年,签订《卡托—康布雷齐和约》(法国放弃对意大利的要求)。

1562年,法国宗教战争。

1564年,米开朗基罗逝世。

1571年,勒班陀之战;土耳其在海上被击溃。

1576年,提香去世(生于1477年)。

1588年,西班牙无敌舰队被击溃。

1589年,法国波旁王朝建立。

1589—1610年,法国国王亨利四世在位。

1598年,《南特赦令》颁布。

1600年,英国东印度公司成立。

1601年,莎士比亚的《哈姆雷特》发表。

1602年,荷兰东印度公司成立。

1603年,英国国王詹姆斯一世在位。

1605—1615年,塞万提斯创作《堂吉诃德》。

1609—1613年,洛卜·德·维加创作《羊泉村》。

1616年,莎士比亚逝世(生于1564年);塞万提斯逝世(生于1547年)。

1618—1648年,三十年战争;《威斯特伐利亚和约》结束战争。

1625年,英国国王查理一世即位。

1626年,弗朗西斯·培根逝世(生于1577年)。

1630年,开普勒逝世(生于1571年)。

1635年,佩特罗·卡尔耐隆创作《人生如梦》。

1636年,皮埃尔·高乃依创作《熙德》。

1637年,笛卡尔的《方法论》出版。

1640年,鲁本斯逝世;勃兰登堡大选帝侯腓特烈·威廉在位。

1642—1648年,英国内战。

1643—1715年,法国国王路易十四在位。

1649—1660年,英国共和国时期。

附录:西方文明史发展历程

1650年,笛卡尔逝世(生于1596年)。

1658年,克伦威尔逝世(生于1599年);法国与西班牙签订《比利牛斯和约》。

1660年,英国君主制复辟(查理二世);委拉兹开斯逝世(生于1599年)。

1662年,帕斯卡逝世;英国皇家学会成立。

1669年,伦勃朗逝世(生于1606年);莫里哀创作《伪君子》。

1673年,莫里哀逝世(生于1622年)。

1674年,弥尔顿逝世(生于1608年)。

1679年,霍布斯逝世(生于1588年)。

1682—1725年,俄罗斯彼得大帝在位。

1683年,土耳其人第二次包围维也纳;奥斯曼帝国的转折。

1684年,高乃依逝世。

1685年,《南特赦令》被废止。

1687年,牛顿的《自然哲学的数学原理》出版。

1688年,光荣革命;威廉三世和玛丽入主英国。

1688—1697年,奥格斯堡同盟与法国的战争。

1689年,让·拉辛写出《爱丝苔尔》。

1699年,拉辛逝世。

1701—1714年,西班牙王位继承战。

1703年,建立圣彼得堡。

1707年,英格兰、苏格兰合并。

1709年,发明炼焦技术。

1712年,亚历山大·蒲柏创作《夺发记》。

1713年,《乌特勒支和约》签订。

1715—1774年,法国国王路易十五在位。

1716年,莱布尼茨逝世。

1727年,牛顿逝世。

1733年,发明飞梭。

1740—1748年,普鲁士大帝腓特烈二世在位。

1744年,亚历山大·蒲柏逝世。

1750年,巴赫逝世。

1755年,孟德斯鸠逝世(生于1689年)。

1756—1763年,七年战争(法国和印第安人战争)。

1760年,英国国王乔治三世即位。

1761年,卢梭创作《新爱洛伊丝》。

1762年,卢梭的《社会契约论》出版。

1762—1796年,俄罗斯女王叶卡捷琳娜二世在位。

1769年,阿克莱特发明纺纱机;詹姆斯·瓦特的蒸汽机获得专利。

1770年,珍妮纺纱机发明。

1774年,法国国王路易十六即位。

1775—1783年,美国独立战争。

1776年,亚当·斯密的《国富论》出版;休谟逝世。

1778年,伏尔泰逝世;卢梭逝世。

1780—1790年,奥地利国王约瑟夫二世在位。

1781年,莱辛逝世。

1789年,三级会议在凡尔赛宫召开;巴士底狱被攻占。

1791年,法国的1791年宪法颁布;莫扎特逝世;约翰·卫斯理逝世。

1792年,第一次反法同盟战争;法国建立共和国。

1793年,法国的1793年宪法颁布。

1794年,罗伯斯庇尔遭处决。

1798年,拿破仑·波拿巴远征埃及;第二次反法同盟战争。

1799年,拿破仑·波拿巴发动政变(雾月18日)。

1800年,华兹华斯和柯勒律治的《抒情歌谣集》出版。

1801年,俄国亚历山大一世在位;夏多布里昂创作《勒内》。

1802年,法国与英国签订《亚眠条约》。

1803年,美国购买路易斯安那;赫尔德逝世(生于1744年)。

1804年,康德逝世(生于1724年);拿破仑建立了第一共和国。

1805年,第三次反法同盟战争;特拉法加战役与奥斯特里茨战役;席勒逝世(生于1759年)。

1806年,英国的小皮特逝世(生于1759年);神圣罗马帝国灭亡。

1807年,罗伯特·富尔顿发明蒸汽船;英国废除奴隶贸易。

1808年,半岛战争。

1809年,拿破仑对奥地利发动战争。

1810年,普鲁士废除农奴制;西属美洲殖民地爆发叛乱。

1812—1828年,拜伦创作《恰尔德·哈罗尔德游记》。

1812年,拿破仑远征俄国。

1813年,莱比锡战役。

1814年,拿破仑第一次退位;维也纳会议召开。

1815年,拿破仑百日王朝;滑铁卢战役;拿破仑第二次退位。

1821年,拿破仑·波拿巴逝世。

1821—1830年,希腊独立战争。

1823年,门罗主义出台;拜伦创作《唐璜》。

1824年,英国废除《结社法》。

1825年,俄国尼古拉一世在位;蒸汽车头亮相英国;俄国十二月党人起义。

1827年,贝多芬逝世;雨果发表《〈克伦威尔〉序言》。

1830年,法国七月革命;比利时、德意志、意大利、波兰爆发起义;利物浦—曼彻斯特铁路投入使用;普希金创作《叶甫盖尼·奥涅金》;司汤达创作《红与黑》。

1831年,黑格尔逝世;比利时王国成立;歌德创作《浮士德》;法拉第发明直流发电机。

1832年,英国颁布《大改革法》;歌德逝世。

1833年,英国在殖民地废除奴隶制;颁布《工厂法案》。

1834年,德意志关税同盟建立;麦考密克发明收割机。

1835年,巴尔扎克创作《高老头》。

1836—1848年,英国宪章运动。

1837—1901年,英国女王维多利亚在位。

1839年,鸦片战争;西方开始与中国自由贸易。

1844年,英国洛奇代尔成为合作社运动的先锋;莫尔斯发明电报;海涅创作《德国,一个冬天的童话》。

1845年,大仲马创作《基督山伯爵》。

1846年,英国废除《谷物法》。

1847年,英国颁布十小时工作制法;夏洛蒂·勃朗特创作《简·爱》;艾米莉·勃朗特创作《呼啸山庄》。

1848年,《共产党宣言》发表;法国爆发二月革命;德意志、奥地利、意大利、匈牙利爆发革命。

1851年,世界博览会在伦敦的水晶宫召开;路易·拿破仑(拿破仑三世,1852—1870)发动政变;麦尔维尔创作《白鲸》。

1854年,佩里到达日本;克里米亚战争。

1855年,惠特曼创作《草叶集》。

1855—1881年,俄国亚历山大二世在位。

1856年,发明贝瑟莫炼钢流程;福楼拜创作《包法利夫人》。

1856年,波德莱尔创作《恶之花》。

1858年,东印度公司将印度政府转交给王室。

1859年,达尔文的《物种起源》出版;奥地利撒丁尼亚战争;狄更斯创作《双城记》。

1861年,意大利王国建立;俄国废除农奴制;美国内战爆发。

1864年,第一国际成立;俾斯麦为争夺石勒苏益格-荷尔斯泰因与丹麦爆发战争。

1866年,大西洋海底电缆投入使用;奥地利—普鲁士战争。

1867年,英国城市工人获选举权;北德意志邦联建立;英国《北美法案》颁布。

1869年,苏伊士运河开通;梵蒂冈会议;托尔斯泰创作《战争与和平》。

1870年,普法战争。

1870—1940年,法兰西第三共和国。

1871年,德意志第二帝国成立;巴黎公社成立。

1873年,约翰·斯图亚特·密尔逝世。

1875年,英国取得苏伊士运河集团股份。

1876年,A.G.贝尔发明电话;维多利亚加冕为印度女皇。

1877年,俄—土战争。

1878年,教宗利奥十三世即位;柏林会议。

1879年,德国与奥匈帝国结盟;易卜生创作《玩偶之家》。

1880年,陀思妥耶夫斯基创作《卡拉马佐夫兄弟》。

1881—1894年,俄国亚历山大三世在位。

1882年,英国开始对埃及的控制;三国同盟(德—奥—意)。

1883年,马克思逝世。

1884年,英国农村工人取得选举权;马克·吐温创作《哈克贝利·费恩历险记》。

1888—1918年,德皇威廉二世在位。

1890年,俾斯麦卸任。

1894年,法国与俄国结盟;俄国尼古拉二世即位;中日战争。

1895年,马可尼发明无线电报。

1898年,英国征服苏丹;法绍达事件。

1901年,澳大利亚联邦成立。

1901—1910年,英国爱德华七世在位。

1902年,英—日同盟建立。

1903年，莱特兄弟的飞机第一次成功飞行；契诃夫创作《樱桃园》。

1904—1905年，日俄战争。

1905—1907年，俄国爆发革命和土地骚乱；挪威独立；爱因斯坦提出狭义相对论；第一次摩洛哥危机。

1906年，高尔基写成长篇小说《母亲》。

1907年，英、俄签署协约。

1908—1909年，波斯尼亚危机。

1909年，南非联邦成立。

1911年，第二次摩洛哥危机；意大利吞并的黎波里。

1912年，马克斯·普朗克提出量子理论；巴尔干战争；罗曼·罗兰创作《约翰·克利斯朵夫》；卡夫卡创作《变形记》。

1914年，第一次世界大战；巴拿马运河开通。

1915年，劳伦斯创作《虹》。

1917年，俄国"二月革命"；苏俄内战与"战时共产主义"时期。

1918年，《不列斯特和约》签订；第一次世界大战结束。

1919年，《凡尔赛条约》《圣日耳曼条约》《纳伊条约》《特亚农条约》《色佛尔条约》签订；第三(共产)国际成立；波—俄战争。

1920年，国际联盟召开第一次会议。

1921年，苏联实行新经济政策。

1922年，苏联与德国签订《拉帕洛条约》；意大利法西斯"进军罗马"；艾略特创作《荒原》；奥尼尔创作《毛猿》；乔伊斯创作《尤利西斯》。

1923年，法国占领鲁尔；纳粹暴动；德国爆发共产主义起义。

1924年，列宁逝世。

1925年，《洛迦诺公约》签订；德国与法国、意大利和英国恢复邦交；弗·司各特·菲茨杰拉德创作《了不起的盖茨比》。

1926年，英国爆发总罢工；德国加入国际联盟。

1928年，苏联第一个五年计划颁布。

1929年,经济大萧条开始;教宗与墨索里尼签订《拉特兰条约》;威廉·福克纳创作《喧哗与骚动》。

1930年,法军撤出莱茵。

1932年,苏联第二个五年计划;希特勒在德国上台。

1936年,玛格丽特·米切尔创作《飘》。

1938年,希特勒占领奥地利;《慕尼黑协议》签订。

1939年,德国吞并捷克斯洛伐克;德国与苏联签订协约;第二次世界大战爆发;布莱希特创作《大胆妈妈和她的孩子们》。

1940年,德国入侵丹麦、挪威、比利时、荷兰和卢森堡,占领法国;意大利入侵希腊;肖洛霍夫的《静静的顿河》出版。

1941年,德国入侵苏联;《大西洋宪章》签署;12月7日珍珠港事件。

1943年,德国军队在斯大林格勒投降;萨特创作《禁闭》。

1944年,诺曼底登陆。

1945年,雅尔塔会议;旧金山会议;罗斯福逝世;德国投降;日本投降;波茨坦会议墨索里尼被处决,希特勒死亡。

1946年,联合国大会第一次会议。

1947年,杜鲁门主义出台;印度、巴基斯坦、以色列独立;晶体管发明。

1949年,新中国成立,《北大西洋公约》签订。

1950年,朝鲜战争爆发。

1952年,海明威创作《老人与海》。

1953年,斯大林逝世;塞缪尔·贝克特创作的《等待戈多》首演。

1956年,法、英、以因为苏伊士运河国有化向埃及发动进攻,联合国制止战争;匈牙利爆发反共的叛乱,苏联干预。

1957年,欧洲共同市场建立;十年转型时期苏联人发射第一颗人造地球卫星(斯普特尼克号)。

1959年,菲德尔·卡斯特罗在古巴掌权。

1960年,苏联与中国的矛盾公开化。

1962年,第一个卫星通信空间站建立;第二次梵蒂冈会议;古巴导弹危机;约瑟夫·海勒创作《第二十二条军规》。

1964年,美国未经宣战介入越南战争。

1967年,第三次阿以战争,以色列取得胜利;加西亚·马尔克斯创作《百年孤独》。

1968年,索尔仁尼琴创作《癌症楼》。

1969年,美国宇航员登上月球。

1973年,石油输出国组织(OPEC)将油价上调至原价的四倍。

1979年,霍梅尼在伊朗领导穆斯林革命。

1984年,非洲爆发干旱和饥荒。

图书在版编目(CIP)数据

西方文学史简明教程.古希腊—19世纪/耿波,任龙著.--2版.--北京:中国传媒大学出版社,2019.12

ISBN 978-7-5657-2551-7

Ⅰ.①西… Ⅱ.①耿…②任… Ⅲ.①外国文学—文学史—教材 Ⅳ.I109

中国版本图书馆CIP数据核字(2019)第187645号

西方文学史简明教程(古希腊—19世纪)(第2版)
XIFAN WENXUESHI JIANMING JIAOCHENG(GUXILA—19 SHIJI)(DI-ER BAN)

著　　者	耿　波　任　龙
策划编辑	张　蕊
责任编辑	王　硕
特约编辑	张　蕊　陈　默
封面设计	郭　琳
责任印制	李志鹏
出版发行	中国传媒大学出版社
社　　址	北京市朝阳区定福庄东街1号　邮编:100024
电　　话	86-10-65450528 或 65450532　传真:010-65779405
网　　址	http://cucp.cuc.edu.cn
经　　销	全国新华书店
印　　刷	艺堂印刷(天津)有限公司
开　　本	787mm×1092mm　1/16
印　　张	17.25
字　　数	243千字
版　　次	2019年12月第2版
印　　次	2019年12月第1次印刷
书　　号	ISBN 978-7-5657-2551-7/I·2551　定价 54.00元

版权所有　　翻印必究　　印装错误　　负责调换